U0165060

QING TRAVELERS
TO THE
FAR WEST

晚清外交与信息秩序

DIPLOMACY
AND
INFORMATION ORDER
OF LATE IMPERIAL CHINA

远西旅人

皇甫峥峥 著

汪林峰 译 李文杰 校

上海人民出版社

序　言

长期以来，研究中国近代史的学者一直致力于探讨中国与西方关系，但很少有人关注那些亲旅西方的晚清官员。本书填补了这一空白。不过，这只是它贡献的一小部分，更重要的是，作者重新定位了关于东西方相互理解和误解的讨论。仔细阅读这本精心翻译的著作，我们可以看到这种重新定位是多方面的。一方面，皇甫峥峥没有泛泛地描述那种单一的中西"冲击—回应"论，而是向我们展示了晚清旅欧使者各不相同的反应。他们各有自己独特的背景、才干和风格，从汉军八旗诗人斌椿，到满章京志刚，到饱读经书的郭嵩焘，再到薛福成——这位在想象中建构中华帝国的战略家。通过这些独特个体的不同反应，我们看到了十九世纪后期新信息秩序的创建，外交官们通过即时的电报通信适应了常驻公使馆的新现实——这及时提醒我们，技术如何推动了我们相互联系和想象的方式。

长期以来，美国的中国近代史一直受到哈佛大学费正清教授（John K. Fairbank）的影响，他认为中国近代史是中西方"冲击—回应"的过程。这种"回应"一般被认为是一个启蒙运动的过程，即中国从十九世纪中期"筹办夷务"始，发展到新文化运动为接受西方科学和民主理想所作的努力。中国史学的叙事也同样以中国对于西方帝国主义的回应为主：从乾隆的傲慢自信，到张之洞的"中学为体，西学为用"，再到梁启超推动立宪以对抗列强侵略，最后是二十世纪利用来自西方的马克思主义对抗西方的帝国主义。尽管这两种叙述不同，但它们都聚焦于同一类人，即任何研究中国近代史的学生都熟悉的个人：乾隆帝、林则徐、张之洞、康有为、梁启超、孙中山、胡适、陈独秀。虽然他们的叙事各不相同，但角色阵容和中西二元对立的理论均占主导地位。值得注意的是，这两个历史窗口的关键枢纽是晚清一代的康有为和梁启超。

本书的一个主要贡献是它关注了一组新的人物，以及对先于康、梁的前一代的关注。尽管康、梁一代关注的是中国与西方的竞争，但其方式则是通过日本了解西方，并在他们的著作中使用了日本人发明的新词汇来翻译西方概念：经济、政治、社会、革命。这些术语一直沿用至今。但是本书中研究的晚清旅欧使者使用了许多与康、梁全然不同的术语来描述他们所观察到的西方世界。这本书的优点之一是它仔细探究了这些官员在遇到一个新的和不同的世界时发明的概念和词汇。当旗人斌椿陪同赫德（Robert Hart）探亲休假时，他作诗赋词以示中国文化的辉煌，同时又没有冒犯他的欧洲东道主。郭嵩焘对西方政治文化的赞扬在他回国后激怒了国内的保守派，但同时激励了后来一代的立宪改革者；皇甫峥峥令人信服地指出，关于郭嵩焘观点的争议往往忽略了一个重要的事实，即他对西方的理解是受到王夫之反对专制的启发，他对西方的理解也是基于三代的"道"，只是这个"道"和三代之治有所同，有所不同。

　　在这本书中更重要的是描述了曾纪泽和薛福成在晚清外交事务中所起的关键作用。众所周知，曾纪泽是曾国藩之子，曾国藩在十九世纪六十年代曾反对派遣使节出洋，然而，他的儿子却成为了十九世纪末中国最重要的外交官之一。曾纪泽1881年与俄罗斯帝国谈判结束了伊犁危机，其后担任驻法国和英国的公使。在担任这一职务时，他协助建立了一套有效的外交惯例，并同时主持了一种新的情报秩序，以系统性的记录保存、定期的电报通讯取代了以前的特使的个人日记和叙述报告。最后，薛福成成为皇甫峥峥笔下的"洋务运动背后的文学天才"。最重要的是，他敦促中国利用新的外交和领事机构在亚洲建立自己的帝国，与西方竞争。

　　在以上和更多的方面，这本书代表了新一代晚清学术的最杰出的方面。这项研究所依据的主要文本是由钟叔河在二十世纪八十年代收集的，并发表在《走向世界》中的各种史料。皇甫峥峥从中国出版的日记起步，然后开始在中国和世界的相关图书馆、档案馆中寻找更多的史料，包括电报、奏折和外交报告。这一努力使她能够追溯书中所分析的新信息秩序的演变。该书由上海人民出版社翻译出版，是对二十一世纪初中外学者就中国历史和社会轮廓展开的积极而富有成效的对话的一种回应。特别令人欣慰的是，作者是一位在美国接受过学术训练的华人学者。她对中国语言和史料来源有着自信的熟悉，对中国历史的学术研究也具有不偏不倚的态度。本书的出版是学术交流的典范，我很荣幸为她的书作序。

周锡瑞

二〇二四年二月九日

目　录

导　论

19 世纪中叶之前，在大多数中国人的想象中，"西方"是一个既野蛮又神秘的所在，居住着桀骜不驯的夷人或是超凡脱俗的得道仙人。然而，鸦片战争后清政府所收集关于欧洲的第一手资料，逐渐揭开了欧洲各国真正的面纱。本书讲述的是中国第一批前往泰西的使节和外交官，是如何建构起新的知识框架来诠释这个未知的"西方"，并同时寻找新的自我定位与外交方针的故事。众所周知，在 19 世纪以前，中国官员和私人旅行者到达过欧洲或新大陆的寥寥无几。因此，关于这些地域的信息主要来自各种二手资料：道听途说的传闻、访谈、传教士的著书立说以及对外国志书的翻译。① 在两次鸦片战争期间（1839—1842，1856—1860），清政府所能掌握

---

① 现存 19 世纪之前，走入泰西的清朝旅者的个人记述仅有三部：一是樊守义的《身见录》，这是一部作者个人经历的游记。樊守义是一位在 17 世纪早期被康熙帝派遣前往梵蒂冈的基督徒皈依者。这份游记仅在朝廷内以抄本传阅。二是谢清高的《海录》，是 1820 年前后从与谢清高的一次访谈中所记载和抄录的。谢清高是一位在东南亚、欧洲与美国等地待了十余年的广东籍盲人海员。三是林鍼的《西海纪游草》，这是作者在大西洋旅行游历的简述。林鍼，福建商人，在 1849 年撰写了本书，并在二十年后刊版发行。

的大部分资料，主要来自对外国人的采访与对其文学作品的翻译。①

　　19 世纪 60 年代中期，在设立总理衙门、镇压太平天国（1850—1864）不久之后，清政府便派出了第一支调查与外交使团。在第二次鸦片战争中，清政府与英、法、俄、美等国签订了《天津条约》（1858），该条约赋予了列强在北京设立使馆的权力，同时也赋予清廷同等权力，许其派遣公使常驻海外。1866 年，一群低阶官员和语言学生进行了半官方性质的欧洲之行；1868 年清政府向欧洲和美国派遣第一个正式外交使团并向欧美呈递了国书；随后在天津教案发生的 1870 年，清政府派出一位高级官员，率领"谢罪"使团前往法国；1875 年，清廷任命第一任驻美、驻英公使。从此，开启了一个清朝外交制度建设的过程。到 1895 年，清廷已经形成了一个拥有 12 个公使馆、12 个领事处的海外办事处网络。②清朝驻外人员和国内通讯者之间的交流，也改变了清帝国的外交政策及其对世界的看法。外交使团及公使馆与国内官员协调：引导对外国的侦察研究、参与条约款项的谈判、管理领事馆，并努力巩固外交联盟。他们通过为国内的读者研究、记录与解读西方，承担起清帝国远程信息管理者的职务。③

① 关于鸦片战争期间的情报收集，参见 Mosca，*From Frontier Policy to Foreign Policy：The Question of India and the Transformation of Geopolitics in Qing China*，237—304。

② 关于这些公使馆与领事处的成立日期与主要成员的信息，详细请参见《清季中外使领年表》。

③ 关于清代外交使团与公使馆的经典研究包括：Biggerstaff，"The First Chinese Mission of Investigation Sent to Europe"，Biggerstaff，"The Official Chinese Attitude toward the Burlingame Mission"；Dong and Wang，"Chinese Investigatory Missions Overseas，1866—1907"；Hsü Immanuel，*China's Entrance into the*（转下页）

本书探讨了清朝外交官影响中国国际关系的两种不同而又互相关联的方式。两次鸦片战争显示了欧洲在海军和军事力量上无可置疑的技术优势，不平等条约赋予西方列强几乎无限的贸易权、传教权、外国居留权、建立租界权和治外法权（即西方人不受中国法律管辖），这些特权使得清朝与西方原本悬殊的差距进一步加大。清朝的使团和公使负责一系列各式的活动，旨在自强自立，并使外国入侵的负面影响最小化。作为由来已久的知识生产者，他们的信件、日记、报告、建策和奏折，几乎触及了帝国对外关系和外交政策的方方面面。

清廷及其官员时常将如此类型的外交约定理解为一种策略管理（筹办）的形式。他们对"筹办"这一见解的看法也在发生着变化：从通过劝说和谈判来征服棘手的"野蛮人"到选择性地采用西方的思想、技术和体制。[1]研究、记载和解释来自外国的异质文化，这为国内群众生产了新种类的知识，新的标准和模式，以及中西之间

（接上页）*Family of Nations：The Diplomatic Phase，1858—1880* and *The Ili Crisis*。更多相关研究包括：Desnoyers，*A Journey to the East*；*Li Gui's A New Account of a Trip around the Globe* 和 "Toward 'One Enlightened and Progressive Civilization'：Discourses of Expansion and Nineteenth-Century Chinese Missions Abroad"；Howland，*Borders of Chinese Civilization：Geography and History at Empire's End*；Reynolds and Reynolds，*East Meets East：Chinese Discover the Modern World in Japan*，1854—1898；Ke，"Fin-de-siècle Diplomat"；Schmidt，*Within the Human Realm：The Poetry of Huang Zunxian*，1848—1905；尹德翔：《东海西海之间：晚清使西日记中的文化观察、认证与选择》。

[1] 汉语词汇"夷"在本处与书内的其他各处均被翻译为"野蛮人、未开化之人（barbarians）"来指代清朝官员使用该词时所隐含的文化优越性与自大普遍性，而非排除或淡化该词本义上的多向性。

新的边界。①这一过程充斥着意识形态的紧张不安，包含着广泛的
修辞手段的运用和与外部世界相关话语权的扩大。

重新审视清代外交使团

从西行伊始，清朝的使团、使节及其文字作品就引起了学者和
知识分子的关注。②在 1894—1895 年的甲午战争结束数年后，对西
方认识的主流解释框架在立宪改革者之中开始启蒙发展，并在清政
府倒台、中华民国成立后占据主导地位。世纪之交的知识分子将清
朝的衰微归因于改良运动的失败和革命的必然性，此必然性的重要
依据之一，则是清官员向政府提交的外交报告与文书。为了解释清
政府为何衰败，这些启蒙学者常常从数十年前出版的外交日志中抽
取片段，进行回溯性的叙事。比如晚清首位驻外使节郭嵩焘的故
事，在梁启超的笔下，成为民国初年流行的批判晚清人对于西方傲
慢态度的标准叙述：

4

① 本书没有将"西方（west）"当做一个连贯的分析范畴。之所以这样称呼"西
方"只是遵循清朝官员自己使用的习惯。这些清朝官员通常会采用"西""西
洋""泰西"词语来作为他们曾访问过之欧洲国家的模糊分类标签。美国由于其
与欧洲的文化联系，常常会被贴上上述的标签。尤其值得我们注意的是，"西
人"是一个描述欧洲或美国人的常用词，该词一般只指白种人血统的人而不
包括生活在欧洲或美国的有色人种。"西人"在指代时不会考虑指代者的民族国
籍或文化背景。在欧洲或美国的非裔美国人通常被记述为"黑人"，而华裔美国
人则被称为"华人"。

② Von Gumpach, *The Burlingame Mission：A Political Disclosure，Supported by Official Documents，Mostly Unpublished* 于 1872 年在上海出版。该书成为第一部研究清朝使
团的英文学术作品。另一部值得注意的早期学术研究是 Williams，*Anson Burlingame and the First Chinese Mission to Foreign Powers*，该书于 1912 年出版。

记得光绪二年有位出使英国大臣郭嵩焘，做了一部游记，里头有一段，大概说：现在的夷狄，和从前不同，他们也有二千年的文明。嗳哟，可了不得！这部书传到北京，把满朝士大夫的公愤都激动起来了。人人唾骂，日日奏参，闹到奉旨毁板才算完事。①

梁启超的诠释有几个问题：第一，他将《使西纪程》看作是"游记"，将郭嵩焘的欧洲之行误认为是没有政治性意义的私人行程，而实际上这种远途的旅游在 20 世纪之后才逐渐成为主流，与郭嵩焘的出行性质截然不同。②缺少了这个背景，儒家学者对其书的抗议，显得尤其盲目仇外。更重要的是，梁将郭和他的批评者置于当时根本不存在的"保守"与"进步"的对立面。在这种情况下，他将清政府对该书籍的审查行为描绘成是传统儒家思想和东方专制主义所导致的结果。该故事忽略了一个事实，即郭嵩焘的日记最初是由总理衙门出版的，其目的是传播西方知识，甚至在该书被禁后，广大受过教育的精英们对它的阅读热情只增不减。梁启超的叙述掩盖了清朝外交机构的多元性，为郭嵩焘的访外经历提供了一个递进式的因果关系〔即杜赞奇（Prasenjit Duara）笔下的"启蒙主义的话语"〕：儒学精英拒绝接受西方文化以及他们对中国传统

① 梁启超：《五十年中国进化概论》，第 4030 页。
② 梁启超通过使用"游记"来描绘郭嵩焘使团的特征表明他将此次出使等同于一次私人行程。尽管外交日记与私人游记的界限有时会稍显模糊，但由于外交日记体裁起源于出使晋、辽的宋朝使团，则前者应该被视为一种截然不同的体裁类型。参见 Wilkinson, *Chinese History: A New Manual*, 9.8.1。

文化普适性的固执信念，是清朝不得不衰落的原因。①

　　这种历史启蒙主义的外交叙事模式，即以文化主义的视角来审视清朝外交和海外使团，主导了 1950 年代至 1980 年代欧美的晚清学界。②这些论著受到来自费正清的"西方冲击—中国回应"论的深刻影响，其主旨是指出清朝在现代化道路上遇到了哪些文化与制度障碍。③这些作品的前设通常认为常驻使馆（以及 1860 年后的一些外交制度）是一种以欧洲制度为蓝本，并与中国传统互相排斥的"现代性"实践。徐中约曾写道，常驻外交使节的派遣是在枪口的威胁下强加给中国的；这与"中国人的思想格格不入，与中国的对外交往的体制完全不相容。"④

　　1980 年代初，"冲击回应"模式在西方史学界逐渐式微，但处于改革开放初期的中国史学界对此却颇感兴趣。邓小平的现代化政策使得中国学术界更加开放。随着历史学家从马克思主义叙事模式逐步转向现代化史学模式，晚清文人如何面对现代化成为学术研究的主流，"冲击回应"论也成为理解晚清"改革开放"的

---

① Duara, *Rescuing History from the Nation*, 17—50.

② 请参见 Biggerstaff, "The Official Chinese Attitude toward the Burlingame Mission."; "Chinese Missions of Investigation Sent to Europe"; "The Secret Correspondence of 1867—1868"; Hsü, *China's Entrance into the Family of Nations*; Frodsham, *The First Chinese Embassy to the West*; Wang, *A New Profile in Sino-Western Diplomacy*。

③ 最能清晰表达此论述的文章当属 Fairbank, *Trade and Diplomacy on the Chinese Coast*。而费正清与邓嗣禹合著的 *China's Response to the West*，作为最重要以及在当时北美最容易获得的英文原始资料汇编之一，进一步加深了"冲击—回应"框架的生命力与持久性。关于这一框架模型最有影响力的批评文章，请参见 Cohen, *Discovering History in China*。

④ Hsü, *China's Entrance into the Family of Nations*, 111.

理论依据。在这个语境里，鸦片战争后的中国精英，在西方的坚船利炮下开始"觉醒"，抛弃儒家学者的傲慢自负，睁开双眼，"走向世界"。①

　　过去的几十年间，比较史学家就中西方在社会经济、政治和国家建构发展轨迹之间的分歧，提出了新的论题和研究方法。②历史学家不再一门心思专注于以文化解释中国为何偏离西方近代化的"普遍道路"，而是探索了一个将偶然性、经济史、环境史和全球史的视角组合起来，解释19世纪以降西欧在工业和军事方面远超亚洲的原因。这些新视角对晚清历史进行了分析，将其从民族国家的目的论中扭转过来，看作是一个充满活力和创造性的革新、蜕变和国家建构的过程。③同时，比较文学和语言学的学者，也将晚清文学作品置于更长的历史时段来理解。在这个多层次的演化过程中，异国的文化概念或在政府资助的翻译局、或在商业的"翻译工厂"里被内化和驯服。④历史学家不再简单地以二元模式来看待晚清与

6

---

① 在19世纪80年代，由钟叔河主编的包含36部清朝外交日记、游记、与私人日记在内的走向世界系列丛书出版。作为一名历史学家与文学家，钟叔河为每一部分材料均撰写了以现代化逻辑为基本框架的简介文章。这一系列丛书于2008年再版。关于钟叔河这些介绍性文章的部分合集，请参见钟叔河：《走向世界》。

② Wong, *China Transformed*；Pomeranz, *The Great Divergence*；Rosenthal and Wong, *Before and beyond Divergence*；Andrade, *The Gunpowder Age*.

③ 关于对外条约，参见 Westad, *Restless Empire*；关于国家建设，参见 Halsey, *Quest for Power*。另外可参见 Fung, "Testing the Self-Strengthening"；Elman, "Naval Warfare"；Cassel *Grounds of Judgment*；Wu, *Empires of Coal*；Reinhardt *Navigating Semi-colonialism*。

④ Huters, *Bringing the World Home*；Lackner and Vittinghoff, *Mapping Meanings*；Lackner, Amelung, and Kirtz, *New Terms for New Ideas*；Liu, *Translingual Practice*；Hill, *Lin Shu, Inc.*

西方的分歧,在边疆政策、国家构建和现代性等方面,也开始重视中国与日本、西欧各国的相似与交汇之处。①

在中国,过去二十年也见证了试图摆脱现代化理论僵化框架的历史与文学的新思潮与新趋势。早期对清朝外交机构保守守旧和停滞不前的旧印象,在对清朝外交机构结构演变的新研究中已经修正与改进了。②外交官与使节再也不会因其对西方的开放态度而受到赞扬或谴责。他们对西方的不同诠释现在被视为学术创新、文学想象力、区域多样性,或者是全体人类思维更深层次的主观经验模式的珍贵产物。③

但即使历史学家试图摆脱这种发展的目的论,诸如西方与非西方、传统与现代、拒绝与接受等,这些二元对立的逻辑仍然充斥着主流叙事,以至于我们对 19 世纪下半叶的总体印象仍由几场以清朝惨败而告终的战争所主宰。这种叙事的问题在于它把中国接触和理解西方这样一个多面性和多线性的复杂过程,看作一个向既定结果的演变。常见的叙事方式,是从 1850 至 1890 年代中,精挑细选出一系列可以证明清朝在甲午战争中的惨败是不可避免的人物和事件,因此,晚清人对于西方的论述,常常被断章取义,甚至一些当

---

① Perdue, *China Marches West*; Larsen, *Tradition, Treaties, and Trade*; He, *Paths toward the Modern Fiscal State*; Rogaski, *Hygienic Modernity*.

② 李文杰:《中国近代外交官群体的形成》;戴东阳:《晚清驻日使团与甲午战前的中日关系》。

③ 杨念群:《儒学地域化的近代形态》;尹德翔:《东海西海之间》;张治《异域与新学》;方维规:《文化比较与文化传输——早期中国使节从西方带回了什么信息》,唐宏峰:《旅行的现代性》。

时常用的修辞手法也会被看作排斥西方文化的明证。[①]旅西者不同的经历，以及他们对于西方是如何理解、如何书写的，很少被学者所关注。

这种史学偏见的推论是：清朝精英对西方文化和制度的知识只能通过日本吸收输出后，再来进行下一轮灌输和接受。[②]以数量、范围和影响来衡量，日本的确主导了 20 世纪初西方知识向中国的传播，中日知识分子之间的相互影响理应得到比迄今为止受到的还要更多的学术关注。[③]正如历史学家道格拉斯·赫兰德（Douglas Howland）所观察：日本从儒家文化圈转向西方强国的转型，对传统中国世界观来说不仅是一个冲击，更是毁灭性的。[④]但在 1895 年之前，来自日本的影响并不是清朝文人获取外部世界知识的主要渠道。除了外国团体和通商口岸的知识分子之外，清政府还培养了本朝的使节团队、情报人员以及外交官进行调查和撰写报告，以供官僚和士人精英阅读。这些人所创造的知识、话语以及他们的作品开创的知识消费模式，都成为 1895 年后文化转型的重要前提。然而，自从 1980 年代该领域逐渐摆脱"冲击—回应"理论模式的影响后，

① 这种趋势表现在教科书中频繁使用关于外交使团的佚事趣闻，以达到加强这种现代化叙述的效果。例如郭嵩焘对西方文化的开放态度以及国内政敌对其的攻击事迹就曾被多部北美主流历史学家撰写的叙事所记载，比如 Schoppa，*Revolution and Its Past*，92；Ebrey，*The Cambridge Illustrated History of China*，245；Waley-Cohen，*The Sextants of Beijing*，189。

② 据史学家余英时所说："在'五四'新文化运动以前，中国知识人所吸收的'西学'主要都是从日本转手得来的，无论是哲学、政治思想、文学或社会学、心理学等，都是如此。"余英时：《关于中日文化交涉史的初步考察》，第 335 页。

③ 在此领域最为著述丰富的学者有 Joshua，Fogel *Articulating the Sinosphere* 与 *Maiden Voyage*，和 Douglas Reynolds，*China*，1898—1912 与 *East Meets East*。

④ Howland，*Borders of Chinese Civilization*，2.

北美学术界将目光转向了区域研究、经济史研究、性别比较研究和社会史研究的新领域，几乎不再关注清朝对欧洲外交政策与调查研究的历史。①

8　　晚清对西方的回应成功与否并不是本书的主题，本书主要关注的是清代涉外人士在从事外交使团和公使馆工作时如何诠释西方、构建西方，并传播这些有关西方的知识和话语。其主旨是将外交书写作为一个文化传播的过程进行考察，揭示该清代使节经历的流动性、异质性和矛盾性。本书还考察了对外交流的独立与通常具有地域性的消费和传播过程，以展示其真实影响和接受程度。本书认为，中国人对西方看法是由个体旅西者的概念体系与各种政治性、文化和思想所共同构成的复杂难题，并不能以简单的二元对立来理解。

作为旅行者、中介人、地理学者的清代外交官

　　清朝的外交和对外情报工作，近年来在历史学界日益受到重视，但清朝对于过往朝代制度先例的继承，似乎探究得并不多。②

---

① 近期填补这一空白领域的著作主要是对中文笔记的英文译作，如 Desnoyers, *A Journey to the East* 以及 Arkush and Lee, *Land without Ghosts*。顺便提一句，近期有关此话题的历史学界讨论大多集中在中美关系上。比如，Xu, *Chinese and Americans*; Rhoads, *Stepping Forth into the World*; Pomfret, *The Beautiful Country and the Middle Kingdom*。

② Di Cosmo, *Ancient China and Its Enemies*; Tackett, *The Origins of the Chinese Nation*; Wang, "Co-constructing Empire in Early Chosŏn Korea"; Wang, *Tang China in Multi-polar Asia*.

公元前 138 年，汉武帝派张骞到西北的大月氏部，探索与其结盟并共同对抗北方草原游牧大国匈奴的可能性，这在中国是人尽皆知的历史故事。在前往大月氏的途中，张骞被匈奴俘虏关押了十余年，但最终得以逃脱，带着中亚情报返回了中国，向汉武帝提出与中国习俗相近的中亚部落结成联盟的战略主张。几十年后，史学家司马迁写道，张骞的一举成名，将"使节"身份一跃成为有志之士的热门追求："自博望侯开外国道以尊贵，其后从吏卒皆争上书言外国奇怪利害，求使……天子为其绝远，非人所乐往，听其言，予节，募吏民毋问所从来，为具备人众遣之，以广其道"。[1]

1887 年 9 月 1 日，直隶总督李鸿章在写给他的门生区谔良的信中，也提到了司马迁对汉使的记述。区谔良，辛未科（1871）进士出身，被钦点为工部主事，当时，已在驻外使臣的候选名单上苦等了 12 年。区谔良知道李鸿章在朝廷舆论中具有重大影响力，便乞求李的推荐，希望能尽快摆脱候补使臣的身份。[2]李鸿章忠告他说：

> 近日海国已成坦途，朝士竞趋，迥非十年前可比，风气顿异，诚如尊论。汉武帝求使才，为其绝远，非人所乐，逮博望既贵，事亦愈习，则争言利害求奉使矣，古今竟若一辙。[3]

---

[1] Hirth, "The Story of Chang K'ién, China's Pioneer in Western Asia," 104—105. 关于司马迁构建张骞出使的修辞策略，见 Chin, "Defamiliarizing the Foreigner".

[2] 关于李鸿章在选任公使上的重要影响力，可以参见李文杰：《晚清驻外公使的保举与选任》。

[3] 李鸿章：《复工部区》（光绪十三年七月十四日），《李鸿章全集》第 34 册，第 243 页。

　　李鸿章写这封信的时候，距离清朝第一位常任使臣抵达伦敦公使馆仅十余年，而他与他的同时代人已经注意到外交事务对既有的官僚结构以及西方表述的冲击，与西汉多有相似之处。中亚在张骞归来之前一直被视为绝域，一如 1860 年代之前的欧美各国。然而，在清朝与西方建立外交关系的几十年之后，"绝域"已成为政府官员的向往之地。众所周知，清朝在与西方列强建交之初，对于西方的表述也充满了文化和意识形态上的紧张，这个过程与西汉的扩张所引发的激烈政治争议和对世界的冲突表述十分相似。①

　　1860 年代后的外交使团与以往派遣的"使节"在实践上主要有如下几个方面的不同：首先，以往派遣外国的使节，通常是有具体任务的、以行走为主的"活动使团"，其设立与任命有较强的灵活性，是任务结束后就立即解散的临时性机构。②除明朝外，使节不是专门外交人员，而是有强烈事业心的官员，往往将自己的外交任务视为升职加薪的基石。③使团成员不得沿途逗留或与外国人进行私交。现存最早的使者日记来自唐宋时期，其内容强调每天行程的距离，极少提及非官方活动，表明这些日记的作者，由于官方的压力，不得不小心谨慎地细报每日旅途中花费的时间。④与此不同

10

---

① 关于汉帝国主义扩张与其在文学表现上的回响方面有深刻见解的分析，请参见 Chin, *Savage Exchange*。

② Tackett，*The Origins of the Chinese Nation*，21.

③ 孙卫国：《试说明代的行人》，第 11—16 页。

④ 据 Richard Strassberg（石听泉）的研究，现存最早的出使日记是唐代李翱的《来南录》，"本作只有寥寥条目，也甚少个人的观察评论与风景描绘"，"其动机可能是用他英勇的旅程给其赴任的岭南幕府的新同僚以深刻印象，同时给未来的旅者提供贯通中国南北的线路指引。"类似的偏好可以在唐宋时期的许多官方游记中洞见。如陈左高：《历代日记丛谈》，第 1—8 页。

的是，大多数清朝常驻使节有长达三年的任期，政府鼓励使馆成员在日常工作外进行个人考察，并与外国人保持来往。

其次，派往中国周边地域或邻国的使节，往往有大量的历史文献资料可以作为他们报告的模版，包括使者日记、游记、王朝历史、地名词典等等。个人报告最常见的形式就是使臣日记，这是一种半官方的体裁，通常采用帝国地理式的视角，将遥远的地区编织进以中华帝国为核心的等级制世界政治秩序构想中。在这种话语模式下，使节对外国的描述是精心构建下的产物，它着眼于中国的地缘政治，因而很少赋予非儒家政权以政治合法性。① 与其不同的是，1860 年代之后前往欧美的清朝外交官并没有关于这些国家以第一人称叙述的使臣报告作为他们的文书样板。官方要求他们书写他们在西方国家的日常行动，考察汇报，无疑是史无前例的挑战。

第三，过去的使节在旅途中很少与朝廷保持联系。使者携带敕谕，充当统治者信使的角色；他们并不是一个带有抽象皇权象征的可移动政府机关。② 除了战争时紧急通讯外，他们向朝廷提供的报告，是外交使命完成后才须上交的。相较之下，19 世纪下半叶的清朝使团和驻外公使馆更好地融入了国内的信息网络之中。他们定期通过邮轮与国内外交部门和其他公使馆交换信件、报告和笔记。1870 年代至 1880 年代初期，电报线延伸至上海和天津，使得国内外的外交机构能够及时交换来往信函，大大缩短了交流时间。公使

---

① Douglas Howland 的 *Borders of Chinese Civilization* 揭示了驻日使者的日记、报告中，也以类似话语构建。

② 关于明代使者（"行人"）如何执行外交职责的研究，参见郭嘉辉：《明代"行人"于外交体制上的作用》，第 319—343 页。

还就外交问题上奏，请求在他们认为适宜之时，应立即关注相应的外交问题。信息技术的采用，使得清朝官僚机构能够对外交和政治紧急情况作出迅速而积极的反应。

11　　清使的派遣同时伴随着超越帝国国界的政府责任观念的不断扩展。1866 年第一次半官方性质的访欧之行在很大程度上避免了外交问题。短短两年后，即 1868 年，一个官方使团即负责与外国列强就条约修订进行初步讨论。到 1870 年代中期，官员已经开始关注如何为保护海外华人权益和抵制西方人在中国的不法行径寻求法律上的依据。1870 年代末和整个 1880 年代，使馆承担起了抵抗列强侵占中国边界、鼓励华人在国外积极进行商业活动的责任。①他们还负责监管在国外的中国学生、视察清政府所订购船舶的制造情况、购买机器和书籍，以及代表中国参加国际性会议。从 1880 年代中期开始，洋务运动的倡导者对于维系海外华人社群（尤其在东南亚）对华的忠诚愈来愈感兴趣，而北洋舰队在南海威风凛凛的巡弋更是加强了华人对清朝的关注。②

　　激增的使馆职责使得外交官在如何自我定位、如何书写报告，以及提交报告的意义等方面，形成了新的张力。过去的使节在外交使命结束后递交书面报告即可，而 19 世纪的外交官则需要在多个、往往相互冲突的职责和不同的受众之间，不断地进行协调。一方

---

① 近期有关陈季同代表中国参加欧洲文学社团与大会的研究请参照 Ren, "Fin-de-Siècle Diplomat"。

② 陈育崧：《甲午前夕北洋水军访问新加坡记》；有关由此所形成之关系的影响的研究，请参见 Godley, "The Late Ch'ing Courtship of the Chinese in Southeast Asia." 有关参与南海视察的海军军官的航海日记，请参见余思诒：《航海琐记》。

面，他与外国政府的外交通信需要大体符合西方惯例，这些文书通常直接由使馆的外籍参赞起草并翻译成中文。[1]另一方面，他与国内的文书交流往往采用本国的语言和思维逻辑，以一个负责记录国外风土人情的业余地理学家的视角，并且慎重地撰写这些材料，因其日后可能会被整合进朝代史和其他官方或半官方的史料汇编之中。当他撰写西方值得借鉴之处，则需审慎地思考如何在表达认可的同时，保持理性的批判，在两者之间维系适当的平衡。总而言之，19 世纪的外交官清楚地认识到，他们的陈述不是简单地对已完成使命追溯既往的报告，而是将世界文化为己所用的手段。

12

外交沟通模式的改变

本书的一个侧重点是清朝使团和使馆如何开辟了新的信息传播渠道，并以此改变了国人对西方的认知。在此之前，信息传播方式也曾经历过重大的变革。正如魏希德（Hilde De Weerdt）著作中写到，随着木版印刷的兴起和宋代（960—1279）以来中国科举考试的贯彻实施，"信息传播不能再被认为是一种自上而下的朝廷敕令人民那样的事情：文本的结构和官方信息交流的渠道本身成了信息协商的机制"[2]。

在生死存亡的关键时期，南宋境内精英的内部政治沟通网络对维护中华帝国起到了至关重要的作用。这些发展与 19 世纪中国发

---

[1]　在本书中所考据的来自清朝驻英公使馆的英文信件不少是来自马格里的手迹。

[2]　De Weerdt, *Information*, *Territory*, *and Networks*, 24.

展的相似之处是显而易见的。晚清外交文书横向的发展（涉及地域之广）及纵向的传播（深入各社会阶层），也起始于 19 世纪中叶地动山摇般的危机，它直接导致了对中华帝国的全新概念化，并且同样重要的是，这些概念通过新的场所和方式在公众中传播，同时也被不同的政治行动者商讨斟酌。①

本书采用传播学者斯图亚特·霍尔（Stuart Hall）的"编码"与"解码"理论对传播进行"问题化"，而不是将传播仅仅视为信息传递与接收的透明过程。这种理论途径将每一次出使看成一个独特的过程，在这个过程中，使者的历史经历穿越复杂的话语规则，变成关于西方的"信息"或"故事"。这些信息在被传播和消耗的过程中，又经过了各种各样的"解码"过程，并对不同受众群体产生了一定程度的影响。②外交书写的产生与接收，可以视为不同历史过程，言者无心，听者有意。

根据霍尔的说法，接收（解码）的消息与原始消息的匹配程度取决于共享代码的利用以及编码器和解码器之间的关系。在清代外交沟通中，这意味着一篇著作（日记、信函或是报告）的效果取决于听众是否采用了一套与原作者相似的假设条件和语言文字。两套符号之间的一致性往往造成对共同价值观和实践的肯定；不匹配的

---

① 本研究主要关注外交沟通的产出与接收，而较少关注围绕信息传播的流通媒介、大型官僚组织以及市场经济等因素。关于政治传播的一个重要媒介——京报及其在维系清帝国统治所起到的作用的深入研究，请参见 Mokros, "Communication, Empire, and Authority in the Qing Gazette." 关于对明清两朝危机与改革双重问题的一系列个案研究，请参见 Wang and Wei, *Dynastic Crisis and Cultural Innovation*。

② Hall, "Encoding, Decoding."

两套符码，则可能导致事实的失真、误解以及编码信息无法及时准确的传递。

以通信的视角来重审外交写作（日记、诗歌、游记、电报、报告、奏折和报纸文章等），不仅可以使一些原有的学术争论迎刃而解，还可以便于理解为什么同一份文书常常会产生截然不同的回应和反响。以往的研究常常以"保守"或"改良"等意识形态上的不同来诠释晚清士人对于西方的理解，但这些标签并非当事人自己能接受的，而产生于后人对"中国对西方回应"类似课题的单一的逻辑叙述，掩盖了当事人体验、构建和接受西方的多元化。探索新知识和新形象（representation）的过程并不会遵循一个统一的程序。我的目标是消除中国对西方冲击的回应模式化的看法，来捕捉"知识创造的机制、脉动及其所有的前后矛盾和内部真相。"[1]

现代人也许料想不到，这些一百多年前的外交官，看待西方的角度并非一成不变，都有基于自身社会、政治和思想关注点来组织世界知识的独到方式。例如，八旗体系内的满汉官员、同文馆学生、地方文人以及朝廷官员对西方的认知与看法是截然不同的。太平天国运动影响了所有清朝外交官的生活，但即便是在相似社会背景中的外交官，该运动也对他们解读西方产生了不同的影响。湘军是一支在镇压太平天国运动中很重要的地方武装军队。对于湘军的高级将领郭嵩焘来说，太平天国运动使得清政府的合法性受到质疑，由此促使他前往欧洲寻求中国长期存在的政治与社会问题的解决办法。但对于曾纪泽、薛福成等依附地方势力的青年人来说，镇压战争提

14

---

[1] Nappi，*The Monkey and the Inkpot*，7.

供了为国效忠的机会，使他们能够以自身丰富的实践技巧和兼收并蓄的学习能力跳过科举入仕的旧惯例。历史潮流和关系网络的大环境在观念认知、文本信息和政治观点之间产生了错综复杂的相互作用。

尽管他们拥有多元的经历，使节和外交官都传承着一套官僚传统，这使文本产出成为其首要职责。①几乎每位外交官都有撰写出使日记的习惯，日记是历史悠久的传统体裁，它的目的是履行重要的意识形态和制度性的功能。此外，他们通过信函、诗歌、奏折、官方通信、电报以及从 1880 年代中期兴起的发表在报纸上的随笔短文来进行交流。本书考察的这三十年，越来越多的出使官员认识到他们需要突破总理衙门规定的制度与文本的限制。他们还意识到，要使想法和建议生效，有关西方的文本生产必须与其他多方面的政策相互协调，并以激发凝聚力和文化自信为核心，对这些文本进行塑造和重塑。本书也探讨了文学表现、官僚文化和传播过程之间动态的交互作用。

鸦片战争和信息传播的新渠道

1839 年至 1841 年的鸦片战争，激起了地方一轮民间收集情报的热潮。其中，最为人所知的项目是由林则徐组织、由传教士和有涉外经验的人士协助翻译大量的英文书籍和新闻报道。②为了出版这套译文汇编，林则徐重塑了外交情报的文本形式。例如，林则徐编撰

---

① 有关罗列晚清外交著作的详细清单，请参见冈本隆司、箱田惠子、青山治世：《出使时代的日记》，第 339—420 页。

② Mosca，*From Frontier Policy to Foreign Policy*，243.

的《四洲志》，是从慕瑞（Hugh Murray）的《世界地理大全》翻译
而来，但他没有将原著中任何政治哲学的内容囊括进《四洲志》之
中。在有关美国政治体制的章节中，《四洲志》使用外文音译的方法　15
来介绍特定的政治机构：总统是"勃列西领"；国会是"衮额里士"；
参议院是"西业之西那多"；议会代表则是"里勃里先特底甫"。①书
中对共和制政体有一个粗略的解释："因无国王，遂设勃列西领一
人，综理全国兵刑、赋税、官吏罢黜。"其"乱码"般的术语，其
实是为确保外国的政治实践不会与中国的官僚机构概念相混淆。林
则徐清楚地意识到，他使用的材料来自域外，由于其政治敏感性，
他很少提及书中的翻译方式，只是有选择地使用足以支撑他论证的
部分材料呈现给国内的读者。②

　　鸦片战争之后，朝廷对外国情报的兴趣迅速消减，但私人研究
的热情却变得炽热。③这些尝试中最引人注目的是魏源的鸿篇巨
制——《海国图志》，该书是由林则徐的《四洲志》拓展而来。根
据马世嘉（Matthew Mosca）的研究，《海国图志》于 1844 年问世
后，成为第一部"或多或少能够全面且连贯地向读者解释每份外国
地理的已知材料是如何整合在一起"的中国地理志书。④通商口岸
的建立促进了西人社群和各级地方官员之间的合作。在与西方人的
合作中，沿海官员对西方的态度明显有所改善。英国领事官阿礼国

① 林则徐：《四洲志》，第 146 页。
② Mosca，*From Frontier Policy to Foreign Policy*，244.
③ 此类私人研究包括郑光祖：《舟车所至》；姚莹：《康輶纪行》；梁廷楠：《海国四
　说》；魏源：《海国图志》；徐继畬：《瀛寰志略》。
④ Mosca，*From Frontier Policy to Foreign Policy*，272.

（Rutherford Alcock）就对福建巡抚徐继畬赞赏有加，说他"在信息接收的宽泛程度、观点的开明程度上，远胜于其他人。"①

此外，1851 年至 1864 年的太平天国战争，为通商口岸的地方官员及其幕僚创造了与外国人合作的机会。在 1860 年代初，这些协商与合作促成英清联合军队共同镇压太平天国运动，清政府将相应的官衔、朝服、标识和勋章授予在清军中服务或在军火供应上提供协助的外国人。②地方官员及其幕僚在上海组织赈灾救济的募捐，派人从上海购买科技图书和仪器设备，同时收集最新的消息。从郭嵩焘的经历中我们可以看出，这种半官方的合作与互动是如何改变了清朝精英对西方看法。

郭嵩焘，祖籍湖南湘阴，1847 年考中进士，入翰林院任职。他在太平军进犯其家乡湖南时退居乡野，助曾国藩组建湘军。在 1856 年首次到访上海之前，郭嵩焘已沿着长江游历了两个月，他一边收集当地的风俗和商业信息，一边为湘军筹款，为日后做准备。他注意到富庶的长江下游与他贫瘠的家乡湖南内陆形成了鲜明的对比，并形容江浙一带习俗是"靡荡偷惰，重以浮诈，人自为心，无礼让联属维系之意"。③当郭嵩焘最终目睹上海的外国租界时，他不仅惊

---

① Drake, *China Charts the World*, 40.
② 第一批获得清朝授予官衔、官志与朝服的外国人士是弗里德里克·特沃森德·华尔与查理·乔治·戈登。参见 Spence, *To Change China*, 57—92。1863 年 1 月 22 日，李鸿章上奏建议制作几块"西洋规制的金银盘"，用以赏赐协助清朝收复嘉定县的英法领事，此奏获清帝批准。参见《筹办夷务始末（同治朝）》卷 12，522—523。1881 年，随着一项关于授予外国统治者、贵族、外交官、士兵、翻译以及其他人员的秩序法规落地，该制度正式确立。参见《清季外交史料》，卷 26，504—505。
③ 郭嵩焘：《郭嵩焘日记》卷 1，第 29 页。

奇于西方人独创的先进科技，还讶异于他们恭敬礼貌的举止教养：

> 道遇利名、泰兴数夷目，与予握手相款曲。彼此言语不相
> 通晓，一面之识而致礼如此，是又内地所不如也。①

随后，郭嵩焘描述欧洲仆人表现出的令人称赞的行为举止：
"小夷目二人侍立两旁，极秀美"，他感叹："引绳导客，外夷示敬
之礼如此！"②与之相对应的是为西方人服务的中国杂役"状貌狞
异，气焰嚣然"。③郭嵩焘在英国领事的陪同下快速游览完汽船，拜
访了伦敦传教士创建的墨海书馆，结识了麦都思（Walter
Medhurst）及其同僚。麦氏是英国著名传教士，也是《圣经》的中
译者，在他书馆中工作的学者包括数学家李善兰、传教士兼记者艾
约瑟（Joseph Edkins）、助手兼抄写员王韬。郭嵩焘从那里带走了数
期《遐迩贯珍》，这是一家设于香港的中文报纸，主要刊登西方的
新闻时政、历史社科和地理人文的短文与评论。郭嵩焘的朋友、湘
军首领曾国藩对他到访上海后对西方态度的突然转变感到疑惑不
解："往时徐松龛中丞著书，颇张大英夷。筠仙（郭嵩焘的字）归
自上海，亦震诧之。"④

当徐继畲、郭嵩焘等行省级官员在通商口岸向西方人寻求新的
世界知识与对抗太平军的手段时，一个新的信息网络正沿着中央

17

---

① 郭嵩焘：《郭嵩焘日记》卷1，第34页。
② 郭嵩焘：《郭嵩焘日记》卷1，第32页。
③ 郭嵩焘：《郭嵩焘日记》卷1，第31页。
④ 曾国藩：《曾国藩全集·书信》，第622页。

官僚渠道悄然形成。两个全新的机构——总理衙门和同文馆将清政府与外国外交官及外国顾问联系了起来。应总理衙门的要求，同文馆的学生和外国教习翻译了有关国际法和外交手册的书籍，并从1870年代初开始，将翻译范围扩大至数学、科学、世界地理和历史。①

从1863年开始，一位来自爱尔兰的英国驻广州领事馆原翻译——赫德（Robert Hart），正式担任海关总税务司，成为了总理衙门对外交涉的宝贵资源。衙门的几位满人官员将他视作心腹知己，甚至"与他分享了一些他们内心深处的隐秘想法"。在这些满人官员的支持下，赫德很快将中国海关建设成一个集权决策、消息灵通与纪律严明的官僚机构。②赫德将自己置于一个富有同情心和亲切感的"局外人"地位，倡导一系列改革，并取得一定的成功，其中就包括建议向欧洲派遣使团。③

总理衙门官员与各国驻京公使最初的互动仅局限于条约相关的讨论，但几年之内，这种交往逐渐步入更深的层次。董恂与美国驻华公使蒲安臣以及英国驻华使馆参赞威妥玛的友谊促使他将亨利·朗费罗（Henry Longfellow）的《人生颂》翻译成七言绝句，并亲笔誉抄在扇面上，托蒲安臣转送给朗氏作为礼物。④同样是通过蒲

---

① 有关丁韪良在同文馆担任总教习的回忆录，参见 Martin, *A Cycle of Cathay*。关于同文馆翻译与出版的一系列书籍，请参见熊月之：《西学东渐与晚清社会》，第253—254页。

② Bruner, Fairbank, and Smith, *Entering China's Service*, 334—335; Van de Ven, *Breaking with the Past*, 65.

③ Bruner, Fairbank, and Smith, *Robert Hart and China's Early Modernization*, 268—293.

④ Xu, *Chinese and Americans*, 36—37.

安臣的推荐，总理衙门翻译了亨利·惠顿的《万国公法》。①

除了外国顾问和外交官的伴随之外，总理衙门还通过南北洋大臣同通商口岸的海关道台们保持联系，道台们负责接待外国领事、监督海关的对外贸易，提交有关对外交涉的报告，包括中文资料和译制的新闻剪报，并将撰写的报告整理好之后，呈送南北洋通商大臣，由通商大臣咨送总理衙门。② 18

尽管总理衙门能够通过多种渠道获得信息，但在总体上，这些通过官方交互获得的情报是零散的，其中信息也未得到完全消化，同时还可能是相互矛盾的。各个信息渠道的掌控者，包括总税务司、外国公使和领事，以及通商口岸的道台——都维护着自身（或者其代表政府）的利益，并发布有利于自己"小算盘"的情报信息。比如，外国顾问强调铺设铁路、建设电报线路和贸易开放能带来经济优势，但地方官员可能会提供与之相反的意见，强调外国势力的入侵将如何破坏社会稳定。③再者，各国外交官并不都支持赫德的观点与行事，有些人认为他狡猾且唯利是图，意在帮助清廷暗中对抗条约，从而阻碍中国政府进行实质性的改良。④大体而言，作为一个临时机构，总理衙门虽说"总理各国事务"，但其真正的作用，是当中外因执行条约而发生争论时，能斡旋于外国人和地方利益之间，进行调节。总理衙门的主要功能是调节中外冲突，寻找折中办法，并没有掌控更大局面的能力，如启动新的议程或改良方案。

---

① Liu，"Legislating the Universal."
② Leung，*The Shanghai Taotai*，79.
③ Leung，*The Shanghai Taotai*，77—78.
④ 关于赫德与威妥玛复杂的关系，参见 Van de Ven，*Breaking with the Past*，70—71。

综上所述，到了 1860 年代，两个交叠的信息网将清政府与西方联结了起来：第一，通商口岸将地方士绅、官员与西方传教士、外交官、外国雇佣将领联系起来；第二，由总理衙门维持的官方信息网络将各国驻京外交官、海关、地方官员、各通商口岸领事、南北洋通商大臣紧密地联结起来。总理衙门虽然能协调总管外交事务，但在诠释与整合各种情报的过程中，始终处于被动的状态。

然而，这一诠释西方的角色并未因此而空缺。在面对前所未有的内忧外患之时，地方官员与士绅、通商口岸的知识分子正广泛地寻找历史经验与外国知识，帮助他们了解自己所处的世界。

《瀛寰志略》对西方的诠释

在 1840 到 1860 年代，有关世界地理的私人学术导致一条鸿沟的加深：鸿沟的一侧是建立在奏折和官方文件话语中正统的西方知识体系，另一侧则是以非官方或半官方身份进行研究的学者和士绅所持有的非正统知识体系。西方列强的持续侵略，加之地方上与传教士的冲突不断削弱了洋人的道德地位，使得鸿沟进一步加深。总理衙门和地方官员在文件中，常常将外国人描绘成贪婪、不讲道理且顽固不化之人，与其交涉是不得已而为之。与此同时，官员与士绅以私人身份接触西人时，却常得出不同的结论，其中的一些人把他们对清政府的不满和对外部世界的好奇转化为对西方的全新诠释。

这类学术作品的典型是徐继畬的《瀛寰志略》，该书在鸦片战

争期间开始撰写，持续数年才得以完成。①徐继畬在 1840 年至 1843
年间撰写的初稿几乎完全依赖中文的官方史书、地理志书和私人游
记。②在 1844 年至 1846 年之间，徐继畬逐步添加了外国的地图、
地理报告以及对传教士、外交官、商人和海员的采访等资料，文字
增加至初稿的五倍，包含了如艾儒略（Jules Aleni）、郭士立（Karl
Gützlaff）在内的欧洲传教士的文章。这些传教士多年来致力于中
国文学和经典的研究，以服务于教会工作。

徐继畬所选用的传教士文章对欧洲社会的描述与以往中国人对
西方形象的粗俗叙述形成鲜明对比。在很多方面，它们让人想起英
国历史学家贝利（C. A. Bayly）所说的英国在印度收集情报时的
"情感知识"："通过转换归附、文化适应、杂交同化等方式在殖民
社会内的道德共同体形成过程中所产生的知识"。③这些传教士按照
中国朝代的纪事模式来整理外国的志书（通常归为"地理"类），
并以传统史学书写的惯例来描述外国统治者，从而让中国读者"亲
身感受"到外国政体的内在状态，犹如它也是中国历史的一部分。　20
徐继畬查阅了这些欧洲资料后，决定重新组织章节，为反映西方的
地理概念，徐继畬依据大洲划分章节，并依据最新的英文发音改写
了地名。④

综上所述，扩展版的《瀛寰志略》其实是由两种截然不同的文
本编织而成。徐继畬对中国海域内（日本、琉球、越南、暹罗、缅

---

① 方闻：《清徐松龛先生继畬年谱》，第 84 页。
② 关于徐继畬所参考的资料清单，参见 Drake, China Charts the World, Appendix A.
③ Bayly, *Empire and Information*, 7.
④ 刘贯文：《徐继畬论考》，第 70—71 页。

甸和一些"南海"的海洋国家）的处理，很大程度上借鉴了中国现有的游记、官方记载和私人地理研究。虽然西方人已经为这些地域绘制了精确的地图，但徐继畬却认为"其说不甚详，译写地名亦多舛异。"①徐继畬查阅的资料包含大量从中国皇权视角收集的信息，其中详细介绍了富有异国情调的当地物产、奇异风俗、朝贡遣使，以及征伐归顺。

在这个叙事体系之下，欧洲对东南亚地区充满了经济上的掠夺性与道德上的可疑性。徐继畬用贬义词"番"来称呼欧洲殖民者及其文化情结，同时对抛弃中国文化的海外华人表示不以为然。②正如龙夫威（Fred Drake）所观察的，徐继畬对中国海域范围的描述展示了"一种信心，即清朝一旦正确地了解到西方的威胁，并通过自强运动高效地组织起来进行英勇的反抗"，终将消除来自西方的威胁。③之所以产生这种乐观立场，部分原因在于徐继畬在这些领域的叙事主要依赖的是以中国为中心的资料，而这些书写是从负责沿海防御的地方官角度进行假设并看待西方的。

然而，当徐继畬的叙事从中国边疆沿海地区逐步移到国外后，他对现存中文文本的引用逐渐减少，他的叙述开始由传教士所提供的西方资料主导。在中国朝代史的叙述框架下，西方被描述成一个有着自己的"华夷之辨"、与中国平行的文明世界。印度对阵英国军队的惨败被证明是一个统一、优越的文明对一个软弱、分裂和愚

---

① 　徐继畬：《瀛寰志略》，第 28 页。
② 　徐继畬：《瀛寰志略》，第 42 页。
③ 　徐继畬：《瀛寰志略》，第 98 页。

昧的政权必然的征服。①被清朝学者曾经认为是中亚强国的沙俄，现已跻身欧洲列强的行列，其"国势在西不在东。"②借助欧洲历史读者所熟谙的叙述，徐继畲将俄罗斯的强大归因于彼得大帝和叶卡捷琳娜二世在政府改革、军事发展、公民教育推广方面所推行的一系列现代化措施。虽然徐继畲手中有不少从明清朝廷视角看俄国的中文资料，但在很大程度上并未采用它们，只引用了满人七十一的《西域闻见录》（且主要是为了纠正其史实错误）。

21

　　在徐继畲之前中文史料对奥斯曼帝国的叙述（如对其地理位置、财富及与俄国和蒙古人关系的说明）基本上是从采访口述和边疆传闻中收集到的。③尽管因信息来源不同，对其描述会稍有差异，但大多数中文史料都回避了该国的内政，而纯粹从战略角度将奥斯曼帝国看作一个遥远的政治实体。与之相反，徐继畲详细描述了奥斯曼帝国的征战霸业与兴衰历史，体现了他将西方史学叙事与儒家史观的嫁接。他将希腊和君士坦丁堡比作中国周朝的礼仪中心，将它们视作文化和学问汇聚之地，从而成为欧洲文明的摇篮。奥斯曼帝国的崛起被描绘成毁灭"名城"的灾难：

　　　　……日以刀俎待其民，腴脂膏而供醉饱，三土之民，何不幸之甚也！④

---

① 徐继畲：《瀛寰志略》，第62—82页。
② 徐继畲：《瀛寰志略》，第116页。
③ Mosca, "Empire and the Circulation of Frontier Intelligence."
④ 徐继畲：《瀛寰志略》，第170页。

　　这个在乾隆时代学者笔下以财富和权力著称的名望之国，在徐继畲的叙述中成为一个暴政的典型，其统治者犯下了对中国历史的读者而言最骇人听闻的罪行，这些有着强烈反伊斯兰的偏见，即是他查阅英国材料留下的深刻印记。

　　向西至欧洲，徐继畲的论述更接近于传教士宣传的话语，而这些话语是传教士采用了正统王朝的修辞手法来转述的西方历史，其产物就是龙夫威（Fred Drake）所说的"一个多元文化与文明的世界。"[1]在这个语境下，希腊文明与夏朝共处同一时代，拥有自己的贤者圣王，他们教人们耕田播谷、构屋营居、编织羊毳和文字写作。[2]希腊之有教养的精英，"仕女仪容多秀美，男好华冠丽服"，"藏书之富，甲于西土，人多博览，各操铅椠，述事立言。"罗马，著名的"一统之朝"，是由圣王罗慕路所创，他"别五土之宜，教民以耕稼，造戟弩以习战"。传七世至苏佩布斯，"淫虐无人理，民废王，选贤者二人居高爵，立公会以治事，高爵每年一易，由是国无王而势日强盛。"[3]徐继畲在法国、英国和美国的叙述篇中采取了类似的写作手法，更多关注国家治理中的公共参与和政治制度的演变过程。例如，在法国一章中，他写道："佛郎西颇重读书，学优者超擢为美官。其制宰相一人，别立五爵公所。又于绅士中择四百五十九人，立公局。国有大政如刑赏征伐之类，则令公所筹议；事关税饷，则令公局筹办。"[4]

① Drake, *China Charts the World*, 191.
② 徐继畲：《瀛寰志略》，第 174 页。
③ 徐继畲：《瀛寰志略》，第 187 页。
④ 徐继畲：《瀛寰志略》，第 209 页；Drake, *China Charts the World*, 134.

鉴于历史学家对奇闻逸事的偏好，徐继畬在描绘西方世界时，生动叙述了各种引人入胜的故事，但他并未传承司马迁建立的史学传统。因为他中体西用式的嫁接，使其叙述与传统史学清晰的儒家道德准则相差甚远。《瀛寰志略》的部分内容源自基督教传说和启蒙主义史学，再通过儒家治国方略的透镜折射出来，与传统史料形成了巨大的落差。读过此书的人也许会被书中的治国理念所困扰，即国家的稳定和繁荣可能并不取决于统治者的得道或儒家所讲的礼治，而是取决于政治制度、军事实力和国库财力。

徐继畬中西文明的嫁接让与他同时代的读者颇感疑惑。就像十七、十八世纪耶稣会士所撰的地理志书受到批评一样，一些读者质疑《瀛寰志略》的正当性和徐的写作意图，并表达他们的愤慨。① 经过仔细研读，李慈铭列举出书中存在的问题：

> 但其轻信夷书，动涉铺张扬厉。泰西诸夷酋，皆加之以雄武贤明之目。佛英两国，后先令辟，辉耀简编，几如圣贤之君六七作……似一意为泰西声势者，轻重失伦，尤伤国体。② 　　23

李慈铭的批评不是针对书中所呈现的史实（他为该书做了许多页笔记），而是针对其表述方式：徐继畬用儒家经典中用来赋予王朝正统性的独有书写方式来描述外国人。事实上，徐继畬的朋友、研究蒙古问题的地理学家张穆在阅读他 1848 年的底稿时就指出了

① 史策先：《梦余偶钞》，24a—b。
② 李慈铭：《越缦堂读书记》，第 480—481 页。

这个问题。张穆劝徐继畬不要以叙述中国的写作方式来叙述外国："春秋之例，最严内外之词"。张穆也提出，相传孔子编订《春秋》，将道德权威和对古今的洞见注入这部鲁国的编年史书之中。传统经学家认为，在君主衰微和政治动荡的时代，孔子借文学作为恢复礼仪秩序的手段。正如宋代《春秋》研究学者崔子方所注意到的，这部作品背后的核心原则是，每个国家的撰写长短、分量和详略程度应与其在礼仪秩序中的位置相对应：

> 《春秋》之法，以为天下有中外，侯国有大小，位有尊卑，情有疏戚，不可得而齐也。是故详中夏而略外域，详大国而略小国，详内而略外，详君而略臣，此《春秋》之义，而日月之例所从生也。①

为此，张穆委婉提醒徐继畬要注意自己朝廷封疆大吏的身份，并向他提出修改建议：首先，在选择外国人撰写的历史材料时，对其可靠性进行判断。其次，应更明确地区分中国部分和外国部分的用语。②张穆说：

> 至周孔之教，不宣重译，正如心之精神不渚于藏府……其余文字正俗，无关著述大体，更不渎陈。③

---

① 崔子方：《春秋本例》，1a.
② 张穆：《月斋文集》，第269页。
③ 张穆：《月斋文集》，第269页，在张穆给徐继畬写这封信时，他仅阅读了《瀛寰志略》的前三卷，内容只涵盖日本、琉球、东南亚和南亚。

张穆的告诫，显示了他对地理写作所具备政治含义的敏锐理 24
解。张穆用"重译"（即"翻译和再译"）作为对不能直接读写中
文的未开化外国人的转喻。这一用法起源于司马迁为《史记》撰写
的自序：在论述孔子编撰《春秋》目的时，司马迁认为圣人教导历
史写作以维护周朝礼制为准则。19 世纪中叶之前的地理志书，即
便力求客观，也遵循这一基本规则：坚持中华帝国的视野。排除中
国疆域以外地区的政治正统性（或仅对其内政进行轻描淡写的叙
述），游记和志书都视中国政府为德治良政的唯一来源。徐继畬的
错误在于，他从中国经典中挪用了等级化和仪礼化的文学形式，来
构建另一个文明中心的文本表述。在这一叙事中，政权正统性不一
定是从上而下，也可以是自下而上、由人民的认可与支持所构成
的，如此一来，他无意中引入了多重政治合法性的来源，如希腊、
罗马、英国、法国和美国等政治体系。所有这一切都引起了人们对
该记载真实性和作者意图的质疑，所以该书在出版不久之后就被明
令禁止。①

尽管 1866 年总理衙门重新发行《瀛寰志略》，但此书的众多缺
陷使其不能作为官方的外交地理指南。徐继畬几乎没有给出具体的
政策建议，这或许是害怕有损其客观性，或是希望拉开与魏源所著
《海国图志》的距离。②虽然他暗示了少许在中国海域与欧洲列强竞
争的手段和方法，但他没有回应其中最重要的问题：在应对欧洲列
强时，中华帝国应如何部署战略？《瀛寰志略》在民间私下流传的 25

---

① 史策先：《梦余偶钞》，24b。
② Drake，*China Charts the World*，194.

洛阳纸贵与其在官方渠道中的销声匿迹形成了鲜明对比：整个清末，几乎没有任何地方官或总理衙门的奏折中出现过《瀛寰志略》或其作者见解的内容。

使团与新的信息秩序

在鸦片战争之后的二十年间，国际新闻与世界知识迎面而来，很快颠覆了此前以政治正确为准则构建的外国形象。1870 年代初，随着中文报刊的出现，尤其是由外商创办的《申报》的出现，使得清政府对于域外信息管控的挑战变得愈加复杂。《申报》能因时制宜地采用传统的语言，将自己塑造成"通上下""开言路"的沟通渠道。① 至于总理衙门，不但洋人和国内官员提供的信息条理不清、相互矛盾且数量有限，学者新的私人作品也与帝国的意识形态及现有的政治制度无法兼容。徐继畬的《瀛寰志略》比同时期大多数作品都更为正确无误，但即便是赞赏该作的官员也不得不承认：由于徐继畬缺乏正确的政治态度，该书的价值也极为有限。对清政府逐渐失去信心的地方官员和士绅，则反其道而行之，更倾向于接受此书对各国的描述。但无可否认的是，来自域外信息的挑战，并不仅仅在客观事实层面，也存在于话语表述层面——即采用何套话语、何种修辞对世界进行描述，能使之既准确，又有利于清帝国利益。成功的外交官必须满足这种文学性与知识性双重需求，能够驾驭这种双重挑战，并非容易之事。与此同时，在海外使馆谋职也渐渐成

---

① Mittler, *A Newspaper for China*?

了官场捷径。

这些问题，总理衙门的官员其实也注意到了。在总理衙门成立后不久，王大臣就开始寻找可靠的情报来源。这种对于信息来源真实性的忧虑，也表现在其档案中经常使用"情伪"一词来表示无法辨别真伪的情报。总理衙门需要知道的是，当外国使节威胁使用武力解决争端时，他们是否真的得到了政府的授权，或仅仅是恐吓？私人撰写的西方地理志书在多大程度上值得信赖？正如恭亲王在1865 年遣使出洋的奏折中所说："第十余年来，彼于我之虚实，无不洞悉；我于彼之情伪，一概茫然，兵家'知彼知己'之谓何，而顾不一虑及？"①

恭亲王对于"知己知彼"的考量，正与各国公使的呼声不谋而合。1865 年 11 月，两项提案引起王大臣的注意。赫德所著《局外旁观论》对清朝的内政外交政策提出了尖锐的批评，竭力主张全面改革官僚制度，以及更真心诚意地尽力遵守条约和国际法规定。威妥玛提出的《新议略论》，旁征博引历史典籍，忠言逆耳般提醒如若清廷拒绝履行条约或利用西方提供的机会，后果不堪设想。②总理衙门将这些提案说帖恭呈御览，清帝下旨，命发给各省督抚进行斟酌议覆。③由此，遣使出洋一事，首次被公开讨论。回顾历史，赫德的改革提议与同时期的地方官员有不少相似之处。冯桂芬在他一系列文章中表达了类似的观点，并上呈给他的幕主曾国藩以便能

① 《筹办夷务始末（同治朝）》第 50 卷，第 2476 页。
② 《筹办夷务始末（同治朝）》第 40 卷，第 1663—1683 页。
③ 关于董恂对赫德所呈"局外旁观论"的回应，参见 Bruner, Fairbank, and Smith，*Robert Hart and China's Early Modernization*，343。

引起朝廷的注意。①与他们对冯桂芬《校邠庐抗议》的漠不关心相
比，总理衙门官员更认真地对待赫德和威妥玛的说帖，甚至帮助
赫德修改《局外旁观论》，以便其更好地提交给朝廷。这种对内外
建议在态度上的差别，可能是因为王大臣知晓：洋员提案的宗旨
之一，是加强总理衙门的权力管辖范围，使其在外交上能发挥更
重要的作用。不出所料，大多数地方官员进言反对赫德的议案。
在遣使出洋的问题上，曾国藩的幕僚吴汝纶当即拒绝了这个提议：
"我亦万不能出洋打夷人，其山川险要暂可勿论，至于夷情，则即
往来文牍已可略知，又不必身历其地也。"②曾国藩对此表示赞许，
并补充说，他曾建议朝廷表面上同意西国所提遣使之请，但并不付
27 诸实施，"彼必不以此启衅"③。正如我们将在接下来的章节中看到
的，晚清前三个出洋使团的初始计划、组织结构和执行过程，均
由总理衙门与其信任的洋人如赫德、蒲安臣等精心策划、商议并
安排。使团成员源自总理衙门和同文馆，而地方官员几乎没有
参与。

　　以上是清朝首次向欧洲派遣使团的大致背景。在接下来的三十
年中，一个新的官僚网络将沿着出使路线发展起来，与此同时，一
套新的信息秩序与话语体系也随之伸展开来。④1880 年代，遣使驻
外将成为炙手可热的差使，每一个职缺背后，都有权势强大的荐举
人支持的多个竞争者。按例，清朝驻外公使呈递的外交政策的奏折

---

① 冯桂芬：《校邠庐抗议》。
② 吴汝纶：《桐城吴先生（汝纶）日记》，第 403 页。
③ 吴汝纶：《桐城吴先生（汝纶）日记》，第 404 页。
④ Halsey, *Quest for Power*, Chapter 7.

会受到认真考虑与斟酌。当然，此前派遣使节的传统并未被抛弃。清朝外交官的职业素养，也传承了历朝历代使节的撰文技巧、道德立场和现实关注。1860 年代后的外交沟通对于维持清王朝合法性至关重要，故相关话题会受到来自官员和朝廷最严苛的审查。因此，为了建立一个有关世界的新的信息秩序，外交官必须寻求一套恰当的表现西方的文本形式。

　　本书剖析的主题，即是这一套信息秩序和文本形式是如何建立起来的。六章中分别讲述的是 1866 年至 1894 年间，先后任职清廷的六位官员。这六位官员各自的外交书写方式反映了个人的历史背景，写作的主体经过了旅者——使者——学生——士大夫——外交官——战略家的演变。在某种程度上，他们传达信息方式与身份的不同，也代表了这个时代的关键性转变。随着驻外使馆的逐步制度化，旅者的角色渐渐被职业外交家和战略家所取代，关于世界的知识生产也从程序化的陈述，向着为国家收集、修订和传播战略信息的系统化方向转化。当然，我也意识到，每个人承担的身份是多重而流动的，书中指定的分析范畴，仅仅为突出整体制度性转变的形态，而不是否定每个人多重身份的可能性。

　　为了理解这种从旅者到职业外交官角色上的转变，我采取了结合比较文学、传播学、思想史和文化史的跨学科研究方法。每章节中不同的分析手法旨在捕捉迥异的交流模式如何影响知识的生成。我们可以看出，前三章更强调将每个使团生成的文本作为"游记文学"而不是官僚情报。这些章节的重点在于旅行体裁文本如何充当现实世界与虚构世界之间的桥梁，或是如保罗·福塞尔（Paul Fussell）所写的"具体变为笼统，事实成为象征，观察转化为想象"

之过程。①公使馆日益的官僚化，吸引着高层官员以及博学的儒家学者进入外交队伍。相应地，第四章侧重于思想与观察之间的相互作用。展示了清朝最早的驻外公使如何将西方作为理论上的启示与解决长期知识难题的方法。为追溯外交使团的职业化如何导致知识生产的革新。第五章更注重历史叙述，辅之以文学分析和传播学思考方法。第六章将话语分析（discourse analyses）与印刷文化的历史相结合，以详细地描述如下三个问题：一种崭新的符码和措辞是如何被创造出来，而该符码和措辞又是如何将西方从一个概念上的威胁转变为稳定的研究对象，以及这种新话语形式如何传播并被广大文人采用。

第一章的主人公斌椿，开创了文人游记中的西方观念之旅。斌椿是一名汉军八旗的诗人与致仕的知县，他将西方描绘成一个充满奇迹、绮丽、秩序和美德的地域，文化上将西方从属于清帝国这个中心。

第二次鸦片战争结束后，清朝与各国签订了《天津条约》，十年后可修约。为了给修约做准备，清朝派出第一个外交使团，该使团访问了美、英、法、德、俄等主要大国。第二章聚焦于使团负责人之一的满人志刚，考察他从使臣的角度对西方列强的理解，以及他的出使日记在接下来的二十年中如何被编辑、重释和再包装的。

第三章着重介绍同文馆学生与见习翻译官张德彝，他来自一个
29 穷困的汉军八旗家庭。1866 年随斌椿出使欧洲时，张德彝只有 16

---

① Fussell，*Abroad*，203.

岁，但他的经历充分表明语言训练和外交经验可以深刻地改变西方的含义。通过在制度建设大背景下，张德彝从学生到使馆秘书的转变，突出了清朝官员在将外交写作融入现有的信息秩序方面的难解之题。

第四章突出考察毕生致力礼学和经世致用的郭嵩焘。郭在成为第一任驻欧公使之前，已经公开地批判现有的制度。在驻英公使任上，郭嵩焘不满足于外交上的作为，身在国外却仍从改良国内制度的角度发表了许多观点。他将国际法、西方科学、发明创造、宗教文化体系等，均以三代之治作为框架给予解释，将西方的帝国扩张看作得道的必然结果，此结论用传统的话语体系解释西方崛起，不仅离经叛道，而且外交冲突于事无补，郭的失败也揭示了寻找新的概念框架的紧迫性。

第五章的主角是曾纪泽，即曾国藩之子。曾国藩是著名的儒学政治家，他在内乱中拯救了岌岌可危的清王朝。曾纪泽继承了乃父对中西学问兼收并蓄之法，将自己视为清朝体制的忠实守护者。清朝驻外使馆采用的电报，形塑了曾纪泽的外交输出形式。电报的采用，使得不同政治机构以一种标准化且问题导向化的新型交流方式进行沟通。

第六章的主人公薛福成是近代散文家、出版家，长期担任曾国藩、李鸿章的幕友，出谋划策。他通过对外交体裁的再创造、对外交技巧的再定义，巧妙地摆脱了现有外交信息传播的重重束缚。至1890年代中期，清朝的驻外使馆已成为有关西方公共知识的掌控者，它们通过系统地调动传统知识资源来支持其对西方的全新解释。

　　结语强调中国与西方的相遇不能被简单理解为感知、态度或思维模式的问题（这也是当前研究中常见的单一和线性的衡量标准），而必须被视作在概念框架、体制结构、传播实践中不断变化的复杂的动态过程。

第一章　旅　者

　　1868 年，一本命名为《乘槎笔记》的小册子在北京印刷出版，并瞬间被一抢而空。这部作品被认为是中国士大夫撰写的最早的一部欧洲游记。数年之内，这本书被抄写、校订、再版、翻译、配制插图和注解诠释。[①]该书意境深远，语言优美典雅，描绘风景如画；不过，它最有意思的地方在于，每一位读者对它都能做仁者见仁、智者见智的解读。

　　《乘槎笔记》的故事起于 1865 年。时任大清国海关总税务司的赫德（Robert Hart）计划回英国度假，主动提出顺便带几名青年随他前往欧洲开开眼界。在管理总理衙门的恭亲王奕訢看来，这是个绝好的机会。恭亲王指派汉军旗人斌椿当这群青年学生的领队，希望他们"一览该国风土人情"。正如他在上呈朝廷的奏折中写道，"洋人往来中国，于各省一切情形日臻熟悉，而外国情形，

---

① 现存清版《乘槎笔记》包括斌椿家族刻本（时间未知）；文宝堂刻本（1868）；京都琉璃厂二酉堂（1868）；醉六堂（时间未知）；东京明治 2 年插图本（1872）；琳琅阁藏版（1882）；小方壶丛钞丛刻本（1891）；铁香室丛刻本（1898）。由林乐知（Young John Allen）校订的版本刊载于 1871 年《中国教会新报》中。

中国未能周知。"①数年来恭亲王一直在等待这样的机会，派遣一支后勤保障到位而政治风险较小的使团出访。

　　作为总理衙门的重臣，恭亲王认识到赫德的提议来得恰逢其时。1864 年，清廷在镇压太平天国战争中取得了期盼已久的胜利。欧洲列强在两次鸦片战争之后迫使清政府签订一系列屈辱条约，此时也因一群持有"合作政策"的欧美外交官而得以缓和。1854 年成立的中国海关税务司署，其主要职责是向外国货船征税。海关总税务司是年轻的爱尔兰人赫德，其亲善而忠心赢得了总理衙门王大臣的信任，将他当成非正式顾问。②随着内忧外患的缓和，清廷对西方的态度也明显温和起来。上谕批准了恭亲王的建议，并赏给斌椿三品衔，赏给同文馆学生六七品顶戴，"以壮观瞻"。赫德下属的两名海关官员英国人爱德华·鲍勒（Edward Bowra）和法国人埃米尔·德尚（Emile de Champs），则担任代表团的翻译和助理。③

　　如此一来，斌椿成为清朝第一位正式到访欧洲的旅者。在七个月的旅程中，他和学生们访问了几乎所有欧洲大国的首都和主要城市：马赛、里昂、巴黎、伦敦、伯明翰、曼彻斯特、海牙、哥本哈根、斯德哥尔摩、圣彼得堡和柏林。在外媒的报道中，使团成员是"年度交际名流"，上流社会的尊贵客人，并受到欧洲各国君主、大臣和政要的热情接待。④据斌椿自述，早在抵达瑞典之前，他所撰

---

①　《筹办夷务始末（同治朝）》，第 39 卷，第 1621 页。

②　关于对"合作政策"的经典讨论，请参见 Wright, *The Last Stand of Chinese Conservatism*；关于近期对赫德与中国海关的研究，请参见 Van de Ven, *Breaking with the Past*。

③　《筹办夷务始末（同治朝）》，第 39 卷，第 1622 页。

④　*Le monde illustré*，May 26，1866；以及 *Trewman's Exeter Flying Post*，June 13，1866。

写诗文就已名扬瑞典王室。令斌椿最感自豪的记忆，便是瑞典女王对他在当地报纸上发表的诗歌印象深刻，并极力邀请他为王室作诗之事。斌椿使团于 1866 年底凯旋，并在北京受到家人朋友的热烈欢迎。他的游记很快便上呈朝廷，并以《乘槎笔记》为题出版。①他旅途中撰写的两本诗集在文学圈内广为流传。

斌椿出生于汉军正白旗的姚姓家族。作为一名汉军旗人，其先祖很可能在 17 世纪为满人效过力。②他是举人出身，在 1864 年致仕之前，曾担任过江西、山西两省的知县。③关于斌椿的早年生活我们知之甚少，但从零散的档案记载中，可以看出他算得上一位称职而公正的官员。他在江西赣县的任职时间最长，该县多崇山峻岭，且水道纵横，成为土匪、鸦片贩子和天主教士聚集之处，治安困难重重。1839 年，斌椿因整治鸦片卓有成效为道光帝所知悉。④当教匪之乱在 1849 年席卷江西时，他审讯了被指控为青莲教教徒的嫌犯，发现他们只是和平的基督徒，并无作乱。⑤因此获评"卓异"，斌椿被再任命为山西知县。

在朋友眼中，斌椿是一个不拘小节却又温文尔雅的人。总理衙

32

---

① 在使团归国的一个月之后，恭亲王将斌椿的日记上呈同治帝。关于恭亲王对此次使团的上奏，请参见《筹办夷务始末（同治朝）》，第 46 卷，第 1958—1959 页。本章中所引用的页码是依据湖南人民出版社于 1981 年基于斌椿家族刻本（时间未知）所再版的《乘槎笔记》。

② 恩华：《八旗艺文编目》，30a。

③ 顾廷龙：《清代朱卷集成》，第 27 卷，第 410 页。

④ 《鸦片战争档案史料》第 1 卷，第 540 页。

⑤ 朱金甫：《清末教案》第 1 册，第 42—43 页。据大卫·奥文比（David Ownby）的研究，青莲教的教首是江西南昌的当地居民。通过将大乘教和罗教教义的结合，他创造了一个拥有其教义"趋灾避祸"的独立教派。参见 Ownby, *Brotherhoods and Secret Societies in Early and Mid-Qing China*，136。

门大臣董恂称斌椿"其中退然如不胜衣","其言呐呐然,如不出诸其口"。①斌椿在长诗中追溯自己的成长岁月,特别强调了自己在捐纳横行的年代仍坚守儒家传统"苦读"精神。②继他两个才华横溢的兄弟之后,斌椿的文学作品也达到了较高的水准,在捕捉新灵感的同时,拒绝模仿既定的模式。③姚氏家族和他们的表亲杨氏家族,都在科举考试中取得骄人的成绩,并因其高超的文学成就而广受称誉。④这些汉军八旗中的亲友,是斌椿出国时文学创作的主要对话者之一。

1864 年,当斌椿从地方致仕后,便应在总理衙门和内务府任职亲属的招募,担任赫德的中文导师和翻译。在新的职位上,斌椿兢兢业业,显露出对于洋务极高的领悟力,并且倡导清朝与欧洲建立外交关系,因此赫德对他十分满意。斌椿对赫德的效力,可能也在一定程度上和他对儿子的任职有关:他希望可以在赫德掌管的海关为三子广英谋得一份差事。

1866 年的赫德,刚在海关任职不久,雄心勃勃但人脉尚浅;而斌椿的家族和社交网络对于赫德而言,是一笔宝贵的财富。赫德在日记中坦言,斌椿是他朝着欧洲开放清朝的"远航之船",为此,

---

① 斌椿:《海国胜游草》,第 149 页。
② 斌椿:《天外归帆草》,第 203 页。
③ 关于斌椿三兄弟的文集序目,可参见恩华:《八旗艺文编目》,30a,102a—b。
④ 关于姚氏和杨氏家族自乾隆朝以来仕做官的记录,可以参见顾廷龙:《清代朱卷集成》第 27 卷,第 407—415 页。这份记录是由斌椿的表兄弟杨霁所编撰的,他是 1865 年(同治四年)乙丑科崇绮榜进士第三名。在姚氏家族中,斌椿的兄弟斌桐,是 1836 年(道光十六年)进士;另一位兄弟斌敏是 1865 年(同治四年)进士。在斌椿的时代,杨姚两家已经世代通婚。

他必须"保持冷静及温和，同时尽可能使斌椿强大起来"，并"维系这位当权的朋友"。^①当海关的官员鲍勒（Bowra）和德尚（de Champs）抱怨斌椿在 1866 年的出使任务中"自私、傲慢且专横"时，赫德提醒他们，这位老人对他"一直都极为和蔼可亲"，并且"斌椿证明了自己是一个非常明智之人。"赫德甚至在日记中猜想，也许是由于鲍勒和德尚的鲁莽和愚蠢才使其生出如此怨言。因此，从斌椿、赫德及总理衙门的关系里，我们可以看到三条交叠的利益链：总理衙门利用斌椿来协助和监视赫德这位正在迅速崛起、即将成为清廷政治顾问的外国人；斌椿希望得到赫德的赏识，使他和他儿子的事业得到高升；而赫德则暗中期望利用斌椿说服清政府全面改革清朝的外交政策。^②

恭亲王的奏折中，有意地将斌椿使团的官方定位写得模棱两可，其操作类似派遣到朝鲜或越南的使节，给予临时的晋升，并被赐予适宜的朝廷补服，以壮观瞻。但斌椿的正式身份仍然是旅者，而不是使节或外交官。他没有收到任何钦赐的徽章、钤印，没有证明他身份的官方信件，甚至在使团出发前也从没受到皇帝的接见。此外，恭亲王的奏折避免了将此次使团出访与政治意图或情报收集联系在一起。严格地讲，斌椿和学生是出去游历，以便锻炼外语能力，只要求他做一些有关泰西"山川形势，风土人情"的记录。^③

这种模棱两可的结果是：在该使团抵达之前，它的确切地位就

① Smith, Fairbank, and Bruner, *Robert Hart and China's Early Modernization*, 393.
② 关于斌椿在赫德和总理衙门之间所扮演的"中间人"角色，请参见相关《赫德日记》（1864 年 8 月 14 日、1864 年 10 月 18 日、1865 年 8 月 24 日）。
③ 《筹办夷务始末（同治朝）》第 39 卷，第 1622 页。

34　已成为欧洲讨论的话题。英国多家报纸对斌椿的官衔进行了细致地查核，专家们争论着该使团应受到何种等级的接待才符合其地位。有传言称，英国女王将亲自接见该使团，这使得热心此事的读者就斌椿的实际地位向公众进行普及。一份报纸报道称："纽扣的研究对于准确了解中国人的生活至关重要……我们已经仔细浏览了他们的服饰，从他们的如意帽到他们的厚底靴，以及他们飘逸长袍的外围，前后左右，却找不出他们身上最重要的等级标志。"①还有报道猜测，斌椿至少是个贵族，也许是已故的咸丰皇帝之弟。《帕尔摩报》（*The Pall Mall Gazette*）援引北京出版的官方"红皮书"，将斌椿的身份确定为相当于英国体系中的"副国务卿"之一。②

作为使团的总负责人，赫德在日记中提及了与总理衙门安排此次出使的困难，但并没有记录细节，只是笼统地写道："大量的提示单、备忘录，这些都是为了与超过六个的外国国家分别安排会面计划、外交通话和与政要接触的详密时间表所必需的"。③使团在伦敦的逗留期限即将结束之时，才接到来自女王和威尔士亲王的邀请。赫德得知斌椿可能会被邀请参加威尔士亲王的接见（prince's levee），立即向鲍勒发出指示："让他去吧（当然是在你的陪同下）：但切记不要让他带他的笛子！（don't let him take his flute!）"④这种最后一刻的协调表明了使团的日程安排充满了偶然性和灵活性，呼

---

① 　*Birmingham Daily Post*，June 9，1866.
② 　"Celestial Buttons,"*Pall Mall Gazette*，July 10，1866. See *also Birmingham Daily Post*，June 12，1866.
③ 　Smith，Fairbank，and Bruner，*Robert Hart and China's Early Modernization*，349，350.
④ 　Smith，Fairbank，and Bruner，*Robert Hart and China's Early Modernization*，415.

应了恭亲王最初对使团筹划的含糊其词，也印证了赫德对于使团一切顺其自然的设想。如果各国外交部要正式承认他们，他们则需进行必要的调整和安排；如果没有，那么使团将严格保持非正式身份并自行游历西方。事实证明，斌椿的公开表现并没有让他的支持者失望。这点从英国报纸上"使团的随员们非常友善，在他们的能力范围内也非常乐意与来宾们交谈"[①]可略见一斑。随之而来的英国皇宫内的接见邀请，给予了使团事实上"官方"的地位。

35

图 1.1 斌椿和同文馆学生在法国沙龙（*Le monde illustré*, May 19, 1866）

使团之所以能够在国内外均取得成功，其部分原因是它的领导者具有一定的驾驭媒体的能力。斌椿深知他不同的读者群体对他的

① *Birmingham Daily Post*, June 9, 1866.

文章怀有不同期望，故而审慎地在清政府、海关以及国内外读者的多种利益之间进行权衡。他向文学界的朋友和亲戚，如他的兄弟、堂表兄弟、姻亲等人承诺，"他日海外归，景物由子告"。①当斌椿还在国外时，他的日记内容就成为报纸媒体公开猜测的主题。②斌椿意识到这些期待，有一次在公开场合向英国公众承诺，他将把他在英国的所见所闻写成一份"好的报告"，以"促进两国之间的和睦相处"。③

然而，协调这些不同读者群的期待又谈何容易。欧洲列强在中国为斌椿等官员的游记写作带来了新的当务之急：对西方的陈述将在一定程度上受到外国人的审视，所以写出来的作品既需要维护中国的中心地位，又不能冒犯西方国家。这意味着斌椿必须找到一套修辞手法，能够同时应对他作为清朝代表和与欧洲投缘的旅者的双重角色。先前有关边疆或"朝贡国"的地理叙事，即使可以作为范本，也需要仔细修改敲定。由于其中绝大多数的游记写于列强入侵中国之前，仅须面对国内读者，都充满着华夷之辨式的修辞。

斌椿很有可能向其总理衙门的同僚提出过这些问题。就在斌椿启程前几天，总理衙门大臣董恂将自己所著《随轺载笔》送给斌椿，该书是 1840 年代后期董恂奔赴较边远省份出差时所写的长篇日志集。④徐继畲也将自己所著《瀛寰志略》赠送斌椿。如前章所

---

① 斌椿：《海国胜游草》第 10 章，第 158 页。
② *Pall Mall Gazette*, July 10, 1866.
③ *Birmingham Daily Post*, June 8, 1866；*Trewman's Exeter Flying Post*, June 13, 1866.
④ 斌椿：《乘槎笔记》，第 1 页。

述，这是一本精心挑选中外资料汇编而成的世界地理著作。这些作品伴随斌椿一同前往欧洲，供他在修辞、地理和文体等方面借鉴，以更好地呈现他的旅西经历。斌椿从董恂的日志中借鉴了写作风格和惯例，以创作其出使日记：对每处地标和历史事件简明扼要地记录，对当地风俗简洁客观地予以呈现，对个人意见则温和地省略。另一方面，徐继畬的地理纲要也为斌椿获取地名、地理描述和人口统计信息提供了不可或缺的参考。这些书确保了斌椿的游记既资料充实，又政治正确。

美国传播学学者詹姆斯·凯瑞（James Carey），在引申著名哲学家约翰·杜威（John Dewey）的观点时提到，从 19 世纪以来，公众对于信息的传播有两种不同的理解：第一种为较常见的"传播传递观"，即将传播理解为信息在不同载体之间的传递。第二种理解历史更为悠久，凯瑞称其为"传播仪式观"，将信息的传播看作是维护社会关系和共同信仰的方式。关于第二种理解，凯瑞写道：

> 这种对社会理想的投射及其在物质形式中的体现，如舞蹈、戏剧、新闻报道、系列演讲，创造了一种人为的，然而却是真正的符号体系。该体系的作用不是提供信息，而是一种身份确认；不是为了改变态度或思想，而是为了代表事物的潜在秩序；不是为了履行功能，而是为了展现一个正在进行的、脆弱易逝的社会过程。[1]

---

[1]　Carey，"A Cultural Approach to Communication，" 19.

凯瑞对传播的两种解释，可以帮助我们更好地理解斌椿写作的两个不同侧面。尽管总理衙门将此次遣使作为收集战略情报的手段（即凯瑞所说的第一种信息传递观），但对于斌椿来说，也许第二种对于信息的理解（即将传播看作是共享信仰的表征）更加契合他对于西方描写的初衷。他在传播西方知识时，并没有脱离长期以来用以规范帝国旅者行为和写作的固定程序。除此之外，他的文学创作还受到了清廷以外的多种外来因素的影响。正如斌椿对国内与欧洲读者的承诺所揭示的那样，他意在宣传散播他的游记，以加强儒家文人之间的社会联系，并在中国人和西方人之间建立一套共同的信仰。因此，他对这次出使的记录兼有作为帝国使者的仪式之旅和一位富有冒险精神的文人的私人努力。

社　会

斌椿采用了散文和诗歌的双重体裁，以权衡他在使团中相互矛盾又模棱两可的双重角色。斌椿通过在私人旅者和帝国使者之间的角色交替，创造了一种既保持华夏中心观又不违背中外各读者群期望的世界秩序。斌椿在日记和部分诗中，以纪实的方式记录他的社会交往和个人观点，语言朴实无华，体现了他的私人学者、游客的身份。在其他诗篇中，则预设自己为帝国使者的身份，将外国重塑为朝贡国，并将他们的统治者塑造为仰慕天朝皇帝的番王。这种诗歌的夸张语言，被学者田晓菲称为"视觉修辞图式"。该修辞使得斌椿将使团访问泰西表述为清朝对海洋小国文明教化的胜利，并且使他能够在不损害以中国为中心的等级制度的情况下，充分赞美外国统治者。①这两种记述体裁通过两个重叠的渠道进行传播：他的游记被上呈总理衙门，并首先由他的家族出版，其次由商业印刷机构再版，同时被译为英文和日文散播。另一方面，斌椿的诗歌大多数在对诗感兴趣的文人中流传，这些文人因私人关系结识，因此得以一观其诗。②

斌椿对诗歌体裁的开拓，遵循着东亚外交和跨文化交流的悠久传统。14 世纪，明王朝的建立者明太祖正是以这种传统方式，与反叛的朝鲜王朝协商谈判中朝关系的。正如戴恩·阿尔斯通（Dane Alston）的研究，明太祖与朝鲜使节权进之间进行诗歌交流，这使得双方能在正式谈判破裂时，继续参与"政权间的及其各自身份的巧妙谈判"。③1860 年代初，为与西方外交代表建立融洽的关系，总理衙门大臣董恂翻译了朗费罗（Longfellow）的《人生颂》，并将其誊录在绢扇上，敬赠给美国驻华公使蒲安臣（Anson Burlingame）。蒲安臣视这把扇子为恭维之礼，将其转赠朗费罗。但辅佐董恂的总理衙门章京方濬师，却将其诠释为对外夷进行的道德改造，一种"则中国之"的手段。④

斌椿对诗的运用，如同明太祖、董恂一样，不仅是对个人感情

---

① 关于这种视觉修辞如何影响晚清旅者对西方的观念的文学分析，参见 Tian, *Visionary Journeys*，158—214。

② 关于斌椿游记与诗歌的出版刊行信息，参见冈本隆司、箱田惠子、青山治世：《出使时代的日记》。

③ Alston，"Emperor and Emissary." 值得注意的是，如同斌椿一样，当权近返回朝鲜时，他也向朝鲜王室上呈他给明朝皇帝所写的诗以及这次出使中国的游记。

④ 方濬师：《蕉轩随录》，第 478 页。关于董恂译诗的文学分析，请参见钱钟书：《汉译第一首英语诗"人生颂及其有关二三事"》，《国外文学》1998 年第 1 卷，第 1—24 页。

与观点的抒发，还具有很强的表演成分。在诗的隐喻空间，斌椿可以根据所处的环境，将自己塑造成一位帝国使者、一位游侠浪客、一位踏上私人旅程的儒家学者，或是一位佛家弟子。在不同情感基调的协韵之下，斌椿对使团的意义有一定程度的把握，并逐渐与外国人建立和发展了友谊。①他通过写诗来纪念社交活动，表达对东道主的感谢与赞美，并将其作为离别的赠礼。这些诗都附有注释，如对社交场合进行简要描述，并且很多也都与他日记中的注释相互参照。

斌椿与法国汉学家德理文侯爵（Marquis d'Hervey Saint Denys）的会面，展示了这种诗歌交流在表演性方面是如何运作的。侯爵似乎是在下雨天拜访了斌椿的下榻之所，并且还携带了一份礼物：一部由他本人精心挑选并译为法语的唐代诗集。②斌椿很高兴能在异国寻觅到知音，他在日记中写道，侯爵是一位"人极风雅，日以诗酒消遣，不乐仕进"的雅士。两天后，侯爵再次造访斌椿时，斌椿回赠了一首五言律诗，该诗的部分内容是：

> 海外逢知己，
> 清谈意倍亲。
> 开编追往哲，
> 严俗谢朝绅。
>
> （君谢爵不乐仕进）

---

① 关于北宋诗歌文学的社会功能讨论，参见 Hawes, *The Social Circulation of Poetry in the Mid-Northern Song*，51—77。
② 斌椿：《乘槎笔记》，第 21 页。也可参见斌椿：《海国胜游草》第 24 章，第 164—165 页。

39

图 1.2　1866 年斌椿在曼彻斯特（仝冰雪提供）

在斌椿的描绘中，侯爵是以中国文人的身份和文化形式与其 40
交流的。"清谈"是六朝（220—589）文人喜爱的交流模式，这些
文人通常对其生活时代感到沮丧失望，从而自免世俗杂务，欣然
投入志同道合的私人社群之中。在斌椿的笔下，德理文侯爵为了
追求中国的文学而拒绝在法国政府任官，显然他对这种文学形式的
重视程度甚至高于他的母语。正因如此，斌椿称他为"知己"，并
在赠诗下文中称他为"故人"。德理文侯爵完全契合列文森（Joseph

Levenson）描述的"儒学业余爱好者"的形象："是人文教化领域彬彬有礼的初入门者，他们没有对进步的兴趣，没有对科学的爱好，没有对商业的支持，也没有对实用性的偏爱。"①斌椿将侯爵形容为纯粹的儒家士绅，借此迂回地表示儒家文化在欧洲具有普遍的吸引力。当然，在他的大部分会见中，斌椿并不能直接与西方人交流，而需要译者将他说的话、写的文字和诗歌翻译成外文，但以互相赠送诗歌作为交流的手段，使得斌椿可以在一定程度上跨越语言障碍，通过与外国人觥筹交错、把酒言欢，以一种友好甚至亲密的方式了解对方，由此获得见闻，并为他的诗歌提供新鲜的素材。

　　当在描述外国风俗与使团所受接待的内容时，斌椿通常采用七言绝句的竹枝词体裁，以诙谐、快活或轻松的方式，来描写异国他乡的社会习俗、日常活动和珍奇异宝。竹枝词起源于唐代四川盆地一带的民歌，与其他主流诗歌的传统不同，它极少用来表达沉重的主题或个人的惆怅情感，而是允许诗人短暂地假定以他人的视角和表达来作诗。到了明清时期，它成为帝国使节和文人旅者喜爱的文学体裁。在唐宋时期，竹枝词通常仅用于偶尔的文学剧目，而明清的文人扩大了这种体裁的使用，为海外史地的文本记录增添了一抹热情活泼与清新自然的气息。例如清初著名诗人尤侗（1618—1704），从明朝历史和使者陈述中汲取素材，以清朝疆域外的 86 个地区为内容，创作了数百首竹枝词。然而，他一生从未亲自到访过

41

---

① Levenson，*Confucian China and Its Modern Fate*，中文翻译见约瑟夫·列文森著、刘文楠译：《儒家中国及其现代命运：三部曲》，第 41 页。

这些地方。①斌椿使用竹枝词的体裁来记录旅程，是一种自然而然的选择，由此产生的结果是，他笔下欧洲社会的描绘与历代使臣的竹枝词之间有着惊人的相似性。

在实践层面，斌椿对诗歌的运用也便于他以国人熟悉的一套话语来描写西方君主接待使团的仪节和程序，并省略与朝廷仪礼有冲突之处。斌椿描述他与欧洲君主会面的诗歌，把自己描绘成类似于前往朝鲜和安南的明朝使节，在诗歌中也将使团出访作为清朝势力所及的证据进行庆贺。②当斌椿得知自己所题关于荷兰圩田的一首诗已被印入"新闻纸数万张"并"遍传海国矣"时，不禁喜形于色。③在他参观阿姆斯特丹的一家动物园时，发现园长已"备中华笔墨请题诗"。在如愿以偿之后，"欣然持去"。斌椿诗歌的追捧者中不乏瑞典王室的成员。一位瑞典王妃——同时也是荷兰公主——向他表示，斌椿作如此美丽的诗句为她的祖国增光添彩，她感到十分荣幸。④国王亲自为斌椿安排了宫中所有名胜古迹的参访，王后则为他解释了名胜背后的意义。

宫体诗是斌椿用来将欧洲君主转化为儒家统治者的主要手段之

---

① 尹德翔：《晚清海外竹枝词考论》，第1—28页。

② 关于《皇华集》，即明朝使节与朝鲜官员所作诗歌集合的相关研究，参见杜慧月：《明代文臣出使朝鲜与皇华集》。中国历史上用"安南"来指代如今越南的领土范围，但该词也同样适用于越南曾被从北向南划分为三个地区中的中间地区（其他两地为东京和交趾支那）。1862年，法国军队已经占领了越南最南边的交趾支那。在本章中安南的意义是依据中国认同而使用的。

③ 斌椿：《乘槎笔记》，第34页。斌椿所题之诗于1866年7月4日在 *Rotterdamsche Courant* 上发表。尹德翔：《晚清海外竹枝词论考》，第95页。

④ 斌椿：《乘槎笔记》，第38页。可参见斌椿：《海国胜游草》，第173—175页，第49—54条。

一。以下片段摘自他为比利时利奥波德二世（Leopold II of Belgium）所作的一系列诗歌（括号内为斌椿注解）：

国君好礼出凡俦，

大略雄才冠海陬。

踪迹恰如滕世子（往岁君为世子时，来中国至粤东，闻父病乃旋），

版图应长夏诸侯（幅员六百里，较夏禹时诸侯万国之地为甚广）。

42　　绣裳璀璨开青琐，

列戟森严绕画楼。

称说中华恩礼重（君言在粤时承官长优待），

至今额手感怀柔。

熙朝典制久心倾，

不惮辛劳作远行。

云里未瞻双凤阙（言拟至北京未果），

寰中最喜五羊城。

风涛颇惯承推重（闻予能耐风涛，与妃皆有喜色），

门阊层开讲送迎（西俗不解送迎，君以华礼相待）。

怪底威仪能整肃，

楼前百队展蜺旌（侍兖数百，兜鍪执枪，列队送客，皆仿中华仪制）。①

————————

① 斌椿：《海国胜游草》，第178—179 页。

正如诗中所说，比利时利奥波德二世曾于 1855 年短暂到访中国，但他的主要目的是探索新条约和贸易扩展的可能性。就在斌椿访比不到一年前的 1865 年，利奥波德二世继承王位。他之所以慷慨地接待斌椿使团，至少部分是出于希望能与清廷签署通商条约的目的。这是利奥波德二世的父亲未能实现的目标，其原因主要是比利时较为缺乏军事力量。①斌椿将利奥波德二世的中国之行描述为一个藩属国的统治者到文明中心的朝圣之旅。在许多方面，这首诗与 16 至 19 世纪越南使节出使明清朝廷时所写的诗十分相似。②另外，斌椿附加在诗中的行间注加强了利奥波德二世访华具体的时间和地点，使得整首诗歌有较强的历史纪实性。具有讽刺意味的是，斌椿对阅兵式的描述，其实正印证了利奥波德二世炫耀比利时军事实力以支持他与清朝签约的意图。不过在斌椿笔下，这种耀武扬威成了对天朝使团敬奉有加的表现。

相比比利时和瑞典等西方小国，如何描写使团受到英国君主的 43 接待，则成为一项更大的挑战。《乘槎笔记》包含了斌椿拜谒英国王室的三个有关长条目，该访问持续了整整三天。《笔记》告诉读者：第一天，该使团乘火车前往温莎城堡，参观了它的花园以及主要的古董和艺术品。第二天上午，一位王室官员向使团传递了威尔士亲王宴舞的邀请函，英国助手和翻译立即"皆赶备礼服佩刀"，而中国使团成员都穿上了正式长袍。晚上，他们被一对王家马车带

---

① Vande Walle and Golvers, *The History of the Relations between the Low Countries and China*, 29—30. 关于清朝使节与外交官对比利时的看法，请参见 Lin, "Sino-Belgium Relations during the Reign of Leopold II"。

② Kelly, *Beyond the Bronze Pillars*.

至王宫。

在斌椿的描述中，温莎城堡由全副武装的"将士"守卫，"森严宫阙人难到"。在被引导穿越繁多的走廊和阶梯后，一行人来到了极为显赫的"宴舞宫"（斌椿预估悬灯"八千五六百盏"）。有400位公侯大臣，还有800多位"命妇"参加了当晚的宴会。当晚，斌椿并没有跳舞，而是愉悦地观察着周围的一切。舞蹈似乎是一个半正式的礼仪，所有参与者都遵守舞宴的着装要求和行为规范。正如他在仪式场合期望看到的那样，威尔士亲王与王妃面朝南地坐在大厅中央，官员或坐或站于王室侧翼的三层台阶上。男人和女人随着铿锵的节奏跳舞十余次，而乐人则伫立在大厅顶阁上奏乐。武职大臣身着红色制服，文职大臣则身着黑色制服，其衣服皆饰以金绣。舞会结束后，威尔士亲王与王妃别赴他处，所有人都在两旁站立等待。

随后，使团成员和亲王之间进行了一次更随意的会面。在回答王子伦敦较中国如何的问题时，斌椿巧妙地避免了任何直接比较："中华使臣，从未有至外国者。此次奉命游历，始知海外有此胜境"。这个回答是斌椿深思熟虑的结果，他在别国也继续沿用了这种侧面的回复。①亲王听到这个回答，显然不胜欣忭，但还是谦虚地推让了斌椿的赞扬。在献给这个国宴场合的诗中，斌椿把亲王描绘成一位才华横溢、充满了儒家式道德色彩的年轻统治者。赞美他的英明"海国闻"，这首诗写道，"殊方解敬中华使，巽语谦光迥

① 斌椿以相同的方式赞扬了瑞典，参见斌椿：《乘槎笔记》，第39页。

出群"。①

次日，维多利亚女王非正式接见了斌椿使团，并再次向其提出中英两国之间的比较问题。与威尔士亲王不同，女王坚持要听斌椿对英国的确切评价，并直截了当地询问他对中英之间的差异有何看法。斌椿回答说："伦敦屋宇器具制造精巧，甚于中国。至一切政事，好处颇多。"随后，斌椿感谢女王的慷慨款待，使团已看到这个国家最美妙的景色。女王喜形于色，她希望斌椿回国后，可以把在英国的所见所闻告之于众，使"两国愈加和好。"②

根据斌椿所撰之文，他的答复令东道主英国王室感到满意，但该文的细心读者可能会注意到斌椿在表述对话方面颇费了一点小心思。斌椿的赞美更多地强调了他在英国所见事物的外观和功效，如风景之绮丽、建筑之宏伟和机器之灵巧，但同时他却巧妙地简略了有关内政与文化的相关问题。他对这次与英国王室交流的描述，其真正的重点似乎是维多利亚女王和威尔士亲王听到他的赞美后沾沾自喜的满足：他们急于得到这样来自中国使节的赞美。

尽管斌椿在文学创作上小心谨慎，但他并没有把他对舞会观众的刻画硬塞进固定的用于描绘"附属国"的风格之中，而是传达了截然不同的关于英国君主制生活的新消息。19 世纪中叶，中国人对西方的描述往往暗示这些国家不懂礼仪，而普遍回避了西方政府有关制度和思想的成分。晚清的禁烟功臣林则徐主导了虎门销烟，这被认为是鸦片战争的导火索。他从其英国线人那里了解到，欧洲

---

① 斌椿：《乘槎笔记》，第 27—28 页；《海国胜游草》，第 167 页。
② 斌椿：《乘槎笔记》，第 28 页。

王宫"与民房毫无区别",且大门外仅有卫兵一二人看守。①1841年
与英国海军谈判停战的满人琦善奏报说,英国"是故蛮夷之国……
45 初未知礼义廉耻,又安知君臣上下?"②即使在地理学家徐继畬更加
客观的《瀛寰志略》中,英国的宫廷礼仪也被描绘成"尊卑杂坐,
无上下左右之分"的混乱场景。③

斌椿对欧洲王宫之行的叙述与那些对中英之间完全二元对立和
超脱实际的叙述形成鲜明对比。对社会差异的认识,表现为高低的
相对定位,表明英国宫廷其实与清朝有某些共同的礼仪。就连国家
舞会也被视为进行协调的舞蹈,它有着精致的着装和雅致的伴奏音
乐,以配合舞者的每一个动作。王室拥有巨大的财富、权力和威
望,住在一个禁止平民进入的戒备森严的宫殿中。居高临下的是贤
惠的国君,他彬彬有礼地迎接清朝来访者。用仪式语言来说,斌椿
的叙述压制了文化差异,但它也将欧洲王室降级为一个从属于中国
中心世界的地方。

蒸汽的力量

对于1866年出洋使团的所有中国成员来说,在开罗的首次火
车之旅是一次全新的经历,该经历拓展了关于时间和空间想象的可
能性,使得成员们既兴奋又迷茫。但斌椿对首次乘坐火车的叙述表

① 林则徐:《洋事杂录》,第19页。据林则徐的后人所言,该杂录由其私人参谋陈
德培所收集编撰。
② 《鸦片战争档案史料》,第2卷,第392页。
③ 徐继畬:《瀛寰志略》,第47页。

现出精心的设计，在他的日记和诗歌中，均能捕捉到独特的认识模式。《乘槎笔记》的读者会看到，斌椿对一切与火车相关的实用便利的详尽列举：厚实柔软的棉垫座位、宽敞的储物柜、保护乘客免受风吹日晒的大玻璃窗。斌椿喜爱火车所提供的行动自由：人们可以选择坐卧、饮食，或站起来环顾四周。三声提醒乘客的摇铃后，火车缓缓地开动了。起初它移动得很慢，但运行不远后即"如奔马不可遏"。[①]至于个人体验，斌椿只是简单写道，火车全速行驶时，窗外的物体均疾驰而过，无法看清。

与枯燥无味的乘客报告不同，斌椿诗意的想象体现出孩子般的入迷：

> 宛然筑室在中途，
> 行止随心妙转枢；
> 列子御风形有似，
> 长房缩地事非诬；
> 六轮自具千牛力，
> 百乘何劳八骏驱？
> 若使穆王知此法，
> 定教车辙遍寰区。
>
> 云驰电掣疾于梭，
> 十日邮程一刹那；

46

[①]　斌椿：《乘槎笔记》，第 15 页。

回望远峰如退鹤，

近看村舍似流波；

千重山岭穿腰去，

百里川原瞥眼过；

共说使星天上至，

乘槎真欲泛银河。①

该诗以轻快的语言表达了斌椿对火车的热情与毫无保留的赞美。诗人的想象力在中国古典的神话世界和异域之城欧洲科技的新奇体验之间畅游。火车使道家列子御风而行的传说具体而可视，而列子在中国古代以能驭风千里而著称。这个经典传说的引用，使得蒸汽火车在中国传统的叙述中建立起了对应物。同样地，通过西周第五位君主周穆王环游世界的神话，斌椿将传统知识与自己的经历联系起来，并将他对外国科技的着迷转化为对中国传统的赞颂。他因此断言：如果周穆王知道火车的存在，他肯定会在全世界铺设轨道。这首诗以胜利的论调结尾，其将沿途的风景拟人化，将生命赋予静物，以此形象地赞美他的使团。

1867 年，使团回国后不久，总理衙门就若干有关引进西方技术和进一步向西方开放的话题，与 17 位官员进行了秘密通信。在发出的六份问卷中，其中有一份是关于外国人能否在中国铺设电报线路和铁路道路。除了少数支持"自强"的洋务派官员外，其余都

---

① 斌椿：《海国胜游草》，第 163 页。

一致反对外国人在中国修建铁路与电报线。①斌椿所作关于"火轮车"之诗，如将其置于历史背景中，可理解为是对正在进行的关于铁路讨论的间接参与。他通过扩大与中国相关的概念范围，来对外国进行想象与内化，而不是固守中西之间的不变界限。 47

斌椿诗作中显示出的身心迷惘，很多早期访问西方的国人都有类似的文字表达，但这并非中国旅者的独有现象，许多西方人第一次坐上蒸汽车时，也有类似的表达。②苏格兰诗人詹姆斯·汤姆森（James Thomson，1834—1882）是一位 19 世纪中期的无神论者和社会改革倡导者，他用以下诗篇描述了他的火车之旅：

> 当我们乘着火车向前奔驰，
> 树木和房屋急速后退，
> 唯有草原上的星空，
> 沿着我们的轨道疾飞。
> 那一颗颗美丽的星星，
> 都是夜之森林的一只只银鸽，
> 在沉思的大地上成群高飞，
> 陪伴我们一路前行。
> 我们将无畏地向前奔驰，

① 关于这些秘密通信的研究，参见 Biggerstaff，"The Secret Correspondence of 1867—1868"。1868 至 1870 年志刚使团出使期间，当英国商人在此提出这个问题时，志刚有礼貌地回应称，虽然中国人对铁路系统印象深刻且希望能立刻利用它，但在短时间内建设铁路的愿望是不可行的，因为其修建将需要拆除遍布全国的祖坟。参见志刚：《初使泰西记》，第 311—312 页。
② Zhang，"Naturalizing Industrial Wonders，" 67—88.

纵使那目标再遥远，旅途再匆忙！

虽然大地在脚下一闪而过，

但我们却与天空一路同行！

汤姆森和斌椿的诗作都援引了移动的地球、星星和天堂等拟人化意象，且都表达了一种狂喜和赋予权利的感觉，如出一辙。虽然汤姆森赋权的对象是与他同类之人（特别是穷人和工人阶级），他们"在平凡的日常生活中看到了如此多的神圣之美"，而斌椿则将其体验导入作为帝国使者的角色身份，将移动之物解释为宇宙对其到访的回应。①他利用乘坐火车引发的令人迷失方向的感觉，给有关火车的写作创造了一个全新的修辞空间：它不仅舒适、方便、符合传统做法，还与中国宇宙观完美融合。

斌椿不仅仅歌颂蒸汽火车，在旅途的其他几处，他也对蒸汽动力产生了浓厚的兴趣。通过对荒地中进行开垦的蒸汽机械的介绍，48 斌椿将蒸汽技术与中国的小农经济联系起来，给予相当的肯定。他曾在以水利维护为农业重心的江西任职多年，所以对地势低洼的荷兰及其大规模的排水工程颇有兴趣。②从比利时穿越边境时，斌椿观察到景观的变化："河道甚多，皆直而长，桥林繁密，民居质朴。"经过几天对圩田、排水沟和水泵站系统的考察，他写道，"居民修治河道，于水中立桩砌石，架木其上，筑楼阁六七层。沿河积土种树，留路二三余丈，以便车马往来。"通过使用蒸汽动力的圩

---

① 关于同时代对汤姆森诗歌的选读，请参照 "Poet of To-day," *To-day*, 318。

② 例如，清朝官员陈宏谋主张兴修水利，特别是对江西省圩区建设的水利疏通，如 Rowe, *Saving the World*, 229 中所述。

田抽水机，抽干低洼沼泽多余的水，使其变得适宜农业生产，斌椿认为此是"洵为水利之魁"的应用，但这种方式在中国农业中非常少见。他回忆起从前任职县令时的所见所闻，"江浙山居者，用竹枧引涧水灌注高田"，"皆顺水之性为之。"①斌椿描绘荷兰水利系统的诗歌广受好评，随即被翻译并发表在阿姆斯特丹的一家报纸上。②

尽管斌椿有选择地强调了他认为有益的西方发明，但他对这些发明背后的科学原理却没有半点兴趣，只以最简单通俗的"法"字来形容各种机械设备的原理："火轮法"是他对蒸汽机应用的总称；"电机寄信法"是电报背后的秘密；"水法"使人工喷泉成为可能；"照相法"是摄影的工作原理。对于斌椿来说，这些设备都有自己的"法"，这意味着他将每个设备解释为遵循不同机制的装置。通过将"法"与设备名称相结合，他将其背后的自然原理归于设备本身，而不是抽象的知识体系（"学"）。

"法"在斌椿的语言中占据了一个模糊不定的空间。以他在蒸汽机上的写作为例，"火轮"原是佛教用语，欧洲翻译家借此作为蒸汽轮船和火车的总称，③大致等同于"蒸汽机"的意思。遍游西方各国，斌椿在每处都用它代指西方机器的动力来源：电梯是一个由"火轮"方法驱动的垂直移动的房间，棉纺织品由一台"火轮"编织而成，木匠用一把"火轮"切断木头，水泵采用"火轮"法提

49

---

① 斌椿：《乘槎笔记》，第33—34页。

② 斌椿：《海国胜游草》，第37条，第170页。

③ Soothil and Hodous，*A Dictionary of Chinese Buddhist Terms*，162. 关于蒸汽轮船与晚清士人对西方的想象，可参考笔者论著：Day，"From Fire-Wheel Boats to Cities on the Sea"。

供动力。火轮被视为所有问题的解决方案，并只要把设备背后的原理交换，火轮即可应用于万物，一招制胜，无所不能。正如他在书中的建议："中国现用火轮装船炮，若广其法于民田，则宇内可以无旱涝之忧矣。"①

如 19 世纪前大多数有文化的欧洲人一样，斌椿认为研究机器是不匹配其身份地位的，因此他这种对科技若即若离、知其然不知其所以然的心态，并不让人意外。虽然斌椿认识到这些自驱动机器背后的普遍原理是各种"法"的应用，但他认为没有必要追究它们的工作细节，也没有对于工业时代的社会问题进行考量。但使团内的年轻成员对这些问题更加留心。使团中年纪最小的成员夔九，公开质疑法国大量的工业财富与法国人在中国掠夺性的商业投机之间的联系。当被告知法国是世界上最富有的国家之一时，他脱口而出："那么他们为什么来中国赚钱？"②另一名学生译员张德彝遇到一个穷孩子向他乞讨时，充满同情的给予帮助并记录在日记中。③贫困的童工在工厂街头勉强谋生的困境在这些年轻的使团成员中引起同情的共鸣。《伯明翰每日邮报》报道了使团参观阿斯顿利刃厂一事，其中一段写到了同文馆学生凤仪：

> 当站在工厂某一处，看着一些人在锻造车间里忙碌，凤仪询问了一些与他们年龄相仿的年轻人：你们是否会读写？一个衣衫褴褛、满身泥土的小男孩说他八岁了，既不会读也不会

① 斌椿：《乘槎笔记》，第 34 页。
② *London Daily News*，May 17, 1866.
③ 张德彝：《航海述奇》，第 482 页。

写。在他旁边还有一个男孩，说自己十一岁了，能写名字，但不会读。"啊！"凤仪说："你们的父亲不应该让在你们没学会读写时就让你们工作。"①

斌椿在整个出访期间都与这些学生在一起，所以他必定也同样接触到了年轻人发现的社会问题。他对西方工业化的负面影响绝口不提，是在仔细推敲后的选择，而不是巧合或疏忽。穷人、童工、矿工，以及政治上的极端分子，必定使他笔下的西方更加复杂化，将此排除在外，就可保持文本的纯洁性。因此他描述的欧洲，专由上流社会的男女居住，他们具有高尚的品格以及高雅的品位。读者被告知"街市繁盛，楼宇皆六七层，雕栏画槛，高列云霄"。煤气灯照亮夜街如昼，乘客夜游无须秉烛。晚上热闹的街头活动也得到斌椿的赞赏："街巷相连，市肆灯火密如繁星。他处元夕，无此盛且多也。"除了城市的富庶、清洁与便利，斌椿对警察的尽忠职守和巴黎、伦敦市民的遵纪守法都感到惊叹。他写道，监管着街道的警察"往来梭巡无间。衣帽鲜明，无一旧者"。即使在白天，也只能听到车声辚辚，"行人如蚁，皆安静无哗。"②斌椿将对城市的称赞公开予欧洲记者，不久之后，一份英文报纸报道称"巴黎街道的清洁和秩序维护，使奥斯曼男爵获得了（斌椿）很高的评价。"③

50

---

① "The Chinese Commissioner at Suite in Birmingham," *Birmingham Daily Post*, June 9, 1866.
② 斌椿：《乘槎笔记》，第 18—19 页。
③ *Newcastle Courant*, May 23, 1866.

女 性

在 19 世纪中叶清朝关于欧洲社会的描写中，一个常见的主题就是西方女性地位颠倒了儒家传统坚持的父权秩序。徐继畬的《瀛寰志略》中，对此给予了精辟易懂的陈述："男恒听命于女，举国皆然。"①1860 年代亲自访问英国的翻译家、报人王韬，甚至在他的小说中将西方国家建构为传说中的"女人国"。②1866 年的访欧使团，证实了这些对西方的印象。斌椿同情地写道，欧洲的丈夫每天都"若婢媵然"地侍奉妻子。③张德彝也复述过与他同船的一位西方人对他说的话："外邦有贱男贵女之说。男子待妻最优，迎娶以后，行坐不离，一切禀承，不敢自擅。育子女后，所有保抱携持皆其夫躬任之，若乳母焉。"④

1866 年的清朝旅者避而不谈的是，欧洲女性得以跻身上流社会仅是相对近期的现象，这绝不意味着男性在政治或家庭中的主导地位被女性所颠覆。斌椿在对西方社会的表述中强调女性社会化的偏颇程度十分显著。他在欧洲创作的 49 首诗中，就有 7 首是写给女性或女性特有事物的。其中一些是献给王室女性、高级官员妻子和地方显贵妻子的；其余则是为他在剧院看到的舞者、歌手和女演员而写的。斌椿如此侧重的结果，就是其笔下的西方社会被彻底女性化。

---

① 徐继畬：《瀛寰志略》，第 240 页。
② Teng, "Women and Occidentalism in Wang Tao's Tales of Travel," 97—124.
③ 斌椿：《乘槎笔记》，第 11 页。
④ 张德彝：《再述奇》，第 59 页。

斌椿偏爱将女性作为其诗论的主题，部分原因可以解释为实际中的便利。与女性的互动能使斌椿以其预期的方式，更自由地掌控和维护使团，更是避免被拖入与西方外交官、官员对内政外交方面谈话的绝佳方法。这也是斌椿对赫德的同僚给使团强加多项行程的一种暗中抗议的形式。当一场隆重欢迎斌椿使团的官方招待会在巴黎举行时，斌椿却悄悄溜走，参观了安比古剧院（Théâtre de l'ambigu），只留下学生和他的洋助理参加活动。[1]他对正式招待会不着一词，反而对剧院里令人眼花缭乱的布景与艳丽动人的女演员极尽溢美之词。[2]隔天与法国首相会面时，斌椿也只写到"与夫人坐谈，询中土风俗。"[3]通过转移视线，斌椿可以将自己描述为向欧洲女士传播圣教的儒士，向他的读者汇报她们对儒家思想的领悟和赞美。在旅途中倍感疲惫时，他也更愿意在女士中间休息，而这种选择有时会让主人惊诧万分。一份报纸报道称，斌椿在参观了一家英国纽扣制造厂的数个工作间后，离开了使团成员，"自己前往一个只有几个年轻女性在工作的小房间内"，并留在那里休息。他的径自闯入，显然让享受下午茶时间的女工们大吃一惊。其中一个"脸红的少女"，"递给他一杯茶，他接过并津津有味地喝了起来。"[4]

在对晚期中华帝国妇女的研究中，曼素恩（Susan Mann）叙述了清代文学塑造女性形象的两类常见修辞：隐居闺中而清纯的"闺

---

① Drage, *Servants of the Dragon Throne*，143.
② 斌椿：《乘槎笔记》，第 19 页。
③ 斌椿：《乘槎笔记》，第 20 页。
④ "The Chinese Commissioner and Suite in Birmingham，" *Birmingham Daily Post*，June 9，1866.

秀"与风雅多情的名妓。①斌椿写给欧洲上流社会女性的诗作则是将这两者结合了起来，在她们的学识、修养、俏皮活泼和绝色美艳之间交替组合。作为宴会的女主人，欧洲女性往往体贴周到，具有52 智慧学识，与上流社会的儒家女性十分相似。②例如，一位王妃因对斌椿"亲自寒暄"而得到他称赞。③普鲁士王妃举止"肃穆淑仪尊"，且气度谦逊友善，声音温和可亲。④这些尊贵的女性身姿绰约，香气袭人，举止优雅，有着闭月羞花般的容颜。他在三首描述欧洲风俗的组诗中写道，"不食人间烟火气，淡巴菰味莫教闻。"他在此诗之下附注解释说，鉴于西方社会对女性的高度尊重，男性在吸烟时无论如何都应远避女性。⑤

在其他场合，尤其与年轻人同在的场合，斌椿对女性的描绘更接近于名妓，他坦率地与她们成为朋友，和她们一起玩游戏，甚至有一次从两位年轻女士那里收到了一张她们相赠的小照。⑥他描述这种场合的诗作充满了情趣和丰富的互动性，用词明丽华美。借用8世纪著名的中国皇帝唐玄宗对其宠妃的称呼，斌椿告诉我们：鲍勒的妹妹安娜，是一位懂得多种语言的"解语花"。⑦安娜既聪明又伶俐，并且她"方言最爱学中华"。在场的另一位女宾是"绝世佳人"，她以花枝代发簪，如同纷飞的蝴蝶一样与斌椿形影不离。第

---

① Mann, *Precious Records*, 53.
② Mann, *Precious Records*, 19—44.
③ 斌椿：《海国胜游草》，第 167 页，第 29 条。
④ 斌椿：《海国胜游草》，第 178 页，第 63 条。
⑤ 斌椿：《海国胜游草》，第 165 页，第 26 条。
⑥ 斌椿：《海国胜游草》，第 172 页，第 45 条。
⑦ Tian, *Visionary Journeys*, 195.

三位女宾则"笑靥生春"，她很高兴有斌椿的陪伴，并主动摘下婚戒展示给他看。曾有人告诉斌椿：欧洲人认为摘下结婚戒指是不吉的，他因此称赞对方拒绝接受这种迷信思想所表现出的智慧。[①]

斌椿对欧洲女性的文学处理采用了类似于他对西方宫廷、机械和城市的写作框架。他以一种同化的语言强调了她们赏心悦目的一面，并选择淡化中西方男女交往礼仪之间的不同，特别是那些会令中国读者焦虑不安的习俗。相较之下，张德彝的叙述中，对这些不同的习俗毫不避讳。例如，青年男女"彼以嘴啜自己手背作亲吻之声"的习俗，在温莎城堡中大臣们"握君主之手而嗅之"以示敬君的惯例做法，以及漂亮婀娜的女服务员引诱富有顾客的听闻。[②]

虽然斌椿可能也遇到了许多与张德彝相似的情况，但他却对此毫无提及。他反而解释说，外国人的习俗虽然乍一看格外奇怪，但并没有太不合情理之处。正如他在一组关于欧洲女性的诗中所写："一握方称礼数全"。对于握手的礼仪，他解释道，"疏略恐教卿怪我，并非执手爱卷然"。在文后的注解中，他补充道，握手是一种不分性别的、向对方表示尊重的体现。[③]

如此一来，中西方在文化、礼仪或性别实践上并不存在根本的分歧。他在一首关于文化差异的诗中使用了"两歧"作为暗喻：一个分支是中国人的行为处事，另一个则是欧洲人的做事方式，但他将两者看作平等，也愿意承认这些外国风俗有其一定的道理："入门问俗始称奇，事与中华竟两歧；脱帽共称修礼节，坦怀何用设藩

53

---

① 斌椿：《海国胜游草》，第 168 页，第 32 条。
② 张德彝：《航海述奇》，第 46、71、80 页。
③ 斌椿：《海国胜游草》，第 165 页，第 26 条。

篱?"他也会间或流露出一丝困惑和失望:"简编不惜频飞溷,瓜李无嫌弗致疑。最是绮纨长扫地,裙裾五色叹离披。"①西方既存的性别越界与斌椿对西人裙裾沾灰黏尘的悲叹并存,由此反而使得对伦理道德关怀的分量锐减。

归 途

作为一位一生大部分时间在科举备考和出仕做官的人,泰西之旅实现了斌椿年轻梦想中更为狂野的一面:成为一名自他儿时起就崇拜的民间小说中的游侠。在旅程快要结束时,斌椿写了一首长诗给他的兄弟和表兄弟,作为对这次旅西使团的个人总结,诗的开头说,"海隅传遍使星过……中夏衣冠先睹快,化身顷刻百东坡"。斌椿还为他们在欧洲受到的关注而感到无比自豪:"团扇当年画放翁,家家争欲睹仪容;近来海外传佳话,不惜金钱绘友松。"54 如宋代著名诗人陆游(放翁),由于大众的需求,他的画像变得日益昂贵。②

这种愉悦轻快的心情在他踏上归途时发生了变化。与使团回程前所写成的诗集《海国胜游草》不同,《天外归帆草》则充满了诗人漫漫归途中的情感起伏和玄奥思索。《天外归帆草》的首条就以忧郁的语气叙说:"所见既已夥,束装作归计;异邦人送别,亦有黯然意。"③当他们到达丹麦时,即被告知一场流行病已从欧洲大陆

① 斌椿:《海国胜游草》,第165页,第26条。
② 斌椿:《海国胜游草》,第166页,第27条。
③ 斌椿:《天外归帆草》,第187页,第1条。

蔓延开来，该国对任何来自这些疫情国家的访客都不开放入境。斌椿将丹麦的隔离检疫做法视为对个人的侮辱。于是他在一首诗中谴责丹麦此行径："流行瘟疫是天灾，旅客焉能带送来；不信闭关能拒绝，与将过客妄疑猜。"[1]此后，他将自己的旅途中所承受的身体上的考验、精神上的孤独与不确定性均诉诸诗作。

回程之旅是漫长、孤独而平静的。这也恰是斌椿需要的一种宁静，他必须尽快整理思路，为回家面对朋友和同僚做好准备。这使斌椿得以有时间校订他的游记，以便日后将其上呈给总理衙门。泰西之旅的前半程，他曾用诗来广泛地抒发个人情感，而现在他用写诗作为厘清思绪的方式。欧洲的那种繁荣和强大，真的是中国所期望与效仿的吗？在大局战略中，他的泰西旅程有什么特殊意义？虽然斌椿并没有明确地回答这些问题，但其在诗中探寻了这些问题的更广泛回答形式。

在旅船漂泊印度洋的一个深夜里，一束白光穿透黑暗并点亮了夜晚。此时此刻，斌椿似乎顿悟了以上问题的答案。当其他乘客正喋喋不休讨论着这束美丽而古怪的白光时，只有斌椿明白它所代表的真正含义。当他独身伫立在甲板上时，斌椿回想起其钻研多年的佛典《楞严经》，来自光束的启示意义早已尽数体现在该佛经中。诚然，这即是上天在告知他，一切对物质财富的执着都来自妄想贪念以及道德上的败坏。[2]在接下来的几天里，斌椿撰写了一首八十二行的长诗，在诗中，他对许多历史人物进行了沉思：从因道德败　55

---

[1]　斌椿：《天外归帆草》，第 191 页，第 10 条。
[2]　斌椿：《天外归帆草》，第 194 页，第 20 条。

坏而失去王位的君主，到因诡计多端而蒙受苦难的臣子。"是以圣贤训"，他在诗中写道，所以"君子乃固穷"①财富和名望在德行面前根本不值一提。

当行船抵达香港时，斌椿对使团使命进行再塑。他用高度夸张化的语言描述了 15 个国家的异域元素和"壮美"之情：狰狞可怕的巨狮、皜白如雪的野雉、硕大无朋的海鲸、激水十余丈的喷泉，以及珠光满天耀的绚烂烟花。斌椿还向读者重述了欧洲君主的故事，并以严格的正统观点对其进行诠释：

> 蕃王知敬客，处处延睇视；
> 询问大中华，何如外邦侈？
> 答以我圣教，所重在书礼；
> 纲常天地经，五伦首孝悌；
> 义利辨最严，贪残众所鄙；
> 今上圣且仁，不尚奇巧技；
> 盛德媲唐虞，俭勤戒奢靡。②

斌椿在其旅西期间的诗作中，曾经将西方统治者描绘成具有儒家气质的君主，即风度翩翩、勤俭贤德、谦逊温和的国王。而现在斌椿却用等级区分的语言来描述这些西方统治者，以强调他们的卑微以及对清帝国中心的认同。他将在异国享受的奢华住所完全归功

---

① 斌椿：《天外归帆草》，第 194—195 页，第 21 条。
② 斌椿：《天外归帆草》，第 202 页，第 43 条。

于清朝的强大："重予非为他，所重在中土。"①藉以上对旅西之行的最终概述，斌椿依据朝贡制度肯定了其使团的重要意义。

然而，斌椿对使团重要性的肯定并不是言之凿凿的，因为其在别处给出了令他倍感困惑的想法。在其中一首短诗结尾处，他暗示事情与过去不同了，因为他所访问的外国首领与其想象中的朝贡国统治者完全不同。当他的船只沿着天津海岸向北返航时，斌椿写下了这首诗。远处的大沽炮台，勾起了斌椿对七年前英法入侵的回忆。盯着早已凝结的厚实冰块，斌椿陷入了沉思，他写道：

> 履霜知坚冰，雨雪先集霰；
> 祈寒不骤来，其几必早见；
> 乾象岂虚垂，圣人警天变；
> 史册不一书，往事诚龟鉴；
> 牖户早绸缪，莫待无褐叹；
> 熙熙登春台，阳和寰宇遍。②

任何一位了解 1858 年至 1860 年大沽战役的人都会轻易知晓斌椿所表达的想法：来自欧洲的挑战不亚于"天变"，但只要国人仔细分析所有可见迹象并以史为鉴，是完全能够为之做好准备的。斌椿是否将他的旅西使团视为这些预兆之一？他的写作是否嵌入了重要的警示？我们诚然无法确定，但斌椿的一些读者确实在字里行间

---

① 斌椿：《天外归帆草》，第 204—205 页，第 46 条。
② 斌椿：《天外归帆草》，第 208 页，第 60 条。

发现了其隐藏的信息。

读者的回应

在回国后仅数周内，斌椿便将他的出使日记和一部地图集上呈总理衙门和直隶总督李鸿章，并在亲友之间散布他的诗作。恭亲王上书时坦率直言，斌椿之作仅能提供其所历欧洲国家的"山川形胜，风土人情"，并不能"毕悉底蕴"。①李鸿章很快阅读了斌椿的日记，他在写给总理衙门章京方濬师的一封信中，向其抱怨说，日记完全未能达到他的期望："笔墨楚楚，未可厚非，所惜为期太促，其于各国政事及制造要领，绝无崖略，仅类游记耳！"②方濬师也同样认为，斌椿的日记只"叙其程途之远近，服御之奇巧，大要仍不出《瀛寰志略》范围。"③

然而，总理衙门的有些人却看出了斌椿对欧洲描绘的深刻含义。距斌椿回国后不久，在一份代总理衙门大臣起草的奏折中，章京周家楣将其观点总结如下：

> 该员日记内所称各国宫室园囿之穷侈，奇技淫巧之相尚，政柄下移于商贾，礼制无别于冠裳。蜃市楼台殆不可久，而民无乞丐，境有严防。工作巧则获利必倍，枪炮精则取胜有凭，

---

① 请参见《奕訢等奏斌椿等出洋游历现已回京撰有日记钞录呈览摺》，《筹办夷务始末（同治朝）》第46卷，第1958页。
② 李鸿章：《李鸿章全集》第29卷，第468页。
③ 方濬师：《蕉轩随录》，第326页。

其目前富强之势，诚为可虑。①

　　周家楣随后建议清朝向外国派遣常驻使节。他给出的理由如下：首先，这些驻外使节可以报告有关欧洲国家的统治情况，并开辟与国内当局的沟通渠道。其次，使节可以确保可靠的军事技术信息的迅速传递。第三，斌椿的发现表明，欧洲人善于接受儒家教义并且十分尊重中国礼制，香港和新加坡的众多华人也同样欢迎中国官员的到来，如果清政府能够向这些地区派遣使节，那么总理衙门就有信心可以招募到致力于为清朝效命的海外华侨与外国人。②

　　在此奏折中，周家楣引用斌椿的日记来说明欧洲街头看不到乞丐出没。正如我们在上文中已知的内容，使团的确遇到了欧洲城市中的穷人和无家可归者，但斌椿有意避免提及他们，因为这些穷困潦倒之人不适合他所精心构建的、权衡所有读者利益的叙述方式。周家楣起草的这篇奏折，将斌椿的文学建构视为对欧洲社会和政治状况的真实描述。如果我们不认为周家楣（或是他背后掌权的总理衙门大臣文祥，他极可能口述了该奏折的大意）会如此天真到全盘接受斌椿经过美化的陈述，并以此作为真实的叙述，那么我们似可以得出结论：该奏折的内容，至少就其部分内容而言，在斌椿上交其日记前就早已固定好了。周家楣的奏折还引用了斌椿日记关于欧洲的政治结构、陆海防御、武器制造的描述，但事实上，斌椿的日记几乎没有提到这些事情。所有这一切都说明，总理衙门的官员已

---

① 周家楣：《期不负斋政书》第 1 卷，第 68 页。
② 周家楣：《期不负斋政书》第 1 卷，第 70 页。

经就如何使用斌椿的汇报形成他们的想法，而这些想法与斌椿实际写的内容其实少有关联。

58 在清廷和高官的圈子之外，不同的读者群对斌椿文学作品有着截然不同的回应，使得斌椿的书供不应求。正如徐继畬在为斌椿《乘槎笔记》所作序言中说："索观者众多，乃付剞劂，以贻同好。"①为了准备出版其手稿，斌椿邀请他的朋友亲戚为其写序，其中就包括总理衙门和同文馆的官员。总理衙门章京方濬师对其进行了校对，以确保其准确无误。②这些序言的作者一致赞颂他的远西之旅是清帝国的教化使命。徐继畬的序言以这样的华丽辞藻作为开端："我圣朝德威远播，泰西各国皆喁喁慕义，通使币于天家。"③同文馆数学、天文教习李善兰，利用该机会称赞佛经文献中地理记述的准确性。在充满佛教术语的冗长介绍中，李善兰强调地球绕太阳运动的理论并非如欧洲传教士所坚持的那样源于西方，而是首先在释迦牟尼的教义中得以阐述。④斌椿的西行被描绘为是中华帝国延续其悠久的怀柔传统之体现。

  文人读者们因斌椿作品的新奇、中庸和高雅而给予细致的探究。福州学者林昌彝专喜具有异域海外情调的诗歌，他盛赞斌椿诗歌的文学成就和其全新内容。⑤如蒋兴珍（Sing-chen Lydia Chiang）的研究显示，尽管"笔记"这一术语泛指不规范的散文，但其灵活

---

① ③ 徐继畬："徐继畬序"，《乘槎笔记》，第 1 页。

② 方濬师：《蕉轩随录》，第 317 页。

④ 李善兰："李善兰序"，《乘槎笔记》，第 2 页。

⑤ 林昌彝：《海天琴思续录》，第 444—450 页。关于林昌彝的知识背景，参见 Ng, "Shooting the Eagles," 373—386。

性和异质性使得这种体裁成为记录"异常现象、人格个性和奇观异景"的流行媒介。①虽然尚不清楚斌椿是否有意将他的标题作为双关语，但读者将《乘槎笔记》解读为一本有关异国风情描写的笔记集合，也是情理之中的。浙江候补盐大使毛祥麟，在其 1870 年所撰的《墨余录》中，对斌椿的《乘槎笔记》进行了长篇记载。《墨余录》是一部包罗奇闻异事的百科全书。毛祥麟评论："一切所闻所见，亦奇亦怪"，"盖今时之《山海经》"。就斌椿笔记的文学性和其实质而言，毛祥麟认为斌椿的叙述"篇幅太长，又欠控制"，且缺乏对"各国要害之所，建置之由"的洞察了解，但仍然"当酒阑茶话时，亦足资为谭柄云"。②在其抄录的《乘槎笔记》中，毛祥麟删减了斌椿的大部分社交描述，仅保留了他与西方君主和官员的会面。毛祥麟还省略了斌椿对城市场景、民风习俗以及日常生活的描写，却抄录了对动物园（包括对里面植物的大段描述）、首相官邸、水晶宫、温莎城堡和一家工厂的确切描述。尽管毛祥麟对斌椿专注于描写琐事以吸引读者的方式表示不满，但他抄录的浓缩版本却进一步将欧洲描述简化为缺乏上下文联系和意义的异域事物清单。斌椿用于指代蒸汽机的名词"火轮法"，在毛祥麟的笔下变为"法轮""转轮"或简化为"轮"。③

　　几年后毛祥麟去世时，其朋友朱作霖不但编辑和校订了他的文稿，并且还为《墨语录》的每篇文章都附上其评注。朱作霖在阅读毛祥麟选编的《乘槎笔记》之后，写下了自己的经历：

59

---

① Chiang，*Collecting the Self*，28.

② 毛祥麟：《墨余录》，第 37 页。

③ 毛祥麟：《墨余录》，第 40—42 页。

试于香清茶熟时，展读数则，当有御风破浪之想。因念秦
皇汉武，类皆驰心域外，而如篇中所记，虽在纸上，且未梦
见，非我国家声教远讫，孰克浪游数万里外，而记所闻见如
此？原本因欠控制，殊觉冗长。今经作者删润，自成片段，其
夺胎处，真有出蓝之目。①

与中国读者褒贬不一的评论不同，在华的西方观察者认为，斌
椿的叙述令人耳目一新，具有政治上的进步。1871 年，林乐知
（Young John Allen）在其创办的《中国教会新报》中对《乘槎笔
记》进行连载。1870 年代，传教士艾约瑟（Joseph Edkins）在直隶
省的乡下闲逛。他与当地几位德高望重之人交谈，并询问他们是否
看过斌椿的游记。对方回答说没有，艾约瑟写道："像这样以散文
和诗歌写成的高雅作品，并未能在中国社会走得更远，销售图书代
理商在推广该书流通方面无所作为。"②斌椿对西方形象的正面塑造
远远超出了同文馆总教习丁韪良（W. A. P. Martin）的预期，《乘
槎笔记》如此肯定西方，他百思不得其解。丁韪良毫无根据地猜测
道："毫无疑问，斌椿每对西方赞扬一次，他在背后就指责了西方
十次……但这些谴责是保密的，并没有公开出版。"③

①　毛祥麟：《墨余录》，第 46 页。
②　Edkins, *Religion in China*, 209.
③　Martin, *A Cycle of Cathay*, 374. 该揣测完全缺乏证据支持，即使在斌椿的私人
　　写作中，也没有找到其批评欧洲的任何动机。田晓菲在斌椿日记的数个当代版
　　本中发现了几处细微的变动，这表明即使是在《乘槎笔记》初次出版之后，他
　　在用词上还是十分地谨慎。但这些修改与编辑都不足以改变斌椿原有的意思。

几年后，《乘槎笔记》以其对欧洲生活的生动描写成功地打入了日本的图书市场。最早将这本书带到日本并将其出版的人，是历史学家、汉学家重野安绎，他把这本书看成是中国正在吸取教训并不断向强国转型的证据：

> 余观是书，称赞西洋各国尚实学与物利，所以日进文明，如恐不及者，盖有所愧且悔者也。彼固大国，苟有所反省于此，驱阖国人民，从事于格致之学、富强之术者，则其一变颓俗、修理百废，为一大强国，固无难为也。

重野对该书的诠释得到曾于 1870 年前往中国进行条约谈判的代表团成员石幡吉平的部分确认。石幡称清朝的内政数十年来一直在不断腐朽，但最近由恭亲王领衔的一批官员正在将其外交事务逐渐推向正轨。石幡对李鸿章的印象特别深刻，因他的对外态度展现出他对国际事务有清晰把握。1872 年，重野和他的朋友出版了《乘槎笔记》的删减注释版，以督促日本政府如法炮制。他们为这本书配备了木刻印版插画，帮助读者在脑中想象欧洲城市的宏伟和富庶。这些插图由一位很可能从未去过欧洲的艺术家所绘制，其中大部分都没有出现中国访者，因此仅是对斌椿文字描述的呆板诠释（见图 1.3）。日版《乘槎笔记》采用自己的方式重新解构了该书，使其成为明治早期社会理想的陈述。①

---

① 斌椿著，重野安绎校，大槻诚之训点，《乘槎笔记》，2b.

61

图 1.3　日版《乘槎笔记》温莎城堡舞宴插图

　　斌椿的日记和诗歌在经过编辑、润色和重新编排后，便形成
各读者群以各种不同的方式纳入美国文学理论家斯坦利·费什
（Stanley Fish）所谓"解释性社群"（interpretive communities）。与
62　明代书商将外使游记改编成引人瞩目的畅销书的做法相似，斌椿日
记的文本内容也被读者作为构想西方的素材。[1]来自总理衙门官员、

------

① 关于明代这一现象的分析，参见 He, *Home and the World*，202—244。

明治早期知识分子、在华西方人以及清代文人对斌椿著作的各种回应表明，读者会根据自己的关注点和想法，赋予作品独有的意义。总理衙门用它来证明外交事务上需要更深远的改革；明治知识分子用它来论证清朝正在迈向现代化并借此刺激日本政府采取行动；西方传教士根据自身立场，将它解释为中国进步或是缺乏进步的证据；斌椿的文人读者将其视为清帝国力量无远弗届的证明，同时，尽管他们可能不会完全相信其中的说法，但是非常欣赏它的典雅和新颖。

在某种程度上，历史学者也属于斌椿的读者群之一，由于《乘槎笔记》是 19 世纪中国首部基于清朝高级别官员的个人旅西经历而撰写的欧洲游记，历史学家也用它来衡量清朝对西方的态度。从近代化史学观的角度，一些 20 世纪的中西方历史学家将斌椿描述为一位思想保守的官员，看不到任何能对中国产生实质影响的事物，他的使团未能获得关于西方的真正知识。[1]致力于研究清朝现代化的历史学家毕乃德（Knight Biggerstaff）对斌椿笔记褒过于贬，将斌椿缺乏深刻洞察力的原因，归咎于"在欧洲的短促行程中，使团成员们并没有足够的时间来获取对总理衙门非常有价值的信息"。[2]毕乃德认为斌椿笔下的西方代表了中国人逐渐走向开放和进步，是一种现代主义意识的萌芽。

对斌椿记述的多种解释可以归因于读者对其写作意图的不同理

---

① 请参见 Drage，*Servants of the Dragon Throne*，133—156；Smith, Fairbank, and Bruner, *Robert Hart and China's Early Modernization*，348—361；以及钟叔河：《走向世界：近代中国知识分子考察西方的历史》，第 60—72 页。

② Biggerstaff，"The First Chinese Mission of Investigation Sent to Europe，" 318.

解。总理衙门最初的动机，是将使团的使命定义为战略调查，但购买斌椿日记的文人读者，则将其视为可以进行消遣、娱乐和了解世界知识的旅行文学。西方和日本读者在斌椿的作品中寻找清政府对西方态度"进步"的证据，并可能依据其当时的参照框架随时改变他们的评价。每一个"解释性社群"，都以其共同的策略和核心假设，使斌椿文本的含义从属于他们自己的观点。[1]我们可以想象，如果斌椿知道对他作品的五花八门的诠释，他可能不会吃惊。毕竟，这种有意的模糊性表述，本身就是他构建文本的方式。

63

结 论

正如毛祥麟和朱作霖的注释提到的那样，斌椿的日记通过提供中国"声教远讫"的证据，增强了文人对中国文化优越性的信心。[2]斌椿并未表明，除了中国文明之外，还有其他的文明存在，而这些文明并不是来自中国。在他笔下，尽管中、欧在习俗和文化上存在着较大差异，但欧洲在最基本的文化方面，本质上是"中国式的"。欧洲人是爱好和平、勤劳节俭和文明教养之人。他们的制造工业、通讯工具和运输方式都是为了改善民生而发明的。最理想的西方君主，是儒家式的统治者；最昏庸的西方君主，则是骄奢淫逸、贪图享乐的国君，尽管如此，他们也完全知晓要敬仰中国皇帝。在这个经美化的西方社会中，一切都是美观或极具异域风情

---

[1] Fish, *Is There a Text in This Class?*, 341.

[2] 毛祥麟：《墨余录》，第46页。

的，西方的所有优点，都顺从于中国人已有的价值观。

斌椿的文本抑制了中西差异，一定程度上其实是一种创新。他把西方习俗等同于中国礼制，借此说明欧洲人对中国文化和儒家传统的崇拜与追随，既保全了"华夏"，又不贬低"夷狄"。鉴于他所处时代的大背景和他所继承的使者的写作传统，他开创的是一种描绘西方的新方式。斌椿的作品里为自己设置了各种文学形象——儒家绅士、帝国使者、游侠浪客或是踏迹天涯的诗人，但他最重要的身份并没有在文本中直接体现出来。他对中西关系的现实政治并非视而不见，而是明白中西进一步的冲突，可能导致前所未有的灾难。他采用儒家笔触的方式描绘西方，完成了分配给他的艰巨任务，并以此证明清朝官员不但可以游历泰西，还能够出版一本广受欢迎的游记赞扬西方，不仅未遭受诟病，并获得朝廷的表彰。这些成就都是前所未有的。1870 年，总理衙门提拔斌椿为同文馆提调，他于次年去世。①

从另一个方面来看，因为斌椿致力于文学而并非洋务，他在赫德和李鸿章等洋务派官员心目中的实际价值被大打折扣。以至于1868 年初，赫德在忙于蒲安臣使团的筹备工作时，似乎已经完全遗忘了斌椿。1870 年代之后，有关西方的信息迅速扩张与更新，这使得斌椿的日记很快就过时且似乎略显"保守"。李鸿章抱怨斌椿的日记"笔墨楚楚，未可厚非"，这正泄露了他的真正期望：为了收集对政府实际有效的信息，游记在一定程度上打破传统旧例是不可避免的。在李鸿章看来，斌椿的失败在于他对传统文学旧例的

64

---

① *Cornhilll Magazine*，vol.xxi，1870，29.

模式过于妥协，忽视其使团使命的真正目的：收集对国家有用的信息和情报。李鸿章看来，如果不打破中国中心论的世界观，使者就永远无法充分表达外国的实际情况。对于历史学家而言，斌椿的泰西之旅引发了更多有待思考的问题：在他之后，前往泰西的使者如何构建他们的叙述？他们是如何在帝国不断变化的需求中，协调自己作为帝国使者的角色的？

第二章 使 者

    1867 年 11 月，总理衙门邀请即将离任的美国驻华公使蒲安臣（Anson Burlingame，1820—1870）领导一个外交使团，代表清政府出访。本次使团的目的是探讨将于明年进行的条约修订。自 1862 年抵达中国以来，蒲安臣用实际行动证明自己是清政府的挚友与同盟。1863 年，蒲安臣在阿思本舰队引发的外交危机中进行斡旋调停（这是清政府试图购买英国舰队以扩充军力的一次失败尝试），进而赢得清朝大臣的称赞和信任。①这一次，总理衙门希望将修约谈判的地点移到国外，积极主张派遣代表出国，想在条约修订中占据上风。②朝廷当即采纳了总理衙门的建议，并即刻于月底集结使团，准备行程。使团的计划是在一年内到访美国、英国、法国、俄罗斯和普鲁士的主要城市，并在比利时、荷兰、丹麦、瑞典、西班

---

① 请参见，《筹办夷务始末（同治朝）》第 51 卷，第 2159 页。关于阿思本舰队事件始末，参见 Gerson, *Horatio Nelson Lay and Sino-British Relations*；以及 Spence, *To Change China*，93—112。

② 关于总理衙门对此次条约修订的准备，参见 Biggerstaff, "The Secret Correspondence of 1867—1868."

牙和意大利作短暂停留。

　　蒲安臣在该使团的突出地位似乎使得同行者黯然失色：包括两位与他同为出使大臣的总理衙门章京志刚和孙家穀，以及数十名中国参赞、学生、仆人、警卫和厨师。作为清朝首个正式外交使团的成员，他们尽职尽责地履行政治职能，如拜见各国元首，与海外的官员、商人、汉学家、传教士和华侨交往联谊等。除此之外，他们还参观了工业场所和文化机构，并就外交、宗教和对外贸易等问题与相关人士进行了长时间的交谈。1870 年 2 月 23 日，在蒲安臣因肺炎病逝之后，使团交由志刚和孙家穀负责管理，直至同年 10 月，使团平安返回。在以往的著作中，研究者通常将该使团命名为"蒲安臣使团"，并以美国公使的意愿来解释其意义，这种做法不可避免地会抹去使团中清朝成员的体验和对使命的解释，也会抹去他们的文字和故事如何构成中国对这一事件的记忆等重要史实。本章通过细致分析该使团的满人领袖志刚的作品，及其同时代人如何接收其带回的信息，尝试呈现以往历史叙事中忽视的清朝面向。①

商　议

　　1867 年 11 月 20 日至 1868 年 1 月 16 日，各省封疆大吏根据总理衙门奏请皇帝发下讨论的重大议题，提交了他们对条约修订的看法和建议。几乎所有人都认同外交使团在清朝历史上并非史无前

---

① 　关于蒲安臣在其使团中的角色的近期研究，参见 Xu, *Chinese and Americans*, 25—73。

例，也肯定了其潜在价值；但大约半数的奏折还是劝谏清廷不要立即派出使团，并强调需要为之做好仔细的筹备。他们还就使团的合适候选人应具备怎样的资质，以及在无法寻觅到最佳候选人的情况下，外派使团是否值得等问题，产生了意见分歧。沿海省份的官员对找到具备必要技能的候选人展现出更大的信心。曾国藩向朝廷保证，"纵或有一二不能专对之臣，亦安知无苏武、班超、富弼、洪皓者流出乎其中，为国家扬威而弭患？此可慨然允许者也。"

虽然舆论大体倾向于对外遣使，但也有不少官员认为这并不是清廷眼前最紧迫的事情，并且坚持只有经过周密的筹划，才能使清朝真正受益。虽然官员们承认这是一个情报收集和当面向外国统治者表达意见的绝佳机会，但他们担心，清政府无法以军事实力支撑其提出的要求，反而会削弱使节的效用。正如沈葆桢所言："商贾教士任意横行，该公使所亲见也，犹且多方袒护之；谓该公使不合常理之处，该国主能听我使臣之言，绝不袒护之耶？"①许多官员提议将派遣使团推迟至清朝拥有一支现代化海军，且外语培训项目卓有成效之时，如此一来，使团就可以乘中国自己的船只远航，并有中国译员一路陪同。②

中国到底要通过这些使团获得何种情资？不同的意见使得原本 67就缺乏共识的出使时机进一步模糊。虽然许多信函使用了"情伪"

① 《筹办夷务始末（同治朝）》第 53 卷，第 2198 页。
② 《筹办夷务始末（同治朝）》第 51 卷，第 2154—2155 页；第 53 卷，第 2202—2203 页；第 53 卷，第 2204 页；第 53 卷，第 2208 页；第 53 卷，第 2211—2212 页。

一词，但很少有人能超越这种泛泛之谈。参与清剿捻军的湘军将领左宗棠，要求提供如同外国人在中国持续收集的那般精确的战略信息。①与之相反，与外界稍显脱节的福建县学训导吴仲翔，由巡抚转呈了建议，他认为，最谨慎的做法是请外国使臣绘制其本国地图，以便朝廷开始在出使国建造驿站、粮仓和瞭望塔来满足使团所需。②湖广总督李鸿章则对制造船舶、大炮和枪支方面的知识颇感兴趣。③

至于使者的职能，一些官员对他们能否散布有关中国的真伪消息、能否充当卧底扰乱外国在中国海域活动的可能性十分感兴趣。江苏巡抚丁日昌提出了利用使者引诱洋人自满骄矜、相疑猜忌的激进建议。他还建议向钦羡中华文明的朝贡国派遣使节，以此扩大清朝在亚洲的影响力。④吏部考功司主事梁鸣谦建议使节在海外华侨中招募豪杰，以"扰其封疆，挠其利权，离其党与。"⑤关于选任使节的一连串奏议，已远远超出了欧洲国际法中对外交使节的规定范畴。

鉴于上述论述，也许有必要指出：虽然官员对何种人士更适合于担任外交使节各执一词，但他们都一致反对派遣高官出使。两江总督马新贻认为，沿用低级官员"假以冠服"出行的传统做法最为稳妥。⑥湖北巡抚郭柏荫则建议派遣年力少壮的四五品官员。如果

---

① 《筹办夷务始末（同治朝）》第 51 卷，第 2254—2255 页。
② 《筹办夷务始末（同治朝）》第 53 卷，第 2208 页。
③ 《筹办夷务始末（同治朝）》第 55 卷，第 2260 页。
④ 《筹办夷务始末（同治朝）》第 55 卷，第 2268 页。
⑤ 《筹办夷务始末（同治朝）》第 53 卷，第 2202—2203 页。
⑥ 《筹办夷务始末（同治朝）》第 55 卷，第 2270—2271 页。

朝廷必须聘用"仅通外国语言文字，而不达政体、不识事情者"，就宜酌情给予他们六七品的顶戴，并将其角色仅限于翻译官。①事实证明，1870 年以后的外交任命更倾向于选择接受过经典训练的高级官员。使节身份的变化主要不是出于列强的要求，而是清政府自身对外交官作用的更深认知，以及外交沟通被整合进国家信息秩序的总体改善。

68

蒲安臣被任命为清朝的全权公使一事，反映了朝廷及高层官员对外国人态度上决定性的转变。镇压太平天国的战争已证明，许多西方人将中国视为一个充满机遇之地，愿意为名望或厚禄而为清廷效命。②此外，清朝前几任皇帝，特别是康熙和乾隆，都曾委任耶稣会传教士担任朝廷官员或外交使节，这为蒲安臣的任用提供了可资效法的先例。③从另一个角度看，任命志刚和孙家穀为共同全权使节，也回应了来自各省封疆大吏的审慎建议：两人都较为年轻，受过传统的儒家训练，曾在总理衙门担任处理文书的章京差使，且有与外国人打交道的经验。遵循满汉双轨制的传统，他二人也在民族和个性上互补：志刚是满举人，而孙家穀是汉进士。④志刚以其"朴实恳挚，器识闳通"而著称，而孙家穀则以其"老成勤谨，稳练安详"而闻名。⑤他们负责"会同蒲安臣前往各该国，办理总外交涉事务，遇有一切事件，详悉由轮船寄知臣等。"⑥总理衙门还希望志

① 《筹办夷务始末（同治朝）》第 55 卷，第 2279—2280 页。
② 请参见 Spence, *To Change China*, Chapters 3—4.
③ Witek, "Sent to Lisbon, Paris and Rome."
④ 《清代官员履历档案全编》26，576a。
⑤⑥ 《筹办夷务始末（同治朝）》第 52 卷，第 2165 页。

刚和孙家穀能充分了解西方国家之间的外交惯例。最后，总理衙门
大臣还根据经验和国籍，分别委派了英国人柏卓安（J. McLeavy
Brown）、法国人德善（E. de Champs）这两名欧洲人来辅佐他们。[1]除
此之外，使团还有数名来自同文馆的学生和缮写文件的供事，其中还
包括两名回国不久的斌椿使团成员，他们作为参事和翻译随团出行。[2]

使节和外交官之间

  总理衙门派遣使团的最初目的，是为了向西方各国政府传达一
个消息：在即将进行的条约修订中，清廷很难进一步屈从其要求。
69 通过将预修约的谈判地点转移至国外的方式，总理衙门还希望减少

图 2.1 1868 年中国使团全体成员，由格尼（J. Gurney & Son）所摄，藏于美国国
会图书馆版画与照片组（Prints & Photographs Division, ds. 06802）。蒲安臣居于中
间，志刚和柏卓安在其右侧，孙家穀和德善在其左侧。右四是张德彝，左四是凤仪。

---

[1] 《筹办夷务始末（同治朝）》第 51 卷，第 2160—2161 页。
[2] 《筹办夷务始末（同治朝）》第 52 卷，第 2168—2169 页。

如第二次鸦片战争那样西方以武力相威胁的可能性。为此，朝廷向与中国签订条约的五个国家准备了国书：美国、英国、法国、普鲁士和俄国。通过赫德、丁韪良、蒲安臣和使团中外国助手的共同努力，这些国书以符合西方惯例的方式被分别翻译为对应的外文。

西方舆论对中文公函持不屑态度者颇多，例如，性格暴躁古怪的德国学者方根拔（Johannes von Gumpach）曾撰写了一部鸿篇巨著，在其中剖析了与使团相关的几乎所有中文文本，并宣称里面几乎每个汉字都违反国际法的精神。①

自从 1868 年被同文馆解聘后，方根拔不仅在其书中谴责清政府，而且还声讨所有致力于外交合作政策的西方人。②他的论点并非毫无根据，代表团的国书确实采用了双重标准。与外文版国书所采用的平等形式不同，中文版国书内含同治帝自称为"承天命"的"大清国大皇帝"，将外国统治者贬至"君主"的地位的内容。如果不是清朝的中外随员们在翻译这些国书时展现出极大的灵活性，使其西文版本符合西方国际法的惯例，它们不会被各国政府欣然接受。

使团成员对语言和文化的斟酌斡旋为其被欧美接待铺平了道路，外交合作政策的西方支持者也成为使团与总理衙门沟通的中间人。当收到来自国外且值得国内当局重视的信件时，志刚和孙家穀会在与他们的欧洲助手磋商后，再将其翻译成中文。随后，他们将这些译文连同他们自己的中文解释信件交给蒲安臣，再由蒲安臣将

70

①　Von Gumpach，*The Burlingame Mission*.
②　Martin，*Cycle of Cathay*，304；Van de Ven，*Breaking with the Past*，69—71.

它们邮寄或用电报发送给美国驻华公使劳文·罗斯（John Ross Browne，1821—1875）的办公室。①劳文·罗斯接着将它们转寄给总理衙门，这些信件由总理衙门依次撰写成上呈的奏折。这样一来，使团与总理衙门之间的一切往来信函，都是通过美国驻京公使转达的。总理衙门极度依赖西洋外交官向国外传递信息，由此大大压缩了清政府在讨论条约谈判上的自由，因为所有机密文件在使团的外国顾问面前都可能是一览无余的。②

虽说总理衙门早已预料到蒲安臣将实际承担大部分工作，但使团中的满汉成员也绝非摆设。一抵达旧金山，使节们就将注意力转向华人社区的悲惨处境。据志刚所记，中国会馆（俗称六大公司）的司事恭请使团报告：共有六万至七万中国人在当地金矿内挖矿，且"每受洋人欺侮"。目前最紧迫的问题是华工在税收缴纳、采矿作业、法定权益等方面的不平等。③会馆用堂间悬挂的新对联表达了他们的愿望，并以此迎接清朝代表：

---

① 在 1871 年于上海开通电报线之前，在中国附近仅有两条电报线可用：一条北线止于恰克图，一条南线止于中国香港。但在恰克图线和香港线覆盖范围外的地区，如通过邮寄或私人信使前往北京，通常需要耗费至少十天的时间。如天津教案这样紧急的消息，用了 16 天才传到法国。参见张晓川：《从中西电报通讯看天津教案与普法战争》。

② 例如，1868 年 6 月，总理衙门给志刚和孙家毂写了一封长信，要求他们接近西班牙前大臣从而暗中帮助清政府从葡萄牙手中收复澳门。他们还被指示要向当时负责使团外交事务的蒲安臣仔细述及此事。尽管信封被贴上了"机密"的标签，且其内容也以保密的口吻书写，但这封信是由蒲安臣亲自送往使团的，且据总理衙门宣称，该信的内容已经由赫德邮寄传送给了蒲安臣。总理各国事务衙门档案，1-22-005-01-011。

③ 关于 19 世纪 60 年代中华会馆的政治活动，包括对清朝使团成员的请愿，参见 Qin，*The Diplomacy of Nationalism*，38—56。

> 圣天子修礼睦邻，化外蛮夷，浑若赤子；
>
> 贤使臣宣威布德，天涯桑梓，视同一家。①

尽管对此几乎没有做准备，志刚和孙家毅还是把华人社区事务列为优先待办的事务。在旧金山当地政商界举办的一场盛宴上，加利福尼亚州州长海特和蒲安臣都在讲话中强调了使团的政治意义，而志刚则话锋一转，犀利地提出了清政府对海外华人群体的责任。他以如下话语展开他的演讲（明显是仅针对中国人之词）：

> 当本大臣陛辞之日，曾蒙大皇帝垂念，俾本大臣代宣德意。尚望尔等虽属寄迹遐方，尤当希作贤良，且存中国之体面，无忘中国历代圣贤流传之教，五伦不可紊，五常不可离。务须遵守外国禁令，循理安分。②

在蒲安臣踌躇满志地宣布使团意味着中国将"伸出双臂迎接基督教和西方文明的光辉旗帜"之后，志刚接下来的陈述则表明他和孙家毅将自己理解成皇帝派来的钦差，并对海外华人的福祉负责。因此，使团在外交行为上，保留着双重特征：在西方人看来，它是中国前所未有的"进步"的证明。使团成员在认为恰当之时，采纳

---

① 志刚：《初使泰西记》，第 265 页。

② 这段英文摘自与 1868 年 5 月 18 日出版的《纽约时报》（*New York Times*）原文，是由使团协理柏卓安依据志刚发表的中文演讲（载于志刚：《初使泰西记》，第 265 页）所进行的忠实性翻译。由此表明，使团完全有能力通过其中西成员的紧密合作，提供准确的中英文翻译。

了西方的某些习俗，就如一些报道所称，使团成员的行为如同西方职业外交官。①对中国人而言，使团成员受到历史传承和实用主义的深刻影响，他们的话语中不时还会透露出传统的朝贡秩序思想。从某种意义上来看，清朝使节并没有把自己的身份定位为西式的外交官，而更像是中国历史上，特别时北宋时期（960—1127）的使节，他们往来于辽金朝廷，进行着劝谏、克制和委婉的外交。使团的这种秉持中西方出使传统的双重特性，可以从签署《蒲安臣条约》后的一件小事看出来。据《纽约时报》报道，在奥本的一次宴席上，"两位大人被女士们与其他兴致勃勃的众人打点照料着，可以说是完全打破了他们的旧习惯。"文章还特别指出，"对于这一切，志刚比孙家毂更加能接受"，甚至"差点被说服"在宴会上跳舞。据说他"在帽子上别了一位女士的花束，看起来彬彬有礼、喜气洋洋。"②

如果在历史背景下看《纽约时报》的报道，那么志刚所别的花束并非宴席上一时取乐，而是别有用意的历史的暗喻。使者在官帽上别花的做法始于北宋真宗年间（997—1022）。真宗在1005年与游牧民族契丹族创立的辽朝签订了澶渊之盟，开启了两朝长达一个多世纪的和平共处。两国礼尚往来，主要通过互相派遣使节，甚至在两朝官员之间培养了一种融洽的"世界性社交"的文化。③簪花宴在北宋时期成为风行一时的礼仪。一些历史学家认为，在这些招待使者的宴会上大肆使用鲜花，尤其是皇帝亲自所赠之花，不但是盟约在国内的衍生结果，也表达了人们深处乱世中对和平与繁荣的

---

① *Trewman's Exeter Flying Post*，April 14，1869.

② *New York Times*，August 18，1868.

③ Tackett，*The Origins of the Chinese Nation*.

向往和祝福。①由于契丹辽国和后来的女真金国都采用了宋朝簪花
御宴，在宴会上簪花便成了使者的习俗。②

志刚在他的帽子上别簪花，不由得让人回想起宋朝的这些使者
和御宴。作为熟读历史的衙门章京，他不可能没有意识到宋辽之间
《澶渊之盟》与中美刚刚签订的之间《蒲安臣条约》的暗合之处：
虽然是在迫不得已的情况下签订的，两者都本着和平外交的方针，
建立了巩固其信任的外交协议，并规定了彼此维持友好关系的共同
义务。这种历史的延续感也体现在志刚日记的书写方式上——他在
日记中频繁地使用第三人称代词，并自称"使者"，正如同近千年
前的宋朝使者一样。

就其外交成就而言，该使团的表现远超出总理衙门的预期，但
国内对其行程和目的了解不多，仅限于官方内部和朋友间流传。③
尽管总理衙门指示蒲安臣和其他使团成员回避西方的外交仪式，以
免与朝廷体制相抵触，但实际上对使节们真正在国外使用的礼仪，
采取的是睁一只眼闭一只眼的态度。其结果便是使团成员能够灵活
地根据两种不同的期望，执行相应任务。两位使节在国外遵循西方
外交礼仪，而在回国后的报告和奏折中，对他们的礼仪、社交与谈
判只字不提，而是用模糊、笼统的笔触描绘了他们所访问的各国情
况。④因此，官方对蒲安臣出使的记录甚为简略。志刚的日记从未

---

① 杨倩丽、郭齐：《论宋代御宴簪花及其礼仪价值》。
② 关于该例，请参见许亢宗：《宣和乙巳奉使金国行程录》。
③ 本次使团的行程仅在志刚和孙家穀呈交的一份奏折中有所提及，他们在其中对
　他们所访问过的地方种类进行了短短一行的总结。参见《筹办夷务始末（同治
　朝）》第69卷，第2790—2792页。
④ 例如，孙家穀向总理衙门总结使团外交活动的信函。

提交给总理衙门或朝廷，在这些文字中他却为人们讲述了不同于保存在官方记录中的另一种叙事。

自然法的儒家探索者

1818 年，志刚出生于驻扎吉林的镶蓝旗瓜尔佳氏家族中。他通过乡试考中举人，并于 1861 年成为刚成立不久的总理衙门章京。[1]1866 年，俄国凭借六年前强逼清政府签订的《北京条约》中的一项规定，要求中俄沿乌苏里江和松花江进行内陆贸易。这时，总理衙门派遣祖籍邻近绥芬一带的志刚，与黑龙江将军一同对当地调查进行商议。[2]志刚对该地区清军的薄弱防御忧心忡忡，随后在向总理衙门的报告中，补充了一项如何设立边防哨所，以及鼓励内陆人移民至该地区的五点计划。他敦促清廷允许更多的旗人将汉人农民作为佃农带入吉林和黑龙江地区进行土地开垦，但劝谏清廷不能允许土地交易，以将财产掌握在满族手中。[3]他写道："强邻虎视，欲使千里旷土备御非常，岂有善策？目下情形虽不甚急迫，若待事势急迫，则更无可为矣。所谓七年之病，求三年之艾。"不久，志刚被提升为四位总办章京之一，并掌管着总理衙门的日常事务，表明了衙门王大臣对他的信任。[4]

---

① 《清代官员履历档案全编》第 26 卷，576a。
② 《筹办夷务始末（同治朝）》第 42 卷，第 1767—1769 页。
③ 总理各国事务衙门档案，01-17-035-02-001。
④ 关于对总办章京的重要性与其职责范围的讨论，参见李文杰：《中国外交官群体的形成》，第 126—135 页。

对他的朋友而言，志刚是一位醉心于"陆王心学"的儒家学者。由陆九渊（1139—1193）开端到王阳明（1472—1529）发扬光大，心学强调"宇宙"和"吾心"的合一，如要达到至善境界，一个人只需要唤醒自己"致良知"的自然能力即可。受大乘佛教相信万物皆有"佛性"的启发，"陆王心学"在明末士人中颇为流行，但在清朝其声誉一落千丈，因为大多数文人将其视为"空想"而非实学的拥护者，甚至将明朝的灭亡归咎于该学派的流行。然而，"陆王心学"仍在清代旗人文人中有一批忠实的追随者。根据清代满人学者震钧（1857—1920）的说法，享有特权的旗人贵族，尤其是名门望族的后裔，因清廷对旗人的定期津贴使他们与汉人不同，能免于工作谋生，严格遵循道德操守："身列朱门，心游蓬户，富贵逼人，惟恐去之不远。"[①]志刚既是一名显赫的瓜尔佳氏旗人后裔，本身又是一位学者，自然也位列前述的旗人贵族之中。在震钧看来，志刚并没有教条式地追随陆王心学，而是将其学问引导至对经济和社会有益的事务上。志刚对国外观察的双重关注体现了他在思想上的兼收并蓄：他是一位耐心而敏锐的观察者，并且通过其亲身体验，试图以观察研究获得新知识，从而掌握新事物的本质。陌生神奇的动物、异域风情的植物、最新型号的船舰、大炮和枪支、严阵以待的军事列队，以及古怪的宗教主张等等，都是他"格物"的对象。[②]但相比

---

① 震钧：《天咫偶闻》，第 128 页。关于对旗人所享特权之讨论，参见 Elliot, *The Manchu Way*, 175—209。

② 该术语"经验性驯服"引用于 Nappi, *The Monkey and the Inkpot*, 43。鉴于志刚对王阳明的兴趣，那葭（Nappi）对明代学者李时珍探索自然史的分析方法，与志刚的知识分子形象分析方法相符合也就不足为奇了。

"致知"而言，志刚正以更大的力度，努力地寻找"良知"：中西方人性上的共通点，同时也是万物背后抽象的普遍性原则。

就在志刚启程前的几个月，朝廷高官就一场关于西学东渐效用的争论中，产生了意见上的分歧。总理衙门领班大臣恭亲王，主张招收人才到同文馆学习外国教习所教授的数学和天文。文人大学士辩称，所谓西学不过是夷人传授的表面功夫，坚持儒家正统思想才能造就真正强大的清帝国。①尽管朝廷最终站在恭亲王一边，但这场争论还是引发了针对支持西学东渐官员的愤怒谴责。②志刚使团启程离开中国时，这场论辩仍在进行。

在抵达加利福尼亚的两周内，使团访问了机械化的造船厂、地毯织造厂、铸币厂、农场和汞矿。志刚毫不掩饰地记录下机器世界中令他着迷和困扰的一切，他对机械描述的详细程度和准确性表明，他不但对观察机器兴趣盎然，还不时请教洋人设计工程蓝图。他在日记中解释说，"火机之体同，而运轮之用殊"，他对各种齿轮的形状、齿形和旋转以及它们如何通过蒸汽驱动来协同工作等问题进行了大量研究。③他所表现出的对机械和物理的着迷程度与斌椿和张德彝的日记形成了鲜明的对比，后者大多仅记录了他们对物体移动和机器轰鸣既慌乱又兴奋的印象。志刚利用有限的传统词汇，在其日记中传达了蒸汽动力机器的热力学原理、热气球空气的化学成分、制造电池的流电学、煤气灯照明网络和自来水系统的流体动力学规律、电报和电话的电磁学概念，甚至包括一些摄

---

① 与此争论有关的奏折，参见《筹办夷务始末（同治朝）》第 47 卷。
② 熊月之：《西学东渐与晚清社会》，第 260 页。
③ 志刚：《初使泰西记》，第 262 页。

影的光学理论等知识。①虽然他的观测从未具有系统性，但即使对于当代理工科学生而言，他对上述科学原理的解释大体上也相当合理。

在美国记者眼中，志刚不知疲倦的好奇心使他显得与众不同。《纽约时报》注意到，"志刚非常明智而细致地询问了他在工厂里看到的一切，并且几乎仅凭直觉就立刻理解外国人给予他的解释。"②志刚也察觉到美国人对他掌握技术知识之迅速准确而产生的惊讶。 76 当纺织厂监工演示一个简单的机关盒子如何让一人监织数百台机器时，志刚立刻指出，机关盒子内能够使用电力来传输机器发出的信号。根据他自己的说法，当他向外国人解释他的思考与推理时，"旁有洋人，屡为首肯，盖信使者之谙于事也"。③

令志刚为之着迷的核心却存在着一个悖论，即再复杂的机器也应是基于普通人容易理解的自然原理而发明的。④例如，蒸汽机是遵循人体构造机制设计的：

> 热则气机动而生气，气生则后升前降，循环任督，以布于四肢百骸……识者体之，其用不穷。此机事之所祖也。⑤

在另一个场合，他在详细介绍了汞炉后，随之解释说西方从矿

① 志刚：《初使泰西记》，第 256、300、306、324、321—322 页。
② *New York Times*，August 30，1868.
③ 志刚：《初使泰西记》，第 289 页。
④ 志刚：《初使泰西记》，第 256 页。
⑤ 志刚：《初使泰西记》，第 256—257 页。

石中分离汞的方法其实是一种道家古法的变体：

> 然炼朱成汞，炼汞还朱，本中国古法。西人得之，以为化学之权舆……孔子云，引而申之，触类而长之，天下之能事毕矣。通阅西法，不出此言。①

在以上两个事例中，志刚都依赖于从现有的中国典籍中提取资源，与西学做类比，这种做法似乎是将西方机械内化为"中学"，这和"西学中源"说不谋而合。历史学家全汉昇在其1935年发表的一篇关于西学中源的文章中解释说，这一套理论在保守派和洋务派官员中被推崇。保守派官员以此理论作为无视西学的理由，而进步派官员则用它来证明向西方学习的合理性。与此同时，西学中源说也为向西方学习者提供了心理上的补偿。②全汉升认为，"西学中源"理论是中国顺利向现代国家过渡所必要的修辞手段和心理机制。

虽然志刚对西学的看法近似"西学中源"说，但如果我们进一步探究志刚如何进行中西类比，就会发现全汉升所提出的三种理论均不完全符合志刚的情况。他在外国机器上找到的与传统文化相通的特性，与其说是为了寻求心理上的安慰，或为某种政治主张所辩护，不如说是一种通过建立对等概念来为观察赋予意义的方法。作为"心学"派的弟子，志刚对王阳明的"心外无理"的说法心领神会，认为学习是对已有知识的发挥、展开或应用的过程。他将蒸汽

---

① 志刚：《初使泰西记》，第263页。
② 全汉昇：《清末的"西学源出中国说"》，第57—102页。

机和化学冶炼视作中国古法的实践，从而使外国实践成为普世原则的自然产物，也就是通过将自己固有知识直接应用于新事物的简单方式，来实现其对西方技术的掌握。志刚断言称"虽云小道，皆法自然"①，这表明他拒绝与国内反对西方机械的一派站在一起，即谴责这些机械是违反自然规律的"奇技淫巧之货"。②

然而，志刚并没有对所有机器给予清一色的认可，他对两种类型的机器持有不同的看法：一种是那些有益于民生和国力的机器，一种是看起来花哨但却无关民生和消费品的机器。对于后者，他解释说，它们源于人的"利心"，并由"利心"而生"机心"，再由"机心"而做"机器"。机器生产出"奇技淫巧"之货，自然会吸引"好奇志淫"之人。③这是他在里昂参观一家纺织厂时的领悟。在那里，他得知（可能是由于翻译错误）提花织机的发明者约瑟夫·雅卡尔（Joseph Jacquard）殚毕生之心思精力以构思这种复杂的设备，并在他的发明完成后不久即撒手人寰了。想到所有遭遇同样悲惨命运的发明家，志刚在日记中感叹道："盖机心为道家所最忌，而造机器者恶乎之？虽知而不已，谓机器成而享其利也。若无命，而家资之罄且不能偿，而利于何有？悲夫！"④

虽然志刚在机械设备方面的经验，证实了他原有知识结构的普遍有效性，但他随后与欧洲有关自然世界的理论的短暂接触，却促使他修正对于世界的现有假设。最突出的例子来自他在美国马萨诸塞州剑桥天文台的所见所闻。日记中，他以一种沉思的语气叙述，

①　志刚：《初使泰西记》，第263页。
②③　志刚：《初使泰西记》，第290页。
④　志刚：《初使泰西记》，第368页。

仿佛在引导读者领略他的思考过程：他观察到西方天文学家仅"停留"在观测阶段，并没有用他们的观测结果来预测人事。因为这些天文学家不相信远离地球的日月，能与世间的人和事产生任何关联。这当然是言之成理的，他推断道，根据古文献《淮南子》所载：恒星与行星是天地间的"聚精会神"，也能在宇宙中保持"万古常新"。鉴于天星的亘古不灭，它们外观的永不改变也是入情入理的。他也承认，外国人的观星之法比中国人"仰观于天"的方法更精确、更深远，并对没有足够的时间详究天文观察仪器而深感遗憾。[①]

志刚对于中西天体观念冲突的反思充满了弦外之音。从西汉起，经儒便将帝国的福祉与天地间有序的自然现象结合起来解释，凶兆和灾异也被认为与阴阳错行自然现象相对应。与历朝历代相同，清朝的钦天监会进行天象观测，并向朝廷呈交天文报告。学者们有时会利用异常天象来佐证他们的主张，即统治者应该听取他们的劝谏。尽管天主教传教士早在明末就将哥白尼学说引入中国，但他们对自然现象研究的影响，仅停留在技术方法的层面，远未威胁到清代理学思想的地位。[②]

剑桥天文台之行，极有可能是志刚第一次听说哥白尼的日心说。与清朝的统治者一样，他也敏锐地察觉到，将星体的运行看作是独立于人事之外的说法，违背了正统的程朱理学思想。[③]如果天体是永恒存在且外观不变的，那么为什么中国人一直将它们诠释为

---

① 志刚：《初使泰西记》，第 315—316 页。

② Elman, *On Their Own Terms*, 107—189.

③ 唯理论者荀子（约前 313—前 217）曾阐述过类似的观点（参见《荀子》第 17 篇），但其学派遭到宋代理学的猛烈批判，并因此沉寂了数个世纪。

来自上天的征兆？难道先贤错了吗？志刚试图将两者进行调和：

> 中国以日色无光、日光如血而占灾异。窃意日轮极高，西
> 法称日去地一千万里，月去地八十万里，为天地间聚精会神、
> 万古常新之物，不当有时而变。然时值阴霾蔽空，隔霾视日，
> 则赤紫如血；或淡云微阴，则日白无光。乃悟日月之变色，由
> 地上有昏暗蒙蔽之气，则目视不得其正。推之日有珥、月有
> 晕、雨有虹、晴有岚、湿有瘴，甚至传为瘟疫灾沴，无非地上
> 燥湿寒热，与夫人民愁苦怨毒郁结之气，蒸酿于空中，而成各
> 种形色臭味，因而占为灾异。即使谓天垂象现吉凶者，究于悬
> 象著明、万古常新之体，固未尝有变也。①

对于历朝历代的占卜，历史学家施珊珊（Sarah Schneewind）
写到："根本没有用于解释天象预兆的码本，即便每个人都认为天
兆是上天的警告或惩罚，但具体警告的对象的是什么，大家可以众
说纷纭，给予自己的解释。"②如同解释蒸汽机一样，志刚运用他的
"良知"（innate knowledge），将西方宇宙论带到与宋明理学相同的
概念层面，以显示两者同样合理可靠。在志刚看来，日月出现异常
天象，这是灾难降临的真实征兆，并且是由"民愁苦怨"的实际影
响造成的。虽然上天的示警是真实存在的，但并不是来自上天的道
德束力，而是被视为对自然现象的比喻性解释。我们注意到，虽然

①　志刚：《初使泰西记》，第 288 页。
②　Schneewind, *A Tale of Two Melons*, xx.

（页边）79

志刚的解释肯定了儒家宇宙观的方方面面，但它消除了皇权神圣的色彩，也否定了天子是维系天道与人道感应的纽带。但如西方学者所说，异象不是上天对统治者的有意提示，而只是各种气混合的物理效应，那么这个维系天人合一的纽带，在理论上便没有存在的理由了。虽然志刚在日记中没有点明但他很可能曾在这个问题仔细思索过，也是因为这一段落的政治敏感性，1877 年再版的《初使泰西记》中这段就被删去了。

因此，我们似乎可以得出这样的结论：志刚通过修改和扩展现有词汇的含义，将新事实融进旧概念中，从而实现了西学的内化。在掌握力学、化学、生物学、光学甚至宇宙学原理的过程中，他证明了如下方法的可行性，即通过简单观察和反思的过程来理解事物是如何运作的。他在现场仅凭直觉就做到这一点，这当然是陆王心学的作风，该学派坚持个人的"心灵"与外部现实的统一。通过在被观察的事实与儒道经典表达之间建立起概念上的对等关系，志刚证明了中国现有的自然知识从根本上是健全的。这也证实了历史学家余英时的观察："不可否认，中国批判传统的一个特点是，政治和社会批判主要依靠对已有的'道'（Way）的诠释，而不是发现或发明另一种新方式。"① 对志刚而言，考察西方与揭示心学的普遍原则是相辅相成的，但正如他在剑桥天文台展现的深思一样，对西学的尝试并不意味着他对所获知识的方方面面都持教条式的坚守。

---

① Yu, "The Radicalization of China in the Twentieth Century," 125.

儒教和基督教

当使团抵达美国东海岸时，志刚已感到他先前料想可能会在基督教国家遭遇的文化冲突的预测是完全错误的。事实证明，他与美国人的交往充满了亲善友好和相互尊重，但这种友好又引来新的问题。如果美国人与中国人有着同样的情感与好恶，那么西方人为何要让中国劳工和移民遭受屈辱和压迫，还称他们为异教徒，并拒绝依照法律保护他们？到底是什么导致他们对华人的误解，阻碍了他们以与生俱来的善良来对待华人？志刚认为，只有从文化和宗教影响入手，才能找到合理的解释。

在一篇穿插在日记中的短文里，志刚认为问题的核心是基督教教义的理论，即无其父而认其天父。对于一个来自视父权为社会秩序基石国度的他来说，西方人对天父的忠诚难以理解，而这种忠诚似乎已经完全取代他们对自己生父的感情。他将耶稣"舍身救世"的基本信仰等同于墨家的"兼爱"主张，并推测西方人"子无姓氏，翁不可知"，于是编造了一个"天父之说"的传说。他认为，基督徒称自己为上帝的孩子，不过是在追求一个毫无实际意义的问题：显而易见，有一种原始力量负责创造万物，道家和理学都认可这一说法。但不言而喻的是，造物主和被造物之间的关系肯定不同于父亲和儿子之间的关系。于是他发出反问："若人人自认其父，不但无其父，并无其君矣，则墨而兼杨矣，果儒乎哉？"①中国人与

①　志刚：《初使泰西记》，第 281 页。

西方人虽然被赋予了相同的人性，但后者错误的宗教信仰使他们无法追求最崇高的善：孝。

通过在脑海中反复思考这个问题，志刚逐渐恢复了他对中西之间最终和平前景的信心，因为他相信所谓的基督徒"天父"只不过是其推理过程失误和宗谱记录缺失的结果。此外，他还观察到，许多欧洲人正在购买儒学著作并学习汉语，这表明中西交流得以让儒家思想传播到海外。他认为，"俟其德慧日开，自有不期合而自和者，真天涯若比邻矣。"[1]

随着使团离开美国前往欧洲，志刚的乐观情绪发生根本性转变。在英国和法国，他对西方人对中国根深蒂固的偏见以及他们的荒谬主张感到疑惑与愤怒，而且他发现其中很多对中国的误解都是传教士散布的谣言。因此，他开始更加强调以基督教名义犯下的种种罪恶，最终得出基督教对中国和西方国家都是祸害的定论。他的日记中开始包含他与基督教徒对峙的记录。在其中一个案例中，一位巴黎人问志刚，为什么中国父母要残害他们的孩子，"以之供猪狗之嚼啮"，并说这是在中国孤儿院工作的法国传教士告诉他的。志刚断然否认了这一说法，指出中国之所以是世界上人口最多的国家，正是因为中国父母比其他任何地方都更好地抚养了孩子。志刚承认，清政府虽然无法阻止所有溺死女婴的事件，但绝没有任何一个家庭会弃养他们的儿子（他似乎未察觉到在一定程度上，这也片面佐证了巴黎人的观点）。在纠正了这些事实错误后，志刚对基督教士传教活动进行了长篇严厉的谴责，列举了他们为吸引中国教徒

---

[1]　志刚：《初使泰西记》，第 281 页。

所采用的不道德手段，以及他们给中国的地方和中央政府所带来的麻烦。他叹息说："西国事事精求，独不能解教士之用心行事，而亦甘受其弄。"①

仅凭志刚的一面之词，我们永远无法知道这些对峙是否如他描绘的那样真实发生过，或至少有部分是他为了取得精神胜利而捏造出来的，但这些片段反应出来的心态确是无可争议的，即志刚深信他完全了解西方问题之所在，甚至充当了"反传教士"的角色，劝说传教士放弃他们的信仰。一位英国传教士到访志刚在伦敦下榻的宾馆，向志刚讲述耶稣故事。志刚把其引入上座，并以苏格拉底式的提问与之对谈："耶稣之道，在养其光明乎？"传教士的答案是肯定的，于是志刚追问："在爱上帝以爱人乎？"当传教士再次给出肯定的回答时，志刚发动了攻势：

> 既习其教，当遵其道以养光明，奈何孳孳为利，到处诱人？
> 既爱上帝以爱人，又奈何终岁以坚船利炮到处争战杀人乎？

传教士对此答道："彼不爱人者，非能爱上帝者也。"则志刚又诘问到："习教者，西人也。传教者，神甫也。既有神甫以教人，何以不教以爱人之道，而听其嗜杀争利，所贵乎神甫者何在乎？"志刚的雄辩让传教士未能畅谈其说，只得悻悻离去。②

几个月后，当志刚一行人在巴黎时，一群传教士来到他下榻之

---

① 志刚：《初使泰西记》，第 310 页。
② 志刚：《初使泰西记》，第 317 页。

处的门口。志刚立刻明白，这与他之前的辩论有关，因为这位领头的绅士看起来像一位志在展开辩论的经验丰富的雄辩家。据志刚的日记所载，他们的对话围绕着祈祷的概念展开。这位领头绅士（可能是理雅各 James Legge）自称是英国传教士，曾在中国生活多年，并精通儒家思想。他引用孔子的"某之祷久矣"来说孔子在生病时也会祈祷，从而将辩论的焦点从基督教转向儒学。①志刚反驳说，祈祷只适合昏庸愚昧之人，例如美国的"红种人"或者是非洲的"黑人"，因为他们需要及时求祷，以抛弃其野蛮和残暴的路径。但中西双方都具有开化文明的基本特征，这使得他们有别于其他民族：

83　　　　今以尔我久服礼义之人，若必以七日祷求，是必有恶行也。若无恶行，祷免何事？此六日中之有无恶行，犹未能自信乎？②

　　老翁听完一脸窘迫，满怀歉意。他深鞠了一躬，拱手说他与那群"小人"只是来迎接问候"大人"，并无他意。然后他挥手让弟子们离开，并大叫"走"！于是，在这之后就再没有人来诘难他了。

　　这三场对话都遵循着相似的模式：先从简单的问题开始，随着对话的进行，紧张气氛不断加剧，然后是志刚怒不可遏的斥责，最后都以外国人的沉默结束，暗示他们已承认自己的失败。这些谈话

---

① 在中国待了二十余年后，1867 年理雅各从中国返回了英国，因此志刚遇到的"老翁"很可能就是他。并且，理雅各也有拜访中国驻欧洲使节和外交官的习惯。
② 志刚：《初使泰西记》，第 318 页。

都是同一模式，给自己的话语分量较重，而他对手的主张，看起来逻辑混乱、不堪一击。显然志刚对这些对话做了公式化的描述，而事实也许并不完全按照他所描述的那样发生，但这些记录仍然揭示了志刚是如何看待自己作为使节角色的。换言之，我们可以将这些修辞性的对峙，视作使节忠实于其政治功用的文学创作。根据选拔使节的传统智慧（总理衙门老练的章京志刚对此应该很熟悉），当国家军力不足以占上风时，规劝与说服是赢得外交斗争的决定性手段。北宋百科全书式的史学类书《册府元龟》将"敏辩"列为使臣的基本美德，所谓"古者诵《诗》三百，可以专对，奉命出境，未尝受辞，盖以其周知物情，可利社稷之意"。[①]志刚对于他与西人之间辩论的描述方式，并不是纯粹的纪实，而是体现使臣的政治功能的方式。志刚的激烈使得基督徒垂头丧气，赢得了道义上的胜利，从而为读者提供了一个代为见证洋人士气低落的机会。

　　志刚对基督教的看法很可能被太平天国推崇的一系列类似异端信仰所影响。洪秀全的天父之梦和太平天国废除家庭的主张构成志刚谴责基督教的基础。[②]在此背景下，志刚对基督教的批判并不令人惊讶，反而，他并没有完全弃绝基督教，甚至还承认耶稣无意危害世界，而是投身于劝解、治愈心灵和预言命运。耶稣虽然是"聪明磊落"之士，却不明白"道有行废，身有见隐"的道理，只知徒劳地炫耀自己的才干，从而得罪了当时的统治者，于是惹祸上身以致其亡。耶稣被处刑后，他的信徒提出了耶稣七日复生说，既是要

84

---

① 《册府元龟》，第 7568 页。可参见杜慧月：《明代文臣出使朝鲜与皇华集》。
② 关于对洪秀全幻想与太平天国指导思想的生动描述，参见 Spence, *God's Chinese Son*。

掩盖他死亡的真相，也是要借此传播宗教信仰。[1]随后，传教士进一步背离了耶稣最初的教义，不但利用宗教牟取利益，还在异国他乡犯下杀戮之罪。志刚将西方从地缘政治上的威胁削弱为中西哲学上的差距，使其不再可憎可怕，而变得可以理解甚至驾驭。正如我们所看到的，这一框架赋予中国帮助西方改过自新的某种道德义务。或许，这就是志刚在描述他与传教士的口头对峙时，希望传达给读者的最终信息。[2]

公诸于众

1870 年 6 月，天津教案发生了。教案起于反对基督教的中国民众和法国领事之间的冲突，由于当地官员处理不利，最终导致一场针对传教士和信徒的杀戮。面对一触即发的战争威胁，政府迅速向巴黎派出"谢罪团"，对内则严惩为首的肇事者，重罚相关地方官。虽然朝廷成功安抚了外国人，其代价却是激怒了对这一交涉结果深感不平的大批士人精英。

1870 年 11 月 10 日，在天津教案的余波中，使团返回上海。刚从法国回来的志刚和孙家毂发现，因曾在欧洲长期逗留，对他们不怀好意的人很多，所以他们只能避免与外国人接触，唯恐自己被称为汉奸。当美国国务卿威廉·西华德（William Seward）环游世界期间在北京短暂停留时，曾表达了他想见两位"老朋友"的愿望，

---

① 志刚：《初使泰西记》，第 317 页。
② 志刚：《初使泰西记》，第 311 页。

最终却只收到了一封志刚和孙家縠婉言谢绝其拜访的回信。志刚和孙家縠推脱说，他们仍在等待皇帝召见，以便终结他们的出使任务，而在此之前他们不适合与外国大臣会晤。①

在 1870 年的动荡氛围中，所有人的眼光都关注在天津教案和似乎将一触即发的中法战争，使团带回的情报并不被重视。在回复江苏巡抚丁日昌的信中，志刚的说法并不出人意料，他将当代世界比作战国时代：英国全神贯注于维护其现状，因此它在对华政策中，虽时常夸夸其谈，却少见行动。然而，英国在印度的势力一旦根深蒂固，不可避免地将其爪牙伸向中国。俄国则一心想利用竞争对手的这种不确定性，在对本国军事技术进行巨额投入的同时，将目光投向了印度和中国西北部。深陷行政困境、国内矛盾和普法战争的法国，虽在未来几年不会对中国构成直接威胁，但从长远来看，仍可能是一个令人忧虑的国家。普鲁士是一个"窃《管子》作内政、寄军令之法，招携诸侯，远交近攻，与法人战"的国家。②强大的美国与中国联合，并非出于善意，而是想将自己定位为国际事务中利益相关者的角色。当总理衙门问及西方各国意图的时候，志刚给出了一个高深莫测的回答："不必问各国之意如何，但自问立意如何，则各国之意，概可知矣。"③志刚的意思是不同国家根据他们的相对财富与权势来决定他们的外交政策，一个羸弱的中国必然吸引一哄而上的掠夺者。

在志刚对国际形势毫无新意的判断背后，潜藏着他不安的心态

---

① Seward and Seward，*William H. Seward's Travels around the World*，214—215.

② 志刚：《初使泰西记》，第 377—378 页。

③ 志刚：《初使泰西记》，第 379 页。

与对清朝未来的悲观看法。在普鲁士的郊区散步时，志刚与一位女士进行了一场交谈。她问中国人是否像她的同胞爱普国君主一样爱他们的统治者。志刚在日记中描述了他听闻此言的感受：

> 使者闻此言而心动，因告之曰："中国人若不爱君，三十年之变乱，何能一律平定？"其人曰："我国之君主，无不爱之者也。"

志刚继续写道，这位女士不经意的评论比他先前对军火库和造船厂的所有参观更能引起他的深思。尽管他在英法与经验丰富的传教士辩论时大获全胜，但面对这位普鲁士女士的一席话，承认自己哑然失声，无法做出任何回应。这位女士的话向他表明，普鲁士已经打赢最艰难的战争，并终将称霸欧洲。[1]志刚承认自己的缄默潜藏着另一种言外之意：相比之下，清政府刚刚在一场持续了十五年的重大内战中险胜，只留下数千万哀鸿遍野，国库几近枯竭，官员士气低落，国家一片狼藉。同治帝资历尚浅，依靠慈禧太后掌舵，朝廷缺乏一个魅力权威能与西方君主相媲美的统治者。对于那些理解该弦外之音的人来说，志刚有效地暗示了这样一个事实，即西方国家的权力完全来源于人民的支持，它的合法性，就像中国统治阶级的君权天授一样。这些都是非常棘手的暗示，尤其是考虑到他访问的列强不仅不是中国的附属国，还是最近占领京城并洗劫圆明园

86

---

[1] 志刚：《初使泰西记》，第332—333页。普鲁士对使团的热情款待可能也影响了对志刚对该国的好评。参见 Schrecker, "For the Equality of Men—For the Equality of Nations"。

的政治劲敌。

在总理衙门苦苦等待一个月后，志刚和孙家毂终于收到皇帝召见使团的消息。孙被任命为海关监督，这是报酬最为丰厚的中级官职之一。志刚则被调往蒙古边疆，任乌里雅苏台参赞大臣。[1]随后，1872—1876年，志刚接任库伦办事大臣，负责与俄罗斯商队的边境贸易相关的事务。历史学家徐中约解释说，志刚和孙家毂回国后之所以被调离总理衙门，是朝廷对他们已"被西方之行污染"的一种惩罚形式。[2]而这实际上与事实相去甚远：他们都在各自的仕途上获得了实质性的提升，这种迁擢是许多低品级官员争相去考总理衙门章京的原因。[3]在出使之前，志刚就已经成为总理衙门的总办章京，在国外游历奔走的三年，使得他的外交经验比总理衙门其他章京更为丰富。但是，由于总理衙门采取僵化的两级职官架构，章京在衙门内的晋升空间十分有限，他们既不能被提拔为总理衙门大臣，也不能继续留任，因为出使三年，照例应该给予他们提升。作为一名满人，志刚与曾国藩、李鸿章等汉人总督关系较为疏远，使他无法在各省向他们求得合适的一官半职。[4]因此，志刚调任蒙古并非因其执行外交任务而受到惩罚，反而是一种对不辱使命、完成重任的旗人的典型晋升。问题在于，他晋升所遵循的体制内路径对他的志向与技能视而不见，使得这次晋升更像是一种惩罚。

---

① 对于志刚与孙家毂的提拔任命布告，参见《筹办夷务始末（同治朝）》第79卷，第3177—3179页。

② 徐中约：《中国进入国际大家庭》，第171页。

③ 李文杰：《中国近代外交官群体的形成》，第150—169页。

④ 志刚在回国后曾致信李鸿章，向其列出最新的武器装备明细，并向其给予购买特定枪炮的建议。详见李鸿章：《李鸿章全集》第31卷，第253—254页。

87　　　大概是因为总理衙门从没有要求阅览他的日记，志刚回国后就
几近放弃了出版其出使手稿。这部日记之所以能重见天日与出版发
行，部分是出于偶然因素，部分是由于一个满族精英文化圈子的存
在。1872 年，志刚在乌里雅苏台任职时，八旗将领、绥芬同乡恒衿
问他是否有在 1868 年出使期间撰写使事日记。恒衿对志刚说道，
"昔阅斌友松《乘槎笔记》，喜其可以供人玩赏，而究未能释然于西
事也"。①志刚承认他撰写日记时，恒衿立即提出了借阅的要求。

　　当恒衿收到这本出使日记时，日记手稿散乱不太方便阅读。
其中大部分内容是志刚对出使的日程路途、出使国的风土人情的
记述，间或参有论述，三者均"潦草无论次"地混杂在一起。恒
衿择其令人满意的部分抄录数份，分批寄给在京城的儿子宜垕，
以增长这个年轻人的见识。宜垕是一个满人精英诗社的成员，该
社的成员甚至包含爱新觉罗皇族的后裔。同时，他也是一位文人
和社交名流，并在编辑诗社的大量诗集时涉足了出版业。②他将志
刚的笔记汇编成手抄本，并督促他的父亲将其内容刻成雕版。或
许是因为恒衿刚开始不情愿出这本书，于是宜垕将志刚的日记与
他父亲在 1863 年出版的兵书《知古录》相提并论："刊《知古》
而不刊此书，是薄今人而徒爱古人矣。"③宜垕不久病逝，悲痛欲
绝的恒衿为了却儿子"刊此书"的夙愿，于 1877 年将《初使泰西
记》雕刻出版。此书由北京琉璃厂最负盛名的书肆之一宝书堂发

---

① 志刚：《初使泰西记》，第 245 页。
② 关于宜垕的生平概略，请参见震钧：《天咫偶闻》，第 56—57 页。
③ 志刚：《初使泰西记》，第 245 页。兵书《知古录》是恒衿在其于满洲服兵役的
　数十年期间，查阅古代兵书并从中精心挑选的注释和短文所著。

行。估计该书一经上市便十分畅销，因为华岐书社在同年便为它出了活字版。①

至于志刚本人，我们只知道蒙古寒冷刺骨、风雨交加的天气对他的健康造成恶劣的影响。他向朝廷告病，诉其心悸头晕。②1876年，志刚获朝廷准假，随后他在昆明湖边建了三间泥屋，过着半隐居的生活。这不由得让人想起无拘无束的陶渊明（365—427），他因不满政治腐败而弃官退隐山林。和陶渊明一样，志刚"面对澄湖，荷花十顷，与田夫野老相过从。有往访者，欣然酬接，竟日不倦，或止宿焉。"晚年，他又搬进了昌平的一所山寺中。

在1880年代末志刚去世前不久，他应允若干满人朋友的请求：基于他的原稿，以《初使泰西纪要》为名发行新版的出使日记。他的新编辑对他的原始日记进行了彻底的修剪，并对其中一些内容进行了重新排列，使得文本更加紧凑有序。如此大刀阔斧进行修订的结果就是，几乎每一句话都被缩写了，且很多地方只保留了极少量的描述。

令人惊讶的是，《初使泰西纪要》包含了许多在1877年初版中所没有的短语、段落甚至整页内容。新增的内容一般属于以下几个类型：首先，志刚（或他的编辑）新添了简短的回顾性注释，帮助读者将使团置于上下文背景中进行思考。例如，在描述完慈禧太后于使团临行前召见他们，问他们是否计划参见外国首脑的场景之后，有一条出现在段尾的注释。至1880年代末，清政府已在海外

---

① 较新的版本是"坊刻本"，在原版售罄后，厂肆会以旧版重印或照原刊本重刊，且此种刻本多见于畅销的书籍。

② 总理各国事务衙门档案，01-17-049-02-001，01-17-049-002。

建立了公使馆、领事馆等一系列外交网络，志刚或他的编辑们设想一些读者可能会对此感兴趣故而解释说："时外国觐礼未定"。①这些注释强调了在 1860 年代之后，清廷在外交关系中所做的重要改变，但同时它们也赋予了文本以一种时间和距离之感，向读者暗示了《纪要》的特点不在于新奇，而在于它的历史性。

其次，《初使泰西纪要》囊括了对西方外交礼节以及与外人互动的详细描述。考虑到这些章节与其原始上下文的紧密联系，不像是后来添加的，而更应该是在宜垕或其父亲恒衿编辑志刚的原始手稿时被删除，而后来版本重新添加进去的。修复后的内容还确切表明，清朝使团的仪式礼节是按照西方的标准进行的。与约翰逊总统会面的记述（附录 1）展示了复原内容的效果。正如我们看到的，《初使泰西记》（1877 年）采用了旁观者的视角来描述中西之间举行的会见仪式。《初使泰西纪要》（1890 年）虽然总体篇幅较短，但实际上包含的内容却要多得多。后者更准确地叙述了仪式的程序步骤，并明确地表示清使节在蒲安臣旁边"雁行立"。当《初使泰西记》随意地将蒲安臣的讲话称为"所拟之洋文"时，《初使泰西纪要》则将其表述为"颂祷之辞"，并注意到该演讲是西方外交仪式的一个重要组成部分。《纪要》还特别指出，约翰逊总统与使团成员握手，强调了"自蒲使以次至协力学生等，无不由伯里喜顿逐一执手问好为仪"这一事实。《纪要》还删除了志刚原稿中关于总统面南而立的叙述，这可能是因为编辑明白，西方礼仪中并不重视总统的朝向。

---

① 志刚：《初使泰西纪要》，2a。

除了增加外交仪式的详细阐述和回顾性的注释评论，以帮助读者更好地了解使团出使的背景，1890 年版的《初使泰西纪要》还包含大量的志刚个人的感慨和随意解说，其中有不少是有关他在遭遇挫折时的情绪状态的（见附录 2）。在其中一些慨叹中，他强调了自强的必要性；在另一些注解中，他大胆地暗示，相较于当时中国的仪式，西方的做法要更加接近中国古代的传统。他在原始版本中将西方天文学与中国占卜术进行比较的记录，已在 1877 年版本中被完全删去。志刚在日记中指责某些中国外交官员不称职，表明他坚信：正是地方官员的腐败，才让许多贫苦农民投向了传教士的怀抱。

随着西方知识通过游记、报纸与译书的广泛传播变得触手可及，志刚日记的叙述在二十多年后的 1890 年代看来，其主要价值已经不在传播新知了。毫无疑问，志刚对西方技术和政治事务的许多描述已经过时，因此再版的《初使泰西纪要》对这些落伍的内容进行了大量裁剪。然而，志刚在 1877 年被恒祁父子删减的个人见解和感受，却引起 1890 年再版者的注意。

在《初使泰西纪要》的序言中，松龄总结了他认为的日记的价值：

> 概自咸丰辛酉至今，用夏变夷，可称中外禔福；乃绎此纪意，一若有隐忧在朝夕间者，何哉？古君子每忧治世而危明主，盖以明主有绝人之资，治世无可畏之防。则有绝人之资，必轻其臣；无可畏之防，必易其民。此君子所深惧，其纪意之所在乎。① 　90

---

① 志刚：《初使泰西纪要》，1b—2a。

松龄进而将志刚与西汉学者贾谊相比。贾谊的著作在他有生之年几乎无人知晓，但他的政论在东汉被重新重视，并帮助恢复了汉王朝。松龄也寄希望于志刚的言论能被后人付诸实践，并复兴清朝的辉煌。随着 1890 年的再版，志刚的日记不但与满族文人自强改革的呼声融为一体，其内容也被重新编排，以强调他发现导致西方强大的秘密时困扰不安的心态。尽管后来的外交官，如张荫桓等人，仅仅偶尔会觉得它有些益处，但由于该日记一直受到满族精英的推崇，它还是在 1891 年被收入《小方壶斋舆地丛钞》之中。① 在此之前，即使是十分推许该日记的满人学者，在传播它时也极为谨慎，这体现旗人精英在如何看待西方的问题上也有同样的矛盾心理。这也提醒我们，尽管直到世纪之交，虽然满汉之隔与不平等依然存在，但满汉文人却有着相同的关注与担忧，并共同参与推动了清朝的改革。②

结　论

蒲安臣使团的中文叙事与西方文献中呈现的描述有着天壤之别。由总理衙门发起的与修约相关的内部讨论表明，清朝官员并没有将派遣使节视为一项开创性的政治举措，也没有以西方外交官预期的方式来构思使团的使命。对派遣使团的不情不愿更多地与现实政治相关，这种忧虑多是源自一种怀疑，即在清朝海军实力和语言

---

① 张荫桓：《张荫桓日记》，第 141—142 页。关于此日记现存版本的列举，参见冈本隆司、箱田惠子、青山治世：《出使时代的日记》，第 381—382 页。
② 关于清末数十年的满汉关系研究，参见 Rhoads, *Manchu and Han*。

知识依旧薄弱的情况下，对外遣使的作用如何，是否会适得其反？在以往的解释中，通常认为违背传统的礼仪和制度先例是遣使最大的障碍，但实际情况有所不同。一些官员在与总理衙门的通信中，建议清朝派遣不同类型的使节，作为情报员、卧底、说服者或诱导者，具体派出何种使节，则取决于清朝与出使国的关系。以上建议表明，这些官员对"使节"的概念，已经涵盖并超出"外交官"一词包含的多种职责。 91

　　中国对西方知之甚少，需要增强了解，这是志刚和他的同代人并不避讳的话题。他的故事告诉我们，这些知识的获取和传播遵循着不同的规律，不能等同而论。知识的获取往往是个人在思想与文化层面的变化，而知识在精英阶层中的散布，则受到来自各方因素的影响，不能以个人意志为左右。正如前一章所指出，在很大程度上，中国人的"无知"并不仅仅是由于西方信息的匮乏，也不能以后来人所谓的"国民性"来做文化上的解释，而是由于精英们敏感的政治意识导致的各类"姿态"，而当政治环境发生了变化，这样的姿态也可以呈现多样性，以至于在短短的二十年间，可以从无动于衷到群起效尤。直至 19 世纪，使者对于异域的描写有着一套详尽的定式，作品的生产与流通，在确保皇帝获得战略决策所需信息的同时，有关外国的官方记录也遵循礼仪上可接受的形式。西方的挑战，对现有的信息收集和传播方式也构成不小的威胁，朝廷与官员往往需要深思熟虑才能达成共识。传统维护帝国的合法性的方式，依赖于将外敌描述为未开化的蛮夷之国。遣使之后的信息的采集和传播，如果脱离了这种意识形态，则会对帝国的政权合法性构成根本上的威胁，这样的疑虑也许可以解释为什么在天津教案的余波中，总理衙门的官员们一方面急于收集外国情报，但另一方面却对蒲安臣使团的使节和他们的日记采取漠不关心的态度。由于缺乏制度渠道和相关话语惯例，使节们采集的信息很难纳入已有的知识体系，发挥其效用的恰当位置。

与朝廷的立场正好相反，晚清文人以其非官方身份极力寻求志刚的出使日记，因为他们对现存的有关西方的文学作品感到不满。据初版的志刚日记显示，这些学者中的一些人与总理衙门一样，为志刚在"友邦"与"敌邦"间模棱两可的描述担忧。他们以政治审查的眼光对志刚日记进行编辑校订，删去了志刚充满私人情感的语言和对西方直言不讳的赞美。这种自我审查的做法表明，维持关于外国的适当的文本描述，与其说是朝廷政策的结果，不如说是对儒学和历史先例的自觉尊重。

志刚强烈的满人身份认同和他身上"心学学派"的沉重烙印，使他很难适应时代的潮流。志刚对财富和权力的鄙夷不屑，以至于在他自愿去职隐居之后，体制内的人也很快将他忘记。这种强烈的个人主义，使志刚的日记成为难得的史料。早在 1868 年，官方还没有对"中体西用"达成共识，志刚的调查是由自己的直觉感知和个人努力下的产物。他用理学和道家的语言表达来解释西方的科学技术、人道本性、宗教事务和国内治理，看起来可能与西学中源论如出一辙，但仔细观察就会发现两者一个重要的不同：由于志刚相信世间万物具有普遍性，他的中西概念之间有一条极易互相渗透的模糊边界。

从 1870 年代开始，中西学问的边界渐渐开始被清晰划定，这种专业性，对于儒家士人进行业余的科学研究，是一种无形的阻碍。大概也是从那时起，精英中便流传着这样一种信念：西学的教授应该由训练有素的专业人士来贯彻执行，而不是儒家士大夫。在这种信念的指导下，清政府全力派遣学生和技术人才前往国外学习。正如我们将在随后几章中看到的，在 1880 年代末至整个 1890年代，前往欧洲的清朝使者努力扩大西学的吸引力，很多人以一种教条式的热忱，将西学的术语、主张与来自中国传统的词汇相匹配。这种受政治启发的中西学术比较，不同于志刚作品中凭借直觉获得的、临时替代性的认知实践。

第三章 学　生

　　在 1918 年一个冬日午后，张德彝将儿子召集在病榻旁。他预感自己可能命不久矣，口述了临终遗折，准备呈给 1912 年被废黜、当时年仅 12 岁的宣统帝溥仪。张德彝说，近七年间，"临餐忘食，终夜失眠，病体缠绵，医药无效，现复日加危笃，自知不起。伏惟皇上冲龄睿智，典学方新。重道亲师，庄敬乃日强之本；遵时养晦，殷忧启圣之基。此则臣耿耿愚衷，不能自已者也。涓埃未报，溘露已零。"①

　　72 岁的张德彝，是一位名副其实的清朝遗老。在清朝灭亡后的几年里，他固执地在其北京宅院内留存了一份花名册，里面记录了曾来京向已故的光绪帝（1871—1908 年在位）行最后致敬礼的前清朝官员的姓名。他哀叹，国丧本应天下缟素，而整个辽阔的大清国中，却只有他一人庐守清陵，为光绪帝守丧三年。②

　　在熊熊燃烧着革命热情的 20 世纪初，张德彝的同代中少有人会在意这些话，但这位长者并不是一位恪守传统的守旧派。他一生

---

① 张德彝：《醒目清心录》第 13 册，第 175—176 页。
② 张德彝：《醒目清心录》第 13 册，第 91 页。

的绝大部分时间都在异国他乡度过，并且是清帝国首批派往欧洲的使节之一。1847年，张德彝于出生于盛京（今辽宁沈阳）一个一贫如洗的汉军旗人家庭，幼时由母亲对他进行家庭教育，7岁时，由舅父资助，送他到一所私塾学习。①在他15岁的时候，满洲、蒙古和汉军各旗都在招募年轻人到新成立的同文馆就读。②张德彝凭优异的成绩被选入同文馆，成为10名学员之一，并开始接受成为一名英文译员所需的培训。凭借着语言天赋，张德彝以最高分通过了学校的首次资格大考，并被授予八品官职。蒙古八旗的学生凤仪得分略低于他，被授予九品官职。1866年，在大考结束不久后，海关总税务司赫德上奏，带领几个学生前往英国进行一次家乡游历。总理衙门建议张德彝、凤仪以及他们的同学彦慧随使团"前往各国，探其利弊。"③从此，张德彝先后出使欧洲、美国、日本等地达八次之多，并于1903年升任为清朝的驻英公使。

张德彝出生在第一次鸦片战争后，同治中兴正值他的青少年时期。由于年纪尚小，他无法体会到两次鸦片战争对清朝外交关系的彻底改变。作为同文馆学生，英文学业是一份让他得以在官僚机构的底层谋生和立足的职业。根据同文馆规定，驻外使馆人员可以重新进入同文馆，并在其中担任教师和翻译。由此，张德彝整合出使所学到的实践经验和笔录的日记文稿用于课堂，以培训未来的译员和外交官。④同文馆和驻外使馆之间的这种互惠关系，为受训学生

94

---

① 张德彝：《醒目清心录》第13册，第18页。
② 《筹办夷务始末（同治朝）》第8卷，第342页。
③ 《筹办夷务始末（同治朝）》第39卷，第1622—1623页。
④ Martin, *A Cycle of Cathay*, 316.

和在职外交官提供了至关重要的联结，并使得先前使团积累的知识，能够通过课堂传达给未来的外交官。张德彝从一名学生译员到驻外公使的职业历程并非独一无二。最终正式担任驻外公使的清朝外交官中，共有 14 名出身于学生译员，其中包括 4 名同文馆的旗人，所以相当一部分的清朝外交官之所以能脱颖而出，与传统的成功路径不同，得益于从外语的才能和海外随使中获得的经验。[①]从张德彝的经历，我们可以看出外交官的职业轨迹和个人倾向左右了他们建构西方信息的形式。

珍奇的收集者

作为一名新手翻译官，张德彝在出使时坚持依照传统条目的记录形式撰写日记。他先从日期和天气开始记录，然后是当天主要活动的总结，最后是他返回住所的时间。他偶尔也会写一篇类似于人类学家田野记录的特"记"，即一种以独特和客观的笔调，对其工作中所触及的方方面面，进行经验观察式的写作。这些特"记"，被交叉引用并分散在每部日记中，也有助于自己从零散的记录中总结规律，为笔记添加可读性。张德彝的兴趣范围广阔，覆盖了从日常生活的平凡细节到最为古怪奇异的机械设备，却几乎不谈及任何严肃正经之事。他对参观美国国会之事仅用两句话草草略过，却不惜笔墨，描述弹子游戏与赌博下注的规则。他从不放过任何能详尽阐述男女求爱的礼数与舞宴艺术的机会。作为年轻人的张德彝，其

---

① 苏精：《清季同文馆及其师生》，第 162 页。

观点、兴趣与情感均与使团中级别较高的官员们大相径庭，同样地，他对西方社会的描述和解释自然也与他们迥然不同。

张德彝将自己的第一本日记命名为《航海述奇》。他以"述奇者"的身份写作，遵循了清代文人墨客中的传统，通过大量收集材料和文本的写作来"质疑、探索和建构"自我。[1]通过标题突出他的历险故事是由海洋起源的，张德彝请读者抛开惯有常识，并随他一同进入一个充满不可思议元素却又真实的世界。"奇"通常用于描述引起惊奇、出奇或离奇之物，著名诗人屈原（前340—前278）用这个字来暗示他自己不寻常的儿时抱负（"余幼好此奇服兮"）。"述"则是一种以最简约朴素的形式呈现真实的记录方法。张德彝将"述"与"奇"相结合，由此向其读者示意：书中记录的所有物体对象、事件活动和经历体验都来自现实中的生活。正如他在《欧美环游记》自序中所写："前寰海诸书，固已言之甚悉，但所言征实者，不过十之二三。"[2]

作为一名还在接受训练的学生，张德彝独树一帜的写作风格选材，使他能够容纳比传统使节日记更广的内容。如果说使团里的官员均在试图将西方融入他们现有的概念框架之中，张德彝则不同，他宁愿让读者沉浸在一个充满无穷无尽奇闻异物的盛宴中，并不急于给予解释。直至1870年他第三次出使前，张德彝的日记中，对中国与西方国家之间的外交冲突很少提及。

就举他经常描写的一类事物为例：游戏。这并不是一个符合传

---

[1]　Chiang, *Collecting the Self*, 47.

[2]　张德彝：《欧美环游记》，第1页。

统的题材，因为晚清的教育通常不鼓励体育运动和户外游戏，父母和老师会称赞那些对同龄人交往或出去玩耍兴趣索然的孩子。①视察欧洲的清朝官员通常将盛行于西方的体育运动解释为国家培养军事力量或磨练个人意志的手段。譬如，志刚仔细观察了孤儿院的孩子在游戏场地上彼此背抱的方式，认为这让人看起来"以为嬉戏"，实则是为了练习在战场上背负伤兵。②1877 年，郭嵩焘在前往伦敦担任驻外公使的航程中，看到德国军官以跳蛙游戏玩耍，又用前额和肘部击碎核桃，不由得肃然起敬道："彼土人才，可畏哉！可畏哉！"③相较之下，张德彝对游戏乐在其中的原因在于它不但具有休闲娱乐性，还对个人有实用价值。即便他曾经想到过这些活动在国家、军事上的效用，但也并没有在写作中提及。

他对所有年龄阶段的各种形式的玩具和游戏都十分着迷，比如客厅游戏、滚铁环、抽陀螺以及跷跷板等。在笔记中张德彝花费大量笔墨翻译介绍了数十种游戏：其中包括弹子球游戏规则、力学锻炼三十余式以及关于如何游泳的十四要点课程。④他特别喜爱一套西式儿童积木，以至于花费数页详细记述每个木块的形状与尺寸。⑤又有一次，张德彝独自漫步在巴黎郊区塞纳河畔讷伊，并进入了其中一家赌场，他不仅在观摩中记住了许多赌局的设置和规则，还在回来后将其一一记录。⑥他的上司，即管理使团的官员对

---

① Hsiung, *A Tender Voyage*, 119—120.
② 志刚：《初使泰西记》，第 277 页。
③ Frodsham, *The First Chinese Embassy to the West*, 68.
④ 张德彝：《欧美环游记》，第 699、745、752 页。
⑤ 张德彝：《随使法国记（三述奇）》，第 492—495 页。
⑥ 张德彝：《欧美环游记》，第 790—791 页。

他这样的"不务正业"很少干预，也许将其视为语言练习。张德彝在其日记条目中对这些游戏描写的细致性和准确性，让人感觉他很可能打算将其规则带回国传授给家人和朋友。虽然张德彝并没有说明为什么对各种游戏和运动如此上心，但他似乎展现出对体育的偏好。他最长的一篇日记包含了关于"泅水"课的记录，并以一系列对现实的关心作为开头："泅水一技，虽近于戏，一则历练胆识，一则拯救危险……或有谓泅水不利于疲弱者，而医生云："长习此技，不惟增长臂力，且能辟除厉疫。"①

张德彝通过从大众生活中收集的事实、轶事和小道消息，呈现出一个与其同时代人所描绘的西方形象截然不同的另类西方。而在1868年他第二次出使海外时，张德彝开始将记录日记视为一项严肃的工作，他甚至开始改变个人习惯，决心不再把时间浪费在漫无目的的闲逛上，而是以学习有价值之事为目标，度过每一天。当使团成员抱怨他与轮船上的日本乘客谈论过多时，他解释道："明对以生斯世也，随处皆足征学，无人不可贡忱。古人云：'游不废学'，良有以也。"②这些观点在福泽渝吉（1835—1901）的早期作品中得到深刻的共鸣。福泽渝吉，日本著名教育家，《西洋事情初编》的作者，曾以德川幕府外交使团译员的身份随使，并致力于"学习外国文化中最寻常的细枝末节。"③在纽约时，张德彝被带到一位年轻的非洲探险家面前，这位探险家告诉张德彝：他曾在沙漠中坚持完成了一段艰苦卓绝的旅程，却在返回后沉迷于饮酒赌博的

97

① 张德彝：《欧美环游记》，第779—780页。
② 张德彝：《欧美环游记》，第628—629页。
③ Fukuzawa, *The Autobiography of Yukichi Fukuzawa*, 133.

颓态之中。张德彝由是发出了一段呼吁：

> 人之生于世也，苟不著书立说，以传后世，则为虚生。况足下游历既远，见闻又多，已有成书播传遐迩。倘能继此不惮梯航，则异国他邦，尽入奚囊佳话矣。①

不管这些对话是否原原本本如他所记，但在这段描写中间接地表达了他的心愿：让自己的日记成为对后人有用的记载。

这种对平凡琐碎的热爱与对著书立说的激情，一直伴随着张德彝走过漫长的外交生涯，但它的应用却随着时间推移而不断发展。多年来，随着在外交部门角色的持续变化，他作为一名学生的稍许不成熟观点逐渐被职业外交官的专业习惯所取代。张德彝以其敏锐的社会洞察力、惊人的记忆力、对细节的关注程度以及精湛的记录能力，协助清朝在英国、法国和俄国建立驻外使馆。这些从他在 1877 年清朝在欧洲建立首座使馆时就显现出来，当时张德彝就已经是一位经验丰富的旅者，他负责处理使团的各种杂务：从签订公使馆居所的租赁合同、管理外国仆人、与来访者保持通信、传送并接收正式和非正式电报以及参加众多宴会和舞会。与此同时，他还收集了公使认为有用的各种信息情报。完成上述这一系列的职责，日记作为信息储存的机制，涵盖了与使馆运作有关的方方面面，其作用非同寻常。所以，作为"述奇者"，张德

---

① 张德彝：《欧美环游记》，第 674 页。《欧美环游记》是张德彝与蒲安臣、志刚、孙家穀一同出使欧美时所撰写的日记。这本书最初又名《再述奇》。

彝的角色并非一成不变，而随着他漫漫职业生涯中责任的转移而逐步演变。

大同世界的旅者

在 1866 年远航开始仅仅几天后，张德彝和同窗们就克服了羞怯，用笛声为船上法国人的歌唱伴奏。①在 1868 年的蒲安臣使团出使期间，据《布鲁克林鹰报》报道，使团译员凤仪说："如果他的父母也能来的话，他希望可以在美国度过余生。"②早期清朝使团缺乏严格的行为准则，经常唱歌、玩耍、喝酒或与外国人交谈，这表明清朝使团成员享有远超同时期日本使团成员的自由度。德川幕府晚期派遣的使团成员，一举一动都被指定的督查员所监视③。与使团的官员相比，学生更卓越的语言能力和并不繁重的公务职责，让他们与外国人的交流沟通更加惬意自得。比如，在巴黎参加了一场多国宴会后，张德彝写道，他坚信世界各地的人都属于同一个大家庭。"然衣服虽诡异，而喜则亦喜，忧则亦忧，情无或异；风俗虽不同，而好则皆好，恶则皆恶，性实大同。"他很感激能有机会"又得良朋"，海外朋友们的陪伴使得他"耳目为之一新"，"则晤言一室，把臂言欢，非未天假之缘也，此乐何极！"④

---

① 张德彝：《航海述奇》，第 460 页。
② *Brookyn Eagle*，September 19，1868.
③ Miyoshi, *As We Saw Them*，21—22；Fukuzawa, *The Autobiography of Yukichi Fukuzawa*，131—132.
④ 张德彝：《欧美环游记》，第 759 页。

这种世界主义的精神，是对跨越文化、政治分歧之共同人性的
笃信，在其早期出使时期，这种精神为年轻的张德彝提供了如何描
绘他与外国人交往的写作框架。在有些情况下，它甚至可以表现为
对公然种族侮辱的超乎寻常的宽大与容忍。例如，在使团抵达巴黎
时，张德彝的辫发招致一位英国小年轻的嘲笑，这位英国人大笑着
对哥哥惊呼："阿兄！看猪尾甚长。"哥哥则叱之说："威良！可谓

99

图 3.1　1866 年任学生译员的张德彝（仝冰雪提供）

少不更事矣。汝知泰西于百年前亦有辫乎？只少短于此耳。再，汝言华辫为猪尾，则我面为猴脸矣。"①同样，当一个美国女孩看到他"憨笑不止（出门则笑声大作）"时，张德彝记录了她母亲的难堪尴尬和连连道歉。②在这些叙事中，通过将成年人指定为训诫之人，张德彝授予了西方人能够自我纠正其幼稚行为的能力。

他愿意宽恕个人的冒犯过失，并认为中西冲突的根源在于个人沟通不畅和互相误解，而非种族主义的恶意中伤。即使在面对出于政治动机的诽谤造谣时，他仍保持沉着与庄重。例如，法国外交部官员曾向张德彝求证，新闻上关于"中国公使将三车老鼠带至华盛顿，并每天命其华仆再购两篮老鼠"的报道是否属实。这位法国官员问道："如为详确不知如何烹调？乞明以教我。"张冷静淡然地反驳说："天下各国人民，或遭兵燹，或遇水患，食鼠容或有之。然我国钦差在此，即有食鼠一说，不知购自何处，尚望再为访之。"据张德彝的记载，法国人当即承认这一定是报纸编造的无稽之谈，并感谢张德彝的指正。③当遇到一位英国女士向其求问中国溺女之谣传时，张德彝也采取了同样的回答方式，且同样温文尔雅地引导这位女士为轻信讹闻而道歉。④

同样，在面对中国人对外国人失礼之处，张德彝也用类似的技巧缓和紧张局面，比如，一个法国人曾直截了当地问他，中国人为什么用"鬼子"来称呼外国人。张德彝再清楚不过，这个称谓是一个由来已久的形容外国人的贬义称呼。有学者认为，"鬼子"最开

① 张德彝：《欧美环游记》，第 773 页。
②④ 张德彝：《欧美环游记》，第 669 页。
③ 张德彝：《欧美环游记》，第 772 页。

始使用，可能在 18 世纪晚期。该词被广东人用来称呼英国商人，这大概因为广东人厌恶英商工作至深夜的习惯，故而对他们以鬼作比。①张德彝可能对"鬼子"一词的起源一无所知，但他不可能不熟悉这个词的用法。他的对策是当场编造一个词源典故。他告诉这位法国人，"鬼子"实际上是汉朝时与中国贸易的一个中亚国家"龟兹"之名的讹传。其实"龟兹"应读作"秋慈"，但后人仅凭流传的书面文字，错记了其原始读音，以致该词听起来像"鬼子"。他向法国人保证，这类错误如同将英国人误认为俄罗斯人，或将日本人误认为中国人一样，仅此而已，别无他意。但当张德彝被问及这个称呼为何仍在使用时，他只能将这个问题抛诸脑后，反问为何西方人称他的国家为"斋那""吉那""支那"（China），而不是"大清""中国"（Zhongguo）。②

101　　刘禾（Lydia Liu）将张德彝编造的词源解释描述为谴责洋人对中国与"支那"之间的混淆。③虽然张德彝的这番话带有批判的语气，但他言论的重点似乎不是指责欧洲人称他的国家为"支那"。张德彝似乎想使其所造词源被西方人认真对待，并借此改善其同胞的仇外形象。对他来说，称外国人为"鬼子"确实是让人所厌恶与不齿的。实际上，在描述此事的整篇日记中，张德彝极力避免直接写出"鬼子"两字，而是以同音字"桂子"取而代之。若将此举置于他其余试图减少文化冲突的努力之背景下考量，则张德彝为"鬼子"所构建的词源解说很可能将原本的带有种族主义贬低洋人的词

---

① 叶文宪：《中国人为什么称外国人为"鬼子"？》，第 124 页。
② 张德彝：《随使法国记（三述奇）》，第 460 页。
③ Liu, *The Clash of Empires*, 80.

汇经过重朔词源，化解为一场语言误会。

因此，张德彝的世界主义精神不仅体现在他对跨文化共同人性的坚定信念上，也体现在他旨在改善中西方彼此认知的细微言行中。张德彝的世界主义精神在他那一代其他外语学生身上也可以看到，但每个人的表现有所不同。福州船政局附设求是堂艺局的法文学生陈季同，在自身文学热情的驱使下，以法国人最能欣赏的方式描绘中国形象。[1]庆常，一位来自汉军镶红旗的天主教徒，对清朝的外交政策采取了日益消极的态度，并最终放弃了使臣一职，隐匿于欧洲社会。[2]张德彝以"珍故收集者"的镜头，将看上去不可一世的西方各国瓦解成无数个细小的发现，这既不是极宏大的叙事记述，也不是简单化的刻板印象。当我们将这些小碎片重新拼装起来时，浮现出来的暗示是：这是与中国和平共处的一种平行文明。

平行世界

在张德彝踏入欧洲之前，可能是从同文馆课堂上，他了解到西方人对许多中国习俗，如缠足、算命、风水以及文人留的长指甲等等，诟病甚多，认为这些是迷信、不卫生，与现代文明不符的习惯。在欧美见到类似被西人批判的行为时，他在日记里直言不讳地表达了自己的惊讶。一个狂风暴雨的下午，张德彝在一个

---

[1] Ren, "Fin-de-siècle Diplomat," 18.
[2] 苏精：《清季同文馆及其师生》，第167—170页。

美国家庭避雨，年轻的女主人被闪电吓得仓皇失色，并连忙在胸
前画了一个十字，以祈求上帝的保护。张德彝感到疑惑，"明尝闻
泰西人云：雷电皆系电气所致，毫无神灵"，"今见少妇如此，则
西人亦未尝不畏雷击也，雷则仍有灵矣"。①当他看到风水和占卜在
欧美被视为时髦之举时，更是大吃一惊。②在法国，他还得知西方
人忌讳打破镜子，猫头鹰预示着灾难的到来，蝙蝠象征着喜乐与好
运等。③

在个人卫生、装束、审美等方面，中西方文化也有惊人的相似
之处，有的让张德彝感到十分惊讶。他写道，大城市中心无论男
女，均热衷于追求奇异的审美。妇女用麻布和铜丝制成贴身衣服以
挺胸束腰，并用棉布制成假乳假臀以垫胸衬臀。数年后，一位更加
直言不讳的批评者李圭附和了张德彝对西方追求病态美行为的震
惊，李圭在其有关 1876 年美国费城世博会的文章中谈论到西方妇
女束胸衣时，写道"此殆与华俗缠足同一意，而患处且有甚于缠足
者！"④西方人也留着四五英寸长的指甲，且其中有些男人不仅留长
指甲，还将其修剪成三角形。他震惊地发现，在手臂与肩膀上文
身，这种在中国惩罚囚犯的方式，却流行于西方艺术家和工匠中
间。在巴黎，妇女四处寻求医学专家，帮助她们去除小脚指甲旁边
的一块骨头，来使她们的脚看起来瘦削一些。对这些张德彝评论不
多，偶尔一两句"不知何意"或"按：泰西以华人指甲太长，不便

---

① 张德彝：《欧美环游记》，第 658 页。
② 张德彝：《欧美环游记》，第 715 页。
③ 张德彝：《欧美环游记》，第 764—765 页。
④ 李圭：《环游地球新录》，20a。

操作，每非笑之"等思维片段。①也许当他在日记中写下这些想法时，也有让读者反思西方应用于中国的双重标准的意思。

　　与1860年代末的其他官派旅者一样，张德彝将西方社会的秩序和合法性解释为严格运用儒家仁政的结果。由此，他欣然地将欧洲的制度与统治者比作中国三代的制度与君主。据他所述，法国国王正在亲自监督将于1867年在巴黎举行的下届世博会的建设，届时"按天下国都造楼……以便民间壮观"。②在英国，汉普顿皇宫不再为王室所独占，而是一副"开门洒扫，令人游玩，每届礼拜，男女尤多"的景象。③伦敦的公共马车使得"男女贫富"皆可坐车，为他们带来了许多便利。④水晶宫不但允许民众进入参观，且只向他们收取低廉的门票，还公开承诺：当修建建筑物的费用付清后，人们可以免费入场。张德彝被西方皇室如此开放的程度和明显缺失的等级制度所震撼，不禁惊呼："抑且与民同乐，广播休声，善哉此举也！"伦敦的囚犯不仅被保证有绝对的安全与优渥的衣食，还可以从事有报酬的工作，俟其出监狱之时，他们有权获取一半的工作酬劳。英国没有极刑，囚犯们每礼拜可以休息一天，晚上还可以在花园里散步，"由此观之，刑书不必铸，酷吏不可为，饶有唐虞三代之风焉！"⑤

　　在西方对外宣传的鼓舞下，他将美国描述成遵循儒家传统且最

103

---

① 张德彝：《欧美环游记》，第701页。
② 张德彝：《航海述奇》，第492页。
③ 张德彝：《欧美环游记》，第717页。
④ 张德彝：《欧美环游记》，第719页。
⑤ 张德彝：《航海述奇》，第520页。

开明通达的西方国家。美国自脱离英国殖民统治独立以来，"纯以仁政待民"，①各州都以"所办政事一有偏私，则群议废之"为前提条件，公开选举其正副州长、巡察、法官和军队指挥官。美国有效的国防体系仅需一万名士兵来守卫所有的关隘和港口，并且除"士"外，"四民"中的其他三个阶层农民、工人与商贾，均被要求服兵役。在战争时期，他们被征为官兵；在和平时期，他们则各操本业。鉴于美国各州严备边疆且守望相助，"其附近之国永不侵凌，而诸大国亦莫敢于抗"。在张德彝的理解中，美国真正契合了古代"不以兵戎而以玉帛"的军事模式。②

张德彝将美国繁荣的真正原因以儒家思想的角度来诠释，认为它归结于国家领导人的道德力量。他为乔治·华盛顿、安德鲁·约翰逊和尤利西斯·格兰特分别撰写了短小精悍的人物传记，风格类似于白话小说中的人物简介。例如，对安德鲁·约翰逊的描述是："朱温逊少有大志，隐于缝匠，所有天文地理、治国安民之书，罔不精心攻习，国人敬之。"③他以类似的儒家伦理模式来理解美国内战的原因："盖南邦之人耽于安逸，所有起居饮食，需人而理，故禁黑人而不释，职是故耳。"④北方各州的领袖"因驱使者伤天害理，恐为国患，乃约各邦集议，欲放黑人为齐民。"⑤当一个国家在善与恶、顺从与违背天意的力量之间战斗时，这场战争呈现出一种宇宙的维度。综其所述，是道德体系奠定了美国作为强国的基础，

①　张德彝：《欧美环游记》，第 694 页。

②　张德彝：《欧美环游记》，第 695 页。

③　张德彝：《欧美环游记》，第 656 页。

④⑤　张德彝：《欧美环游记》，第 661 页。

而非法律或制度。

在家庭和个人生活上，美国人也与中国人惊人地相似。在蒲安臣使团出使途中，一些学生被派往当地家庭寄宿，以减少租赁旅馆的费用。张德彝住在艾德林先生（Mr. Edlin）的家中。艾德林，一位脾气温和、收入中等之人，他竭尽全力让他的中国学生在家里住得舒适。在艾教习家中的两个月里，张德彝与他相处融洽，经常长时间地畅谈中西方文明。为了向张德彝展现一个普通西方家庭的生活节奏，艾德林还带张去参加他的教会礼拜、教堂表演、赞美诗排练和一些当地的节日。在家里，他不但向张德彝教授世界历史和地理课程，还让张自由出入他的藏书室。

艾德林一家谦逊而不张扬的生活方式、对朴素简单的热爱，和与使团交往的上流社会的挥霍奢侈形成了鲜明对比。这种差异起初使张德彝感到非常困惑，但很快他就明白："西方"并不是一个单一的文化实体。与他在中国时所认识的洋人不同，许多在其本国的洋人并没有一味地追求新时髦和新发明，反而是遵循传统文化中的朴素俭约。他写道：

> 按英人分为两类，一曰喜新，一曰遵古。喜新者见异思迁，如轮车、轮船、钟表、气球等物，以精巧华丽为贵，而朴素弗尚焉。遵古者率由旧章，如朝政大端，以及些须物件，总以先民为法，而纷更不事焉。然遵古少而喜新多，故上古器具所遗者，不过十分之一二而已。①

---

① 张德彝：《欧美环游记》，第 713—714 页。

这段评论在读者看来可能过于粗糙简单，但它却显示出张德彝对一个工业时代以不均衡速度快速发展的西方社会里，不同阶层的人所经历的不同时间性（different temporalities）的敏锐感知。与张德彝遇到的许多其他欧洲家庭一样，艾德林一家似乎对工业化的影响也持保留态度，在这一过程中，维系原有社会结构的宗教与文化纽带被逐渐瓦解。在张德彝笔下，这些小人物对工业时代随之而来的"喜新派"常常不以为然，甚至有时还会提出疑问、嘲讽与抵制。张德彝在其另一篇日记中写道，西方黄金时代与中国的三代十分相似，但是，

> 至今千载，世风日降，暗而不明，则曰"铁世"。今西人谓今胜于古，遂无慕古之心，仍袭用"铁世"二字，其意以为铁之为用甚广，如车有铁道，船有铁轮，制器有铁机，医病有铁水，无一而非铁世界矣。①

这些文字中充满了张德彝一股矛盾情绪。尽管他对当今世风日降深表哀叹，但他直接引用西方人对"铁世"的看法，在一定程度上暗示了"今胜于古"这一见解。他留给读者来揣测他实际上心服于哪种观点："铁世"究竟是黑暗时代还是进步时代？张德彝以原始印象而未解读的形式来记录其所见所闻，并在与它们相遇的那一刻保留了自己的不确定性。

张德彝在 1868 年所经历的西方，是一个由"潮流追寻者"和"古董爱好者"共同组成的世界。这个两者共行的时代，被人类学家

---

① 张德彝：《欧美环游记》，第 769 页。

本尼迪克·安德森（Benedict Anderson，1936—2015）称为"过去与未来汇聚于转瞬即逝的当下的同时性"。[1]张德彝访问英国的20年后，这种对西方充满矛盾性的诠释在见识多广的中国知识分子中将逐渐消失。在1890年代，曾将社会达尔文主义理论译为中文的严复，采用相同的传统与现代建构（"古董爱好者"和"潮流追寻者"）映射"东方"和"西方"。在其一篇有关社会进化论的文章中，严复肯定地写道："尝谓中西事理，其最不同而断乎不可合者，莫大于中之人好古而忽今，西之人力今以胜古。"[2]相较之下，张德彝早在1868年就看到了中国和西方之间的相似性，并非简单地以"古"和"今"的差异为界。在他的笔下，"中"与"西"都是由来自不同文化，但拥有一系列相同欲望、冲动和传统的人们所构筑的。

建构"中国"和"儒家"

张德彝所受的外交训练与其海外经历，带给他一套塑造自我的新方式。作为清朝外交使团的一员，张德彝发现自己经常有意无意中扮演中国半官方的发言人的角色。当他回答来自西方人的各种咨询与质疑，常常笼统地以"中国文化"与西方的异同为出发点，这对他的自我认同感产生了不可避免的影响，促使他以比较文化的方式，重新对中国进行思考与构想。他在日记中孜孜不倦地列举了所有国家的信息：国旗、国徽、钱币价值、丧葬礼仪、国花等等。如

---

① Anderson, *Imagined Communities*, 24.
② Schwartz, *In Search of Wealth and Power*, 44.

此详细的信息有助于他在心中形成一种新的世界观，即如今的世界是由各自独立、平等的政治实体所组成的。自前往海外出使之初，张德彝就将中国视为一个与世界其他国家平等平行的政治文化实体。

在这种新的建构中，"中国文化"被浅显地理解为是以儒家士人为主导的一套"三纲五常"的核心价值观。由于张德彝只受过最基础的儒学经典教育，因此他并不具备深入探讨、比较分析，或是引经据典的能力。他对于"儒家"学术的介绍，常常仅限于对于一些简单词汇的罗列与堆积，甚至连一些基本理论也会出错。在张德彝与艾教习的朋友们就天主教在欧洲的衰落所做的一次对话中，他自豪地宣称：孔子思想的核心是"修、齐、平、治之道"（修身、齐家、平天下、治国之道）。也许是粗心或太过于心急，他大意地颠倒了最后两个字的顺序，使得"平天下"先于治国。

在张德彝所引的四字儒家经典下，隐含着一个以中国为中心的理学家的世界秩序。我们不知道张德彝在向外国人介绍理学时，是否自己也曾陷入志刚一般对于如何理解中国文化的普适性与特殊性的困境。我们可以看到的是，在理解中西文化差异方面，张德彝采取了对其轻描淡写，简略带过的方式。他认为判断个人行为举止是否合适，与其所属国家的特定风俗习惯有关。因此，他没有谴责法国妓院的放荡淫乱，因为"其风俗使然也"，但他却严厉斥责了一位已剪辫、穿着西服且信奉天主教的中国年轻人。[①]与斌椿和志刚

---

① 张德彝：《随使法国记》，第 151 页；张德彝：《欧美环游记》，第 657—658 页。这位年轻人很可能是王清福（1847—1898）。他出生于中国山东省，于 1867 年来到美国并就读于华盛顿的浸信会学院。具有讽刺意味的是，王清福也在同一时间以类似于张德彝讲演"孔圣之道"的方式，向美国人教授中国经典文化。参见 Seligman, *The First Chinese American*, 15—25。

不同，张德彝尽量避免使用儒家价值观来判断西方人的举止，但当他的英国朋友表示他们也认为儒家经义与西方思想有着一致性时，他还是非常乐于将其记录下来："众皆唯唯叹赏，并云：中国孔圣之道，闻于海外，鲜有驳其非者"：

107

> 据洋文所译，虽不得其详细，而其梗概，早令远人敬服矣。某等不遽云儒教，而所遵行每多吻合，因天主真经之言，多与孔子之言符也。①

对张德彝而言，在西方世界中的外交职责和文化环境，将儒学从一个有普世性效用的学说转变为列文森笔下的"没有围墙的博物馆的陈列品"，在此中"儒家文明"的历史意义，在于它和西方文明一样，"都是世界文化的一部分"。②作为低品级译员和中国代表，张德彝将儒家学说作为象征自己国籍身份的护身符，以保持他的身份地位和文化自信，并模仿儒家士人的举止和品位。每当外出时，张德彝都会在微薄津贴的收支范围内，购买盆栽花卉和进口的中国物件来装饰其个人空间。在艾德林先生的家里，张德彝用中国的书卷、盆栽、焚香和茗茶来装点他的书房角落，并给它取了一个理学的名字"养心斋"，从而将自己与其他的西方学生区分开来。③

虽然民族自豪感会驱使他宣称儒学优于其他学派，但他却无法阐明儒家思想作为普世价值观的优越性，他能做的只是尽力捍卫儒

---

① 张德彝：《欧美环游记》，第741页。
② 列文森：《儒教中国及其现代命运》，第382页。
③ 张德彝：《欧美环游记》，第711页。

学作为"中华文化"的神圣性。张德彝在 1870 年赴法"谢罪"的日记中记录的这段情节，正说明了以上观点。在启航的前一天晚上，他发现自己被五名同船的"强记善谈"的日本乘客团团围住，①他们对中国非常好奇，

> 有问："贵国兵舰之数？"
>
> 彝对以："东南海面，炮船无算"。
>
> 有问："贵国皆奉儒教否？"
>
> 曰："儒教如日月经天，万古不磨；间有奉他教者，不过亿万中之一二而已。"
>
> 彝问："日本所奉何教？"
>
> 彼云："我国有国教，而以儒教为翼。昔时愚民，崇信佛教，今皆废之。"
>
> 问："国教系何教门？"
>
> 彼曰："忠于君，孝于亲，自是天下之公法。"
>
> 问："忠孝二字，不知由何教所传？"
>
> 彼曰："皇祖皇孙，授受心传，施之予政，载之于书。"
>
> 又问："皇祖皇孙，原系何教？"
>
> 彼曰："皇祖谓天御中主神，为我国开辟之祖，皇孙谓其子孙相继受统者。"
>
> 彝以言涉妄诞，乃书曰："夫既知忠于君，孝于亲，即系

108

---

① 13 名日本学生由此船前往法国马赛求学，其中的 10 位来自日本陆军士官学校。关于他们的姓名，请参见 *Japan Weekly Mail*，December 3，1870。

儒教。贵国由君至民所读者，我国之四书五经也。公言国民皆
知，删或然矣。不知贵国先王施之于政，载之于书，其书若
何，可与庶民读否？"[1]

　　此时，张德彝记载道，日本学生全都一言不发，纷纷退回了房
间。在张德彝与日本学生进行这场对话之时，正是明治维新之后的
第三年。日本新政权刚刚开始追求历史学家藤谷昂（Takashi Fujitani）
所说的"重塑天皇形象"的过程，即通过创造以帝国盛况为中心的
现代仪式展现出的强有力的国家。[2]与此同时，日本政府将目光投
向了本土宗教，并以此向日本民众灌输民族主义和文化认同感。通
过将神道仪式置于中央的控制之下，并将神道教与现代国家相联
系，明治天皇被赋予了政治和精神上的双重权威，将民众对旧政权
的忠诚引导到对新政府的认同。尽管许多人仍由他们的旧藩资助留
学，年轻气盛而雄心勃勃的前武士们为了使自己的国家强大，毅然
前往欧洲的军事学校进修。这些人得到了新国家身份的认同感，极
力与中国人保持距离，他们惯于宣称忠孝等价值观起源于日本，这
并不足为怪。
　　有趣的是，尽管张德彝反对日本人的观点，但他对儒家思想的
概念化还是受到这些学生采用的民族主义话语的影响。当他们将儒
教称为"孔教"并将它与日本的国教神道教相提并论时，日本学生
的言外之意，已经将儒教与中国的"国教"画上了等号。在日本学

---

① 张德彝：《随使法国记》，第 62—63 页。
② Fujitani，*Splendid Monarchy*，24.

109　生夸耀自己新获得的民族认同与国民身份的同时，张德彝以其人之
　　道还治其人之身，提醒他们这些义理实际上源自中国经典。以这种
　　方式继续与日本人交谈，张德彝在不知不觉中也将儒学视为"中国
　　人"的"宗教"，从而延伸了日本人的一套民族主义的话语体系。
　　沿着这个思路，儒家思想的内在含义与其在现代世界的价值，转化
　　成为了一个民族属性的问题。这种关于儒家学说的新思路，即将其
　　作为一套专属于中国人的文化认同，是从他的海外经历中自然地形
　　成的，在随后的二十多年中，它逐渐被张德彝那一代的其他同文馆
　　的学生认可和共享，并成为向西方介绍中国的一种普遍方式。

　　　　相比之下，对于从未出过国，且未曾在通商口岸生活过的老一
　　辈士大夫来说，儒家的圣人之道并不仅仅是一套凝滞的德行品性，
　　而是一套可以灵活表达思想、指导实践、树立道德典范的工具，其
　　民族属性根本不是一个值得士大夫关注的问题。正如我们将在第四
　　章中看到的，一位饱读理学的儒家士人甚至会暗示，圣人之道已不
　　复存于中国，却仍在西方被践行。

巴黎公社

　　　　1870 年 6 月，通商口岸天津的民众被外国传教士杀戮和残害
　　幼婴的谣言激怒，愤恨地殴毙了法国驻天津领事、十名天主教修女
　　及数名法国人、俄罗斯与其他西方国家的人。为避免战端，总理衙
　　门立即任命三口通商大臣崇厚作为专使，前往法国向其致歉。身为
　　主管天津外交事务的通商大臣，崇厚在调解法国领事、教民与天津
　　民众之间的冲突中处理不力，因此被认为对天津教案也负有部分责

任，所以他请愿自备资斧出使法国。①

1869 年秋，张德彝离开志刚和孙家穀带领的使团队伍回国，远早于该使团的其他成员返京的时间。这是因为张德彝在巴黎不幸坠马。这次意外不仅使其受伤不轻，还让他对西医失望透顶。代表团聘请的法国医生禁止他问诊中医或服用中药，却把他放在一桶水蛭中，声称其可以吸血除瘀，治疗内伤。张在西医的治疗下每况愈下，性命一度岌岌可危。在同僚和当地华人的坚持下，他被送至巴黎的中医处治疗，并且逐渐恢复健康。②他向志刚与孙家穀请求，一旦他的身体恢复到能经受长途旅行，即刻回国。因此，当崇厚于1870 年夏天召集前往法国的"谢罪"使团时，张德彝已经回到北京并休养了一段时间，是当时同文馆唯一有出使海外经验的译员。鉴于其出使有功，他被提拔为兵部员外郎，时年仅 24 岁。

据张德彝《三述奇》记载：1870 年 11 月 2 日，他随崇厚启程前往法国。此次使团排场之大前所未有。为表赔罪之诚意，皇帝封崇厚为"钦差"，并授以头品顶戴。使团仅以法国一国为目的地，也为后来清廷设立驻外公使馆开了先河。使团启程离开天津的当天，步兵跪列街道两旁，数百名官员赶来为使团送行。③特使专员的轿子前，是一队手持黄色缎面旗、遮阳篷和旗帜的文武官员。张德彝是崇厚使团随员中的第四级的官员，排在随员、供事和其他同

---

① 《筹办夷务始末（同治朝）》第 77 卷，第 3133 页。
② 因为在此段治疗时间内，张德彝多数时间出于无意识状态，所以他的仆人接手了他的日记并每天对其病情进行简要记述。参见张德彝：《欧美环游记》，第799—804 页。
③ 张德彝：《随使法国记》，第 30 页。

文馆学生之上。

  与此前的使团不同，前往法国的人员中占多数的是汉人官员。他们纵横官场多年，且对官僚文化了然于心，与此前张德彝的旅行伙伴截然不同。当 50 岁的随团医官俞奎文给张德彝看他正值耄耋之年的老父亲的一封信时，张德彝欣然将这位老翁的话当成了自己的箴言，誊抄在日记里："看崇星使暨诸友是何光景，见样学样即可……万不可以问以耻也。"①这是由《礼记》中："恪守礼节；敬而不怠、行义灭欲"衍生的。

  当使团抵达时，法国正处于一片混乱之中。法国民众对拿破仑三世（路易·波拿巴）的外交政策和轻虑浅谋的自由贸易改革之不满情绪已然越演越烈。波拿巴皇帝的一次致命误判，致使他与普鲁士开战，他希望通过这样一场广受人民支持的军事行动，使得国内对政府的批判指责稍缓。这场始于 1870 年 7 月的战争很快被证实是法国的一场弥天大祸。就在崇厚使团到达法国的前一个月，法军精锐在决定性的色当战役中惨败，次日拿破仑三世被普鲁士军队俘虏。几天后，巴黎国民自卫军攻入国民议会所在的波旁宫，正式宣告第二帝国的灭亡。自卫军还在巴黎市政厅成立了国家临时政府。

  在一片混乱中，崇厚使团唯一的官方接待者是前任驻华公使哥士耆（Comte Michel Alexandre Kleczkowski）。尽管哥士耆努力让清朝使节避开国祸乱象，但张德彝依旧注意到了法国哀鸿遍地、景况凄惨。他记录说，街道两旁的房屋鄙陋不堪，窗户破烂，墙壁残

---

① 张德彝：《随使法国记》，第 29 页。

败，"居民半类乞丐"。①有一名法国军官被公派去为军队购买鞋袜，他却将时间和金钱浪费在了剧院之中，完全不以公务为重。张随后参观剧院时证实，"看戏者武将颇多"。他对自己看到的民众苦难之深与征战不休的景象深感痛心，于是在日记中哀叹：

> 斯时尚游玩看剧，不以官事为重。斯时城虽被困，王虽被擒，而间阎市廛，仍是朝朝佳节，夜夜元宵，鼓乐喧天，车马震地，可谓燕雀不知大厦之倾也。②

崇厚对此次出使法国之使命虽不甚情愿，却又义不容辞。众所周知，这个使团虽然形式不同，但在目的上类似于宋朝派往辽金求和的使团。此外，崇厚因需要自备资斧，他急于尽快完成出使的任务以节省消费。如大多数使臣一样，他也写了一本日记，并准备将其上呈总理衙门。③该日记主要是对日常事件和他参观游历的简要记录。例如，崇厚记他在远洋航行期间的活动：他独自一人坐于餐厅隔间内，远离那些花言巧语的乘客。在他所携带的书籍中有一本《万国公法》，这是丁韪良（W. A. P. Martin）的最新译本，崇厚自称精读三遍以上，几乎能将其全文背诵。④在等待法兰西第三共和国总统阿道夫·梯也尔（Adolphe Thiers）接见使团的整整一年

---

① 张德彝：《随使法国记》，第100页。
② 张德彝：《随使法国记》，第103页。
③ 崇厚撰写的《使法日记》，是一部四卷本的手稿。现由位于石家庄的河北图书馆保存，未编页，以下引用皆来自善本，目前尚不清楚该日记是否被朝廷或总理衙门要求上交过。
④ 崇厚：《使法日记》。

时间内，崇厚到处观光游历：他参观了法国的公园和乡村风光，享受了荡舟和购物的乐趣，还欣赏了许多美妙的歌剧。他最喜欢的地方是布洛涅森林公园，他经常在那里享受安静的湖上泛舟自乐，而当夜幕降临，则可以在香榭丽舍大街的咖啡馆观赏精彩的舞蹈表演。尽管崇厚最终与法国当局进行了长时间的拉锯与讨论，企图为天津教案的冲突寻找一个长期解决方案，但却并未在其日记中透露谈判的具体内容。① 由于崇厚并没有将自己视为一位考察西方情况的调查员，所以他没有对他参观过的工厂、铸币厂、学校、教堂、农场和图书馆进行书面描述。

与之相比，张德彝对使团的日常活动进行了细致的记录，但是由于身份职责的变更，他在日记中展现出的行为举止和对欧洲的看法与上两次出使截然不同。他不但负责处理使团的公务、安排使团的住宿与日程活动，还代表崇厚致电外国官员和公使。忙碌之中，张德彝开始不时写诗来抒发情感。② 他还采用历任使节常用的辞令，例如，宣称行船在东海的一帆风顺是仰赖"皇上洪福"。③ 为了保持外交作品的延续性，张德彝将这个新日记命名为《三述奇》。虽仍称之为"述奇"，该书对新奇外国事物的关注却减少了很多。随着责任的增加，日程安排的按部就班与写作中凸显的实用主义随之大幅增加。由于公务缠身，他开始谢绝前往剧院、商店和观光旅游的邀请。虽然张的前两部日记的重点是描绘西方神妙无比的物质生活和奇异风俗，但在《三述奇》的自序中，他解释说真正之

---

① 《筹办夷务始末（同治朝）》第 85 卷，第 3432—3439 页。
② 张德彝：《随使法国记》，第 32、63—64、73—74 页。
③ 张德彝：《随使法国记》，第 31 页。

"奇",是"计时十七逾月,计地余万里,履险若夷,阅三返而归帆无恙。"①

不过,他早期日记中惯用的人文主义风格仍在新日记中延续。由于对法国战争的毁坏与惨烈感到震惊,张德彝日记中充满对处于困境的普通法国人的同情:饥肠辘辘的乞丐、无家可归的流浪者、遍体鳞伤的士兵和支离破碎的家庭。在凡尔赛,他看到整个村庄皆穴居洞中,附近的房屋仍有血迹清晰可见。在巴黎,他看到商人以高价向饥不择食的城市居民兜售马肉和狗肉。绅士穿着满是跳蚤的破烂衣服到处闲逛。女人也忽视了梳妆打扮,以至于看起来个个都像顶了一窝鸟巢。无人看管的孩子整天坐在泥泞和成堆的木炭中。在一个上流社会的晚宴中,话题之一居然是法军烹食鼠猫。②

如果早先的出使经验使张德彝确信,西方人与中国人有着相同的欲望、情感和美德,那么如今饱受战争蹂躏的法国向他展示了他们也有着同样的弱点与不堪,人性的相通并不会受到文化或地理上的限制。在亲眼目睹法国贫民窟的惨状后,他哀叹道:"如是洋人之笑华人不洁者,其亦未之深思耶?"③当一位可怜的法国妇女前来乞讨时,张德彝回忆起,就在数月前,他在北京还见过外国人大声怒叱中国乞丐,让其滚开之情景。于是他写道:"以是观之,贫富何得以地限哉?"④当他们在巴黎的房东违反租房合同并向他们多收租金时,张德彝联想到西方人认为中国人缺乏商业信用的印象,在

113

---

① 张德彝:《随使法国记》,第23页。
② 张德彝:《随使法国记》,第97—98、100、113、115—116页。
③ 张德彝:《随使法国记》,第138页。
④ 张德彝:《随使法国记》,第125页。

法国本土人中皆有之。①

在张德彝比较性的视角中，巴黎公社的起源被赋予鲜明的中国特色。这与马克思将太平天国运动视为将影响欧洲"下一场争取共和自由、争取廉洁政府的斗争"有异曲同工之处。张德彝将法国革命者视为类似农民起义军的叛乱者，"其始无非迫胁之穷民"。②用张的话说，这些谋反之人就是"乡勇"和"叛勇"，这些富有同情心的词汇与传教士们对巴黎公社的报道形成鲜明的对比，后者选择诸如"贼党"和"乱匪"等谴责性词语来指代他们。③看到俘虏被游街，他写道，这些俘虏看起来都"无忧惧"且"气宇轩昂"。④看到他们被囚禁拘押和慷慨赴刑的景象，张德彝不禁落泪。

张对反抗者的同情心理，来自他对法兰西共和国是一个应被推翻的腐败政权的批判性观点。他解释说："夫乡勇之叛，由于德法已和。盖和局既成，勇必遣撤；撤则穷无所归。裹食何赖？困之铤而走险，弄兵潢池。"他对革命者奢侈铺张生活方式的描绘却与传统王朝谋反者的奢靡挥霍形象不谋而合："居则高楼大厦，食则美味珍馐，快乐眼前，不知有死。其势将败，则焚烧楼阁一空，奇珍半成灰烬。"⑤

值得注意的是，尽管张德彝关注报纸上每一件相关的新闻，他114 对冲突的描述却与巴黎公社成员采用的言语论调大相径庭，他似乎没有意识到法国革命者有着与中国天命观截然不同的思想意识。对

---

① 张德彝：《随使法国记》，第174页。
② Marx, "Revolution in China and in Europe"；张德彝：《随使法国记》，第168页。
③ 《中国教会新报》，1871年8月12日，第148期，第4—5页。
④ 张德彝：《随使法国记》，第171、173—174页。
⑤ 张德彝：《随使法国记》，第172页。

他来说，这不过是一场简单的民众起义和王权的退位，近似一场荒诞的戏剧："君后问众：'可仍居巴黎否？'众云：'不可！'遂携世子逃往比利时，寻又入英吉利。"[1]在张德彝的解读中，巴黎公社就像是穿插于中国王朝更迭历史中开启新帝业的一次起义。

与崇厚一同回国后，张德彝立即整理《三述奇》的手稿，并约请朋友为其作序，他也为该日记作了一篇自序。[2]这部日记为何没能在张德彝有生之年出版，我们不得而知，但我们或许可以在1870年代初的政治氛围中发现一些端倪。清政府对天津教案的处理方式激起士人汹涌的反对浪潮。负责调查杀戮事件的总督曾国藩建议惩罚天津当事官员，并依法处决有罪的中国人，他被愤怒的士人精英谴责为卖国贼。而张德彝对巴黎公社的叙述，可能招致对天津教案交涉结果的更多批判。也可能是同文馆总教习丁韪良对张德彝进行了规劝，让他不要公开出版这部日记，以免惹出更大的事端。

驻外使馆的建立

参与过 1866 年至 1871 年前三次使团的同文馆学生，大多数在清朝 1876 年后设立的驻外使馆中继续任职。其中包括出使英国的学生张德彝和凤仪，出使俄国的学生桂荣和塔可什纳，出使法国的学生联芳等。[3]原来公派获得入学资格的同文馆学生到国外接受实

---

① 张德彝：《随使法国记》，第 91 页。
② 张德彝：《随使法国记》，第 21—23 页。
③ 关于 1877—1881 年驻外使馆的同文馆学生名单，请参照苏精：《清季同文馆及其师生》，第 141 页。

践培训的做法也得以延续。因此，曾纪泽于 1878 年组建其使馆团队时，保留了四名从 1876 年以来担任翻译官的同文馆毕业生，又招收了两名班上成绩最优异的学生。1889 年，薛福成为使团招募了三名学生，两名来自京师同文馆，一名来自上海广方言馆。学生被要求每天撰写日记，协助处理使馆事务，阅读与翻译报纸文章和其他有用信息。①学生一旦完成学校规定的学习期限，就有资格被选中前往使馆担任随员，或再次回到同文馆进行教学和翻译工作。

这些制度设计为清朝外交机构提供了重要的结构上的延续性。使馆成为同文馆学生的训练之所，而之前他们多数只能坐在教室里进行语言训练和学习相关课程。尽管他们中的许多人都曾饱览有关国际法和外交方面的书籍，但理论和实践之间的巨大差异亟须学生在正式开启外交生涯之前就有实地经验。此外，通过将等待任命的使馆人员重新吸收回同文馆教师队伍的规定，也避免了同文馆毕业生被分配到与其专业无关的职位上。1880 年代中期，张德彝正是以这种方式一面等待着未来的使团任命，一面还为同文馆学生编写了第一本英语语法教科书，甚至还担任起光绪帝的英语老师。②然而可以肯定的是，同文馆学生并没有垄断所有的外交职位。公使惯常会将他们的亲戚、朋友和旧部收为参赞和随员。此外，李鸿章和其他地方官也会推荐他们的幕僚和门生。不过，或许是由于一些凭借个人能力成为公使的毕业生的游说和推动，在整个清末，同文馆

---

① 薛福成：《出使公牍》，第 503—508 页。
② Martin, *A Cycle of Cathay*, 315—317.

学生仍是一个保持激烈竞争的团体，其中有不少人在民国时期继续
担任外交职务。①

因此，在 1876 年，张德彝被委任为郭嵩焘率领的清朝驻英使
馆三等翻译官，而这是他第四次外派出使。在 1866、1868 年两次
与张德彝同行的同文馆同学凤仪，也加入了这一次的出使队伍。张
德彝在此前出使中获得的各式外交技能，立即被用于使馆的基本功
能建构和社交网络搭建中。他在任何场合都需留意各方名字和对话
内容，通常只是将其默记脑中。他要代表公使进行正式访问，参加
的宴会、舞会和茶话会更是不计其数，他还曾代表驻英使馆发表官
方演讲。作为出使大臣的左膀右臂，他总是忙得不可开交，屡屡一
天内要参加三四次活动，鲜有休息时间。有一次，在接连数周参加
舞会和派对的连轴转后，他写道："虽云略为应酬，而言语周旋， 116
上下楼梯，永立无坐，固已困惫不堪矣。"②此外，他还对公使感兴
趣的所有主题进行探究：天文学、考古学、科学实验、船舶枪支以
及商业贸易。

除了维护公使馆的基本职能外，张德彝和他的同事还决心解决
涉及海外中国留学生、商人、劳工的各种事件、纠纷和官司。1877
年 3 月，清朝驻英使馆收到了被李鸿章派往德国军队学习的三名学
员的不满申诉。他们声称，负责他们营的德国向导李迈协（Leh-
maye）在船上虐待和羞辱了他们，当卞长胜和另外两名学生与他
针锋相对后，李迈协立即将这三人转移到工厂学习杂技，以对其进

---

① 关于来自同文馆的清末民初外交官的名单，参见苏精：《清季同文馆及其师生》，
第 143—147 页。

② 张德彝：《随使英俄记》，第 574 页。

行打击报复。于是，郭嵩焘派张德彝彻查此事。张分别采访了该营中的所有学生，悉心倾听他们的诉说，同时悄然观察他们的行为和人品。通过对比他们的证词和神色，张德彝认为这件事是学生理亏。作为该营品级最高的武官，卞长胜不但对德国官员摆出了居高临下的态度，还挑拨营内其他人也随他这样做。但张还是决定再给学生一次机会。在接下来的几天里，他与德国外交部进行沟通，并将该营成员重新分配到海军进行学习。在他离开德国之前，张德彝与这三名学生进行了一次情深意切的交谈，劝勉他们效力国家并光宗耀祖。他还指点他们，对德国军官的委屈只是一种暂时性的妥协，以确保他们自己在未来学有所成，荣归故里。学生听了张德彝的这番话都感激涕零，自责不已。①张德彝在启程返回英国前，向郭公使呈递了一份报告，郭随后向李鸿章呈报了张德彝对该争端的解决办法。无论是在该事件还是在其他类似的事件中，翻译官在平息冲突方面，都是不可或缺的重要角色。

张德彝的意见也可能影响公使在重大场合的决策。当郭公使打算依照西方习俗让他的小妾在使馆的首次正式宴会上担任女主人时，张德彝劝诫说："按西俗，凡请茶会、跳舞会，固皆女主出名，然此次中国钦差请茶会，可以稍为变通，不必拘定。"他真正担心的是，这样的消息会很快传至国内，招致朝廷和士人的批评指责。郭公使最终采纳了张德彝的建议，从茶会请柬上删去其小妾的名字，并于内庭为女士们举办了一个单独的聚会。②

---

① 张德彝：《随使英俄记》，第 350—355 页。
② 张德彝：《随使英俄记》，第 560 页。

表3.1　张德彝在《随使英俄记》(《四述奇》) 中所收集的主要信息类型　117

信息类型	主 题 示 例
使馆维护	外籍仆从的工资等级与奖金；不同工种的分类；就餐的食物、地点与礼节规矩；劳工的解雇与引荐转介；关于个人休假、节假日、小费、佣金的规定；厨师的种类
社交与外交礼节	有关致电、参加晚宴、宴会、舞会及其他公共场合的礼节；适应不同场合的菜单；社交禁忌；正确准备请柬的方式
交流与通讯	向国内外不同目的地发送电报的花费与时速；修订现行电码的步骤；政府各部门每日、每周与每月的事程安排
政　府	政府结构；行政区划；选举程序；政府收支；主要官报；审查程序惯例；内阁更迭；税收种类
非政府机构	学校的类型、招生人数和授课科目；天路网络的经营管理；公共交通；博物馆与图书馆；慈善组织
法　律	来自习俗的民法；遗产继承法；刑法；狩猎法
上流社会阶层	记录所有重要人物的姓名、住址与称号；所有社交活动和重要的出席者
陆军与海军	军队组织结构；服役年龄与责任义务；海军师级作战单位；兵工署；新兵的征募、训练与晋升
其他各种信息记录	饮酒文化；结婚纪念日的类型；官僚文化；货币及其流通兑换；翻译外国名字的信、达、雅；流行的游戏

为了更好地履行上述各方面的职责，张德彝采用了新的方式记录日记。尽管张德彝早先的文章大多是对奇闻异事的记述，从1876年起，其海外日记被认为是与外交生涯和使馆运作等信息密不可分的档案文件。表3.1是笔者归纳的张德彝最常记录的信息类别。其中的许多主题，仅仅是关于外交礼节的记载，就收录了数十条相关的条目。他还从报纸、书籍和其他外交官同僚出版的出使日

记中摘录与誊抄文章。根据比较文学学家尹德翔的研究，张德彝从
118　驻英使馆副使刘锡鸿的《英轺私记》中摘录了整整 81 篇短文，并
将其分散转载至其日记的各个部分。①尽管张德彝个人并不赞成刘
锡鸿的守旧主义倾向，但这并不妨碍他借鉴刘锡鸿的笔记。于是，
日记对张德彝而言，不再只是对西方给他留下深刻印象的奇闻异事
的简单记录，而是将每天网罗的各种信息编入索引的一种方式。
1860 年代，对文学原创性和新颖性的追求塑造了斌椿和张德彝本
人的早期写作风格，但如今，这种文学性追求已被最大限度地提高
信息收集效率的现实需求所取代。1883 年，上海一家书肆和同文
馆同时出版了《四述奇》这部 16 卷本的著作，这一事无巨细的外
国信息档案集，也成了未来外交官的实践指南。②外交官曾纪泽与
报人改革者王韬都是其读者之一。③历史学家潘光哲还注意到，王
韬不仅在其新版《法国志略》中再现了张德彝对法国议会辩论的描
述，还拔高了张德彝对英国政治体制的赞扬，并运用它来称誉法国
的政治制度。④就这样，张德彝积累的知识被整合进了清朝使馆的
机构记忆和文人的普遍常识之中。

　　早在同文馆学习时，张德彝就对细节琐事有着非凡的热爱。这
种兴趣在他对维多利亚时期行为准则的细致记录中展露无遗。张德
彝对所有西方社交礼仪的规范进行了周密的区分，并翻译了许多同
时代王室演讲的官方指南与流行的行为守则的出版物：诸如《朝眷

---

① 　尹德翔：《东海西海之间》，第 129—133 页。
② 　源于常瑞为本书所撰写的序言，参见张德彝：《随使英俄记》，第 269 页。
③ 　曾纪泽：《曾纪泽日记》，第 1495 页。
④ 　潘光哲：《追寻晚清中国民主想象的历史轨迹》，第 137—141 页。

会规》等，他还将这些译注穿插在其日记条目之间。①在一些国内官员眼中，张德彝对举止规范的过度关注有失分寸，他一丝不苟地遵循着西方礼仪，却无视中国官场礼节。他致力于维护良好形象并确保使馆的顺利运行的种种作为，几乎很少得到中国官员的认可，更不用说赞赏了。新任命的公使们往往将他视为低层的译员和杂事差役。在从事外交工作二十余年后，张德彝在 1888 年诉苦道："查各国换驻公使，原为查访风俗事体情形，以便保护人民、办理交涉事件，是不惟公使须通晓一切，而随员人等，尤当历练，随时见闻。故各国公使署，凡往来文件，无不置诸公案，随时听众观看，以便知晓各事情形如何办法。余自乙丑冬随使外洋，于今五次矣，所知者，惟一国之风俗民情，所有两国交涉事件，茫然不知，二十年来虚受国恩。"②

张德彝的经历表明，清代外交官的职业化历程并非沿着线性路径在发展。一方面，使馆的两级平行结构使得具有语言能力和社交技能的年轻译员能够任职于使馆；而另一方面，公使、参赞和领事却很少依据其在海外接受的专业训练来任命，与之相反，这些被任命者往往是一些随意拼凑的毫无外交经验的官僚。历史学者李文杰将清代外交近代化的缺失归因于总理衙门的最初规定，即所有外交职位都是临时的兼"差"，而非固定的实"缺"。在这种制度体系下，总理衙门的章京或使馆的译员在外交界以其原缺任职；而他们在中央六部的实缺往往只是较低品级的职位，也仅领取与本职相应

① 张德彝：《随使英俄记》，第 340—348 页。
② 张德彝：《五述奇》，第 159 页。

的薪俸。于是，他们被鼓励去营求外交岗位，因为这些工作有望使得他们迅速晋升，从而得到更高品级、有利可图的正式职位，如沿海省份通商口岸的道台。①清朝外交结构的设计并非旨在留住像张德彝这样有着丰富出使经验的译员，也无法保证他们在体制内获得与其能力相匹配的职位。

在 1890 年给庆亲王奕劻的一封信中，张德彝提示他关注外交体制上的这一弱点，并请求将总理衙门（连同驻外使馆的架构一起）设为有实缺名额的独立办事机构，从而消除其成员的兼差之苦。他还建议使馆成员应该专门从总理衙门中挑选任用。②张德彝的提议在公使洪钧的奏折中得到了回应，并可能对 1900 年后的清朝外交体制改革产生了一定程度的影响。③除了缺乏中央的监管之外，使馆官员和国内官员对外交角色的定位有各自不同的看法。这种分歧可以从清朝外务系统的另一位成员蔡钧的身上看出。

蔡钧并非科举出身，他跟随出使美日秘国公使（出使美国、西班牙、秘鲁三国）郑藻如前往清朝驻美使馆，并很快被提拔为驻马德里使馆的参赞，并代办公使事务。1884 年 11 月，蔡钧撰写的《出使须知》由上海报人王韬出版发行。④这一年，蔡钧完成了三年出洋的使命后荣归祖国，并被任命为同文馆监督。《出使须知》是一本自助式的手册，以类似官方指南的语调编写，用于课堂讲授教

① 李文杰：《中国近代外交官群体的形成》。
② 张德彝：《醒目清心录》第 13 册，第 143—150 页。
③ 李文杰：《中国近代外交官群体的形成》，第 376—379 页。
④ 王韬于 1884 年 5 月左右收到蔡钧《出使须知》的底稿，11 月就手校完成并准备刊印出版。参见权赫秀：《晚清中国与西班牙关系的一部罕见史料》，第 115 页。

学，并为首次出使的外交官提供有效引导。该手册旨在关注各类外交官（公使、随员、领事和翻译官）的实际需求，提供诸如各种场合的得体着装、包装技巧、随身携带的现金数量与钱币类型、晚宴和官方聚会的社交礼节、如何通过外国人的制服辨别其身份地位等实用的建议。 120

　　鉴于西方对中国人的成见，蔡钧针对性地在习惯上提出忠告和建议，他也对中国使节是否能够依照西方习俗保持应有体面，表现出强烈的焦虑。例如，他建议为茶会准备各种华丽服饰，因为西方人最看重这些社交茶会。①即便是在炎炎夏日，帽子也应该一直戴在头上，并配上带硬领的衬衫以隐藏蓄辫，否则西方人会在后面窃笑并沿途聚集观看。②至于赠礼，外交官仅宜携带中国花卉画，因为西方艺术家十分擅长绘制风景画和动物画，却唯独在花卉设色上逊色于中国。③手册还强调了遵照欧洲人爱好清洁、彬彬有礼的性情理念的重要性，告诫外交官不要在没有手绢遮掩的情况下随意咳嗽或擤鼻涕，不能将烟灰四处弹洒，也不能穿着有污渍的贴身衣物。④它还强调了与当地社区交往和适应外国礼仪的重要性，特别是在男女共处的场合。⑤

　　蔡钧坦率地谈到了自己由于缺乏中国历史、经典和法律方面的正统知识而造成的"不便"或"尴尬"。他写道：西方人喜欢出于

---

① 　蔡钧：《出使须知》，第 443 页。关于蔡钧对如何在晚宴上保持得体举止建议的英文翻译，参见 Arkush and Lee, *Land without Ghosts*，53—56。
② 　蔡钧：《出洋琐记》，第 70 页。
③ 　蔡钧：《出洋琐记》，第 71 页。
④ 　蔡钧：《出洋琐记》，第 75 页。
⑤ 　蔡钧：《出洋琐记》，第 80 页。

善意的好奇心详细地打探询问中国的法律、礼仪、制度和历史，但是，"我若全未披览，茫无以应，或随口杜撰，彼将以我为不学无术，而生其轻蔑之心矣"。①尽管蔡钧谨慎小心地将自己的话语塑造为对他人的忠告，但读者很容易将这些内容解读为自我指涉，并为无知的清朝外交官在外国人面前代表中国而感到羞愧。事实上，正如蔡钧在其1884年出版的另一本出使日记《出洋琐记》中所记载，当一位西班牙贵族问他为何中国人"好谈孝悌忠信之道，因果报应之说"时，蔡钧近乎愧疚地敬答道："此中国风俗使然。平日父师之教子弟，以此为本。"②

蔡钧的行文中带有一种自信而又一丝不苟的气质，使其读起来就像来自朝鲜和越南的朝贡国使节为他们的同僚所撰写的礼仪手册，以备将来出使中国之用。的确，朝鲜宫廷购买了蔡钧的这两部外交著作，并将其妥善存放于王家图书馆内，很可能是朝鲜为设立海外使馆所作的前期准备。③1886年，在蔡钧被弹劾后，朝廷斥责他未经官方许可肆意散播重要信息，并将他的作品列为禁书。④

蔡钧并非唯一因陈述西方的话语和视角有问题而被国内批评

---

① 蔡钧：《出洋琐记》，第95页。
② 蔡钧：《出洋琐记》，第26页。
③ 关于朝鲜宫廷对蔡钧外交著作的购置，请参见权赫秀：《晚清中国与西班牙关系的一部罕见史料》，第154—162页。1887年，朝鲜皇室在东京派设了一个固定使馆，同时宣布计划向华盛顿特区与欧洲各国首都均设立朝鲜驻外使馆。这一举措立即遭到了清朝驻朝公使袁世凯的极力反对，但最终得到了袁世凯的上级李鸿章和总理衙门官员的勉强批准，其前提是"朝鲜必须牢记其作为清朝藩属国的地位，并恪守藩属国应有的礼仪规矩。"Larsen, *Tradition*, *Treaties*, *and Trade*, 179. 鉴于清政府在朝鲜问题上对传统的朝贡礼制和外交礼仪的坚持，以清政府的立场看来，朝鲜求购蔡钧外交手册的举动令其颇感不安。
④ 《光绪朝上谕档》第11册，第308页。

者针对的外交官。张德彝在 1877 年至 1880 年出使期间撰写的外交日记《四述奇》，也在 1884 年受到被他称为"保守派"之人的类似批评。为了发泄内心的不满，张德彝随后开始在驻柏林期间的一篇日记中，虚拟了许多与"土耳其随员"的对话。而正是借此"指桑骂槐"的方式，张德彝能够像谈论外交事务一样谈论有关清政府的问题。其中一位子虚乌有的土耳其随员，道石青（听起来像"道实情"）向张德彝奉告：

> 数年前随使英美多国，凡所见闻，曾按日记载之。其政事风俗、山川险要，无论其于我国有异无异、有益无益，皆据实笔之于书，未敢褒贬一词，惟冀览是书者，得以考察。因多人索观，遂即付诸杀青，不意印成后，竟有人谓余无学问、无见识而不为本国占地步者……故凡出使游历者有所见闻，皆不敢率尔操觚、实陈一言。①

此处张德彝显然是在借道石青之口，谈论自己公开刊印《四述奇》的后果。也许正是因为这些原因，他被排除在新的驻德国使团之外。1884 年，他与家人在北京整整待了四年之后（包括为他父亲守孝的两年），张德彝听闻新任命的驻德公使许景澄正在寻觅英语翻译官，于是主动提出为他效劳。令张德彝懊恼的是，当许景澄得知他三年守孝未满之时，就立刻改变了主意并撤回了对张的任命提 122

---

① 张德彝：《稿本航海述奇》第 5 册，第 587—588 页。关于张德彝虚设的土耳其随员的构建分析，参见张晓川：《骂槐实指桑》。

议。鉴于张德彝此前已提出要缩短守孝期即刻赴任，许景澄却坚持让他守满，或许是有意要上一堂百善孝为先的课。①1887 年，张德彝终于成功加入许景澄的后任——洪钧的驻德使团，但在德国，张德彝的外交工作也不尽如人意。三年后，洪钧也对他啧有烦言：

> 舌人之选，难乎其难，即或夷语少优，而胸无一卷华书，心无几分事理。与办交涉，骤苦指难明；与谋著述，如偕盲人同路。②

张德彝和蔡钧式的外交人员积累的外国语言、外交礼仪和异国情报的知识，并不足以使他们有资格担任高级外交官。由于缺乏儒家的正统教育，他们的文章往往被认为充满道德疑点和粗俗的功利主义。在批判者的眼中，他们缺乏一个可行的语言框架来组织、解释和呈现他们收集的信息。张德彝和蔡钧两人都将西方习俗过分内化，以至于让人认为他们在国外似乎比在国内更加安逸自在。两人都对世界大同主义心服首肯，而在朝廷看来，这种世界主义的倾向损害了外交使团的道德情操。张德彝、蔡钧的经历、挫折与许多其他学生译员是相同的，他们对西方的理解认知，受到语言和外交训练的深刻影响。在某种程度上，他们的个人难题映射出官僚机构面临的更大困境，即愈来愈多的外交官采用西方视角来表达中国的同时，官方语言却继续受到以中国为中心的话语体系的支配。

---

① 张德彝在其《五述奇》的序言中描述了这件事的前因后果。参见张德彝：《稿本航海述奇》第 5 册，第 1—4 页。
② 洪钧：《洪钧致薛福成札五通》，《东南文化》第 2 期，1986 年，第 158 页。

结　论

作为一名低阶官员，张德彝与身兼要职的高官有着不一样的视角。他对西方社会的描述虽然浅显，却是细致入微而富有活力的，充满了日常生活的错综复杂，而这些几乎都被年长的官员所忽视。西方迥然不同的生活方式极大地激发了他的想象与兴趣。他对西方的娱乐游戏、体育锻炼、民俗迷信、浪漫传奇和文艺竞技兴趣盎然，而他对穷人的恻隐之心又促使他调查西方富足开明表象下的真实情况。

他所描述西方事物的复杂性和多样性与儒家秩序及其清朝外交，常常显得格格不入。但这或许是他的日记中最具价值的信息："西方"是一个由多种多样部分组成的复杂实体，不能将其简化为一个单一而线性的概念。如果对比一下张德彝是如何向西方人介绍其包装精巧的"儒学"思想，我们似乎发现，他并不是一个全盘接受中国文化的局内人，但也不是对西方一窍不通的局外人。

然而，张德彝也是使团中最理想主义的一员，他天真直率，却似乎拒绝接受列强入侵带来的严酷现实。也许正是由于他政治意识的缺乏，张德彝在 1880 年代对欧洲的描述被斥责为"不为本国占地步"。在某种程度上，他对西方的理解与志刚并非完全不同：两者都认为，欧洲国家之所以国泰民安、繁荣昌盛，是因为它们的统治方式始终与正确的路径保持一致。如果真是如此，则西方与中国的冲突一定是少数道德败坏的商人的误解歪曲和刻意阻挠造成的。在张德彝晚年时，他希望在以下方面增加他所撰系列《述奇》的世俗属性：

123

> 政莫大于礼。《礼》始饮食，《诗》咏干糇。日用起居之间，里巷琐屑之事，其于政教也，譬诸江河之有尾闾也。疏通浚沦，莫要于此者，政教将于是乎觇通塞焉。①

张德彝日记的主题十分平凡世俗，但对他而言，这是关于外国治理状况最实用的知识。他对政治家与外交官的装腔作势不以为然，而在孩童的游戏间发现了真正的西方。而因为如此，他的笔记才更加难能可贵，立意深远。正是由于缺少传统的儒学教育和政治敏感性，张德彝更能跳出其他使节普遍关注的问题，让我们看到了对他个人而言至关重要的点点滴滴。随着时间流逝、官衔提升和出使经验的增加，张德彝并没有丢失这些难能可贵的精神。在漫长的外交生涯中，他的人文关怀一直是他日记中最为显著的特征之一。因此，在清朝的最后几十年，当前往欧美的私人旅行变得更加普遍可行时，中国旅者表现出比清朝使节和外交官更大的灵活性，他们有着更强烈的意愿，去发现中西一致之处和共同的历史。对此，我们不应感到意外。②

---

① 张德彝：《六述奇》，第 7 页。
② Xu，*Chinese and Americans*.

第四章 学 者

1874 年 6 月，郭嵩焘接到朝廷召唤，要求他入京陛见，并委以外交重任。此前，在经历了一段受挫的仕途之后，郭嵩焘于 1867 年毅然罢官回籍。这位昔日的翰林院编修、署理广东巡抚一直居住在湖南家乡，投身于教学、学术和地名志的编撰。他犹豫数月，最终决定接受朝廷的征召，于 1875 年 2 月 24 日抵达京城。彼时，正好赶上农历新年与新帝即位。1875 年 1 月 12 日，18 岁的同治帝骤然驾崩，且无子嗣继承帝位。两宫皇太后指定咸丰帝四岁的侄子载湉继承大统。①这个男孩就是我们熟知的光绪帝。

朝廷召回郭嵩焘，是因为来自海防的困扰。1874 年 5 月，羽翼未丰的明治政府派遣了一支舰队前往台湾，惩罚当地的原住民，因为他们曾在 1871 年杀害了 54 名因船只失事而流落台湾的琉球渔民。日本声称琉球是自己管辖的领土，要求清政府对台湾原住民的行为承担法律责任并支付赔款，否则就必须放弃对该地区的主权主张。当总理衙门断然拒绝日方的这些要求时，日本舰队以

---

① 郭嵩焘：《郭嵩焘日记》第 2 卷，第 829—862 页。

"开化生番"的名义入侵台湾东部，并成功从清政府那里获得了一笔赔款。①

日本海军在厦门港的突然出现，暴露了中国漫长海岸线展现的弱点，并警示清朝官员，当务之急是团结一致支持中国现代海军的建设。朝廷广泛征求解决海防问题的建议，并发布上谕要求百官就军事训练、武器采购、造船、官员招募和海军长期发展等方面向朝廷进言。相关官员一致赞同政府应采取严厉措施求得自强，但在各方案的轻重缓急上，官员却产生了较大的分歧。其中一方是以李鸿章为代表的洋务派：他们呼吁立即采购先进的枪炮军火，建设现代化的海军，并派遣海军学生前往国外接受训练。②针锋相对的另一方以湖南巡抚王文韶为代表，他们将内陆边防与中亚地区的安全放在首位，并质疑建设一支西式海军的可行性。③

日本此次的"征台之役"，使得清朝对外派设常驻使馆从一种模糊的可能变成了一种迫切的需要。在 1874 年 12 月 4 日呈给朝廷的一份奏折中，李鸿章认为日本入侵台湾的原因之一，在于清政府缺少一名驻日公使，如果有公使，"当能豫为辩阻，密速商办"。除了外交联络和收集情报之外，常驻公使还可对横滨、长崎和函馆等地华商关心之事与遭遇的麻烦作出迅速响应。李鸿章进一步指出，这种做法也应推广到欧美各国，以便清朝可以随时直接与各国外交部进行谈判协商。④一周后，福建巡抚王凯泰附议说，1868 年德川

---

① Eskildsen, "Of Civilization and Savages."
② 《筹办夷务始末（同治朝）》第 99 卷，第 3986—4002 页。
③ 《筹办夷务始末（同治朝）》第 99 卷，第 4016—4024 页。
④ 《筹办夷务始末（同治朝）》第 99 卷，第 4002 页。

幕府的倒台使该国易受西方的操纵，他建议朝廷在"诚信相孚"的基础上向日本派出常驻使臣，如此一来，既可与明治政府建立外交联络，又可劝诫其统治者。①两江总督李宗羲补充说，清政府应代表东南亚和美国众多海外华人的利益。"凡有会馆，举有头人，名为首领，类能知其姓名，此皆世沐圣恩，萦怀故土，每遇中国人至，款接甚殷"。面对西方请中国设立常驻使节的要求，清朝应借此遣使"结纳首领，婉转劝导，发其同仇之念，示以加秩之荣"。这些华人首领甚至可被授予朝廷头衔，并被鼓励组织自己忠诚的团练，以抵抗外来入侵。②

郭嵩焘抵达北京之际，朝廷高层正在讨论外交政策的这些长远改变。从郭嵩焘关于海防建议的奏折中，我们可看出他拥护海军自强派的主张，但在他看来，目前当务之急是国内的忧患问题，而不是军事技术改革。他认为，中国并不存在遭受欧洲侵略的风险，因为"洋人蚕食诸国，阳开阴阖以收其利，从无攻城掠地之事"。③与之相反，中国真正关心的应该是如何富国裕民以及集大国之力以求自强。西方已经展现出一条如何强国富民的有效道路：即依靠商人投资民用工业和军工企业，因此中国商业的繁兴必须被视为国力强盛的源泉。他写道，最近成立的轮船招商局和福州船政局正朝着这个方向迈出了正确的一步，但官商之间彼此缺乏信任，使其无法充分发展。于是他建议取消朝廷对企业的官方监管，将管理权下放至商人手中。这项举措将会极大增加商人的能动性，出现"官民上下

---

① 《筹办夷务始末（同治朝）》第99卷，第4016页。
② 《筹办夷务始末（同治朝）》第99卷，第4031—4032页。
③ 郭嵩焘：《郭嵩焘奏稿》，第345—346页。

通筹，合力为之"的局面。①

  郭嵩焘的进言植根于对清朝统治合法性由来已久的质疑。早在鸦片战争时期，郭嵩焘就目睹了清军面对外国侵略者的软弱无能，并开始怀疑西方外患是中国自身长期病症的结果。1850 年代中期，郭嵩焘在曾国藩湘军中担任将领并协助曾国藩征兵筹饷，从太平天国手中拯救清王朝，而正是清朝八旗军队在此战中的一败涂地，使这种半信半疑逐渐变为坚信不疑。1860 年，当英法船舰前往天津进行条约批准时，他公开反对蒙古王公伏击外国船只的计划，但却无济于事。随后的第二次鸦片战争和 1860 年北京的沦陷，使郭嵩焘成为清朝飞来横祸的预言者，他由此博得了包括李鸿章在内许多权臣的钦佩赞赏。②

  对郭嵩焘而言，正如他最崇敬的思想家王夫之（1619—1692）在晚明所经历的那样，清朝进入急速衰微的阶段已是不可否认的事实。1644 年明朝灭亡后，这位前明遗老拒绝为新朝廷效忠，并一心一意仔细研究典籍和史学，以了解他所处的王朝是如何沦陷的。1852 年，郭嵩焘为躲避太平军而避祸深山之中，在这与世隔绝之处，他阅读了王夫之的著作。③他认为自己在重温王夫之当时面对的困境，并沉思两百年前引发王夫之思考的同样问题：如今与先前所有王朝衰落的真正原因究竟是什么？而又应该如何匡乱反正呢？

---

① 郭嵩焘：《郭嵩焘奏稿》，第 343 页。

② 关于这些事件的详密记述，参见汪荣祖：《走向世界的挫折》，郭廷以：《郭嵩焘先生年谱》。

③ 安庆的士绅叶坤厚也有着相似的经历，他因太平军攻入安庆而被迫避难于深山之中，在他组织地方团练反击前也对明朝覆灭之因作了深刻反思。参见 Esherick，*Ancestral Leaves*，12—13。

他同意王夫之的观点，即拨乱反正必须从恢复中国社会的基本秩序开始，而整顿秩序需要通过重申儒家礼仪和重建乡土社会关系来实现。与王夫之一样，郭嵩焘对自己所处时代礼制的衰落感到痛心，他指出，任何传统习俗的现代遗存，都已变成毫无意义而乏味僵化的惯例。正如太平天国起义爆发所昭示的那样，当现有的家庭和社群的礼制仪式不合时宜之时，学者需要适当改革这些仪式并重新赋予其意义。①

即使郭嵩焘在 1874 年被朝廷召回，其官方职责转向外交事务之后，他首要关注点仍是治理国家的政策。正如上述海防奏折所示，他为抵御外国入侵而提出的建议，即是对国家工业政策和商业道德进行全面改革的呼吁。虽然郭嵩焘对史料的搜集和当代事务的旁征博引令人信服，但他过于直率，以至于缺乏政治头脑的毛病也同样明显。在奏折的开头，郭嵩焘即刻摒弃了由朝廷提出的六项海防条议，不但将其视为于事无补之举措，并拒绝对其作进一步讨论。该奏折体现了郭嵩焘试图将外交事务概念化为国内治理的倾向。这也解释了为何郭嵩焘的同僚对他既敬且嫌的原因。

当众人刚从琉球事件的震惊中振作起来时，另一起涉嫌图谋报复外国人的案件突然发生。1875 年 2 月 21 日，英国领事馆的翻译马嘉理（Augustus Margary）在一次前往中缅边境探险的过程中意外身亡。英国公使威妥玛（Thomas Wade）立即要求清政府对这件谋杀案负责，并借此向总理衙门提出一连串的要求，包

---

① 有关王夫之的形而上学与其历史观点的介绍，参见 de Bary, *Sources of Chinese Civilization*，vol.1，26—35。有关郭嵩焘对礼制礼仪的反思，参见郭嵩焘：《礼记质疑》与 Platt, *Provincial Patriots*，53—54。

括增开四个通商口岸，准许清帝接见外国外交官，对未来前往中国内陆的西方旅者给予地方上的安全保护，以及向英国派遣"谢罪"使团。①

郭嵩焘提出的建议引起众怒。他将马嘉理的意外身亡归因于中国治理不当，并建议回归地方行政管理的基本原则，与英方恢复互惠互利、相互理解和尊重。他在一件奏折中指出，如果马嘉理事件发生在三代，云南地方官应该为下属和当地普通民众的排外情绪负责。随后，他更是提出了一个让人难以理解的建议，他请求朝廷同意英国公使的要求，立即罢免云贵总督岑毓英并对其展开调查。②他对此的解释是，通过比英国公使提早一步追究清政府官员的责任，朝廷将占据道德制高点，也不会为英国提出附带要求留下任何空间。郭嵩焘的奏折遭到了其政敌、朋友甚至是从前的学生狂风暴雨般的非难，指责他背信弃义且过于天真。③

虽然朝廷拒绝惩处云南官员，但还是肯定了郭嵩焘的价值，并任命他为钦差，应威妥玛要求，率使团赴英赔礼道歉。此外，由于组建使团的成本不菲，总理衙门要求郭嵩焘作为第一任常驻公使在英国停留三年时间。④他对这一任命并不以为然，认为这是一种冒

128

---

① Morse，*The International Relations of the Chinese Empire*，vol.2，301.

② 郭嵩焘：《郭嵩焘奏稿》，第349—350页。

③ 郭嵩焘：《郭嵩焘日记》第3卷，第14页；郭廷以：《郭嵩焘先生年谱》，第510页。

④ 总理衙门在使团临行不久前才做出这一决定。而李鸿章大约于1876年10月10日，即使团出发前才获知此事，并认为将此次道歉使团升格为常驻使馆对郭嵩焘而言，"慰情聊胜于无"。参见李鸿章：《李鸿章全集》第31册，第488页。郭嵩焘自然是不赞同李鸿章该看法的。

犯和羞辱。不过，朝廷拒不接受他的请辞。最后，慈禧太后亲自恳
请他接受这份工作："此事万不可辞，国家艰难，须是一力任之。"
郭嵩焘本试图请辞，但慈禧太后打断了他的话，对他说："我原知
汝平昔公忠体国，此事实亦无人任得"。她回头看向御前大臣柏王，
当着他的面夸奖郭嵩焘："他于此实是明白，又肯任劳任怨，实亦
寻他几个不出。"然后她又转向郭嵩焘说："旁人说汝闲话，你不要
管他。他们局外人，随便瞎说，全不顾事理。你看此时兵饷绌，何
能复开边衅？你只要一味替国家办事，不要顾别人闲说。横直皇上
总知道你的心事。"郭嵩焘只好默默叩头，以示凛遵慈谕。①

　　自使团设立之初，郭嵩焘对常驻公使的理解和朝廷里其他洋务
官员的理解不同，而这是一个最终导致他提前结束外交生涯的关键
因素。他在古代经典与历史方面的学术造诣、在鸦片战争和太平天
国战争时期的经历，以及他自愿辞官归隐，都表明了他对清朝未来
的悲观。②他认为救中国于水火之中的真正办法在于社会改革，在 129
于教育、富民与赋民以权，而不是帮助王朝延续一个日渐衰退的合
法性统治。正如他所写，在所有外交事务中，设立常驻公使"万非
今日急务"。驻外公使与祖国远隔重洋，不但没有任何盟友，而且
在面临困难时，他们还很可能会蒙羞受困并替朝廷背负责任。他认
为，如果中国商人将来能成功地在国外设立行栈，那时才可能有必
要派遣一些领事。对可预见的未来而言，郭嵩焘认为常驻公使之

①　郭嵩焘：《伦敦与巴黎日记》，第15—16页。
②　正如裴士锋（Stephen Platt）敏锐地指出，清政府可能会失去其统治权，这是所
　　有负责镇压平天国起义的"每个人"心中都关心的问题。Platt，*Autumn in the
　　Heavenly Kingdom*，125。

举，是"尽人可以差遣"的工作；朝廷对他的任命，是可悲的人才浪费。①

使馆的成立

1876 年 10 月 28 日，总理衙门发布了一份关于组织公使馆的章程十二条。该章程给予公使很高的自由度，但对他们具体职责的定义却极为模糊。该章程鼓励公使自行酌定所带的参赞、领事、翻译等使团成员，所有人员的工作期限固定为三年。出使三年期满时，政绩优良的公使和辅佐得力的使馆成员将会受到晋升的褒奖。与当时通行的西方外交体制不同，驻外使馆并不隶属于总理衙门，而是被设想为是"与总理衙门平行的国家机关，只不过一个在中国境外，一个在中国境内"。②除紧要事件需要随时陈奏外，驻外公使还需随时就寻常事件与总理衙门咨商。最后，公使兼摄多国事务，可以自行决定如何管理分驻之处，并知照总理衙门查核。相较于使馆结构、职责规定的简洁性和灵活性，章程对所有与薪俸和支出相关的事项都作了详细规定。清政府的主要焦虑似乎在于现有官僚结构中增加新机构花费的高昂成本，这比驻外公使的外交表现更重要。③

每个公使馆的设立，都遵循一种不规则且随意的过程，其运作既取决于章程规定，同样也取决于公使的个人倾向。在美国、西班牙和秘鲁的使馆由一名公使同时兼摄（也许是因为这些国家的往来

130

---

① 郭嵩焘：《郭嵩焘奏稿》，第 361 页。
② Hsü, *China's Entrance into the Family of Nations*, 193.
③ 张寿镛：《清朝掌故汇编外编》第 8 卷，2a—4a。

事务主要涉及海外华人群体的保护）。这一要职由广东人陈兰彬担任。他为进士出身，于 1872 年担任留学生监督，率领第一批留美幼童赴美国新英格兰学习。陈兰彬于 1875 年 12 月与郭嵩焘同时获得外交任命，但直到 1878 年 9 月才抵达华盛顿特区。此后，他曾于 1879 年 5 月短暂地访问马德里并递交国书，但他从未踏足秘鲁境内，并将该国公务悉数委托给领事。①

　　出于各种原因，清朝派往法国、德国和俄国的首任常驻公使都是从伦敦使馆中挑选委任的。刘锡鸿，原驻英国副使，被重新任命为第一任出使德国大臣；郭嵩焘于伦敦任职期间，因英国地理位置靠近法国，他在 1878 年 2 月兼任驻法公使；继任郭嵩焘出使英法的曾纪泽也因出色的谈判技巧，于 1880 年兼任驻俄公使。②1878 年刘锡鸿从柏林被召回后，驻德公使之职移交给了李凤苞。他是李鸿章的部下，曾于 1876 年任船政学生监督随之前往柏林。③这一职责分工（一名公使驻扎英国、法国和俄国，一名驻德国）一直持续到 1884 年 5 月，当时正值中法战争期间，李凤苞接任曾纪泽在法国的公使职位（详见第五章）。④随后，自 1887 年起始，由于两国相

---

① 《清季外交史料》第 14 卷，31b—32a；第 15 卷，36b—37a。
② 刘锡鸿显然因其名字没有出现在清朝委派出使大臣名单上而蒙辱，于是他即刻请辞，部分原因是对此举表示抗议，另一方面是由于他与郭嵩焘的个人不和。在收到刘锡鸿辞呈时，总理衙门正受困于与德国公使巴兰德（Max von Brandt）签订商贸航海协定的不利局面之中，于是顺势任命刘锡鸿为驻德公使前往德国（《清季外交史料》第 9 卷，27a.）以开辟另一条官方沟通渠道（《清季外交史料》第 13 卷，34a—39b.）。在曾纪泽被任命为驻俄公使之前，朝廷曾派出使俄国钦差大臣崇厚于 1878 年前往圣彼得堡与俄国进行交收伊犁地区条约的谈判（《清季外交史料》第 13 卷，28b）。
③ 《清季外交史料》第 12 卷，1a；第 14 卷，1a—2a。
④ 《清季外交史料》第 40 卷，29a—b。

距遥远和其外交职责不同，俄国和英国各有一名专属的常驻公使，清廷根据地理位置和来往的便利程度，将其他公使馆再分配给这两名官员负责：一位兼摄英国、法国、意大利和比利时公使，另一位兼摄俄国、德国、奥地利，而荷兰则单独再派一位使臣。[①]虽然关于这些外交机构演变的完整叙述已经远超本书讨论的范围，但早期公使任命模式的概况表明：早期驻外使馆的委派是由成本花费、便利程度、人际关系和许多其他偶然因素决定的，而不是取决于外交战略和涉外政策的明确目标。直到 1897 年之后，清朝才在英国、法国、德国和俄国设立各守一国的专属公使。

131

KUO-TA-JÊN, THE MINISTER OF CHINA IN LONDON.　　　LIU-TA-JÊN, THE ASSISTANT CHINESE MINISTER.

图 4.1　1877 年 2 月 24 日《伦敦新闻画报》(*Illustrated London News*)
上的郭嵩焘与刘锡鸿画像

---

① 《清季外交史料》第 71 卷，3a—4a。

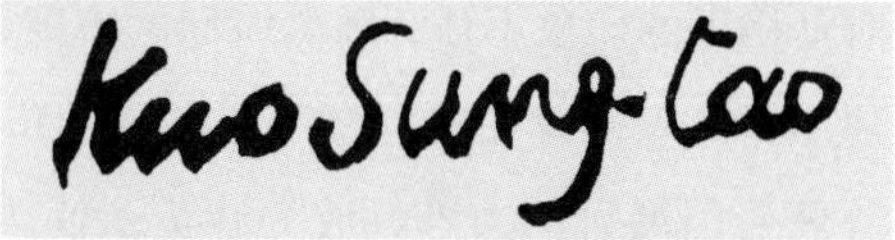

图 4.2 郭嵩焘英文签名

资料来源：英国国家档案馆（UK National Archives）。

　　由于缺乏明确的组织条例，使馆的组建和日常管理给公使造成不小的困扰。就拿总理衙门让每位公使自己负责酌定使团成员的条例来说，作为一名资深老练的行政官员，郭嵩焘十分清楚拥有值得信赖的下属的重要性，他渴盼能招募到与他志同道合的幕友，但却有着数不胜数的绊脚石。郭嵩焘曾指定张自牧担任参赞，张自牧是一位见多识广的湘省士绅，与郭家为世交，但或许是因为与湖南官员的宿怨，最终他未入选名单。[①]李鸿章认为郭嵩焘提名的翻译与文案"欠妥"，故改以同文馆学生担任翻译。[②]郭嵩焘原先筹划携十余位湖湘年轻人出洋学习机械与法律，但李鸿章不愿为此挪用海军经费，他以这些湖南子弟缺乏语言技能为由，婉拒了郭的请求。[③]李鸿章还利用自己的权势任命马格里（Halliday Macartney）为郭嵩焘的英国顾问。马格里是一位曾经掌管金陵机器制造局的英国退伍军人，直到一次意外的大炮爆炸使他引咎辞职，随后他自告奋勇地担任李鸿章在伦敦的私人代理。据马格里的叙述，他在随郭嵩焘使团出使之前没有任何外交经验，对外交礼仪更是知之甚少。而郭嵩

132

①　郭嵩焘：《伦敦与巴黎日记》，第 20 页；潘光哲：《张自牧论著考释札记》。
②　郭廷以：《郭嵩焘先生年谱》，第 551 页。
③　李鸿章：《李鸿章全集》第 31 册，第 491 页。

焘自始就一直对马格里的印象不佳，随着时间的流逝，马格里强硬的性格更是让郭不满。一位曾在郭嵩焘手下任差的广东人刘锡鸿，在最后一刻由总理衙门高官的力荐，成为驻英副使。[①]为了在使馆谋职，刘锡鸿曾私下透露他对郭外交观点的赞同，并借此获得了郭的推荐；但使团一启程，公使与副使之间的关系迅速恶化，甚至常常有激烈的争吵。[②]

在出使的早期阶段，来自各方的外国势力也隐隐控制着使馆的人员配置、旅程路线甚至日程安排。威妥玛和赫德分别代表英国外交部和清朝海关的利益，竞相将其心腹安排在郭嵩焘的随行人员中间。威妥玛安排他温文儒雅的参赞禧在明（Walter Hillier）陪同郭嵩焘前往伦敦（禧在明后来成为郭嵩焘的私人好友和驻英使馆的常客）。[③]赫德敏锐地认识到，使馆对于海关的未来、对于自己在总理衙门的效用都至关重要，于是他试图通过在伦敦的代理人金登干（James Campbell）向郭嵩焘施加影响。在赫德给金登干的指示中有这样一条记录：有必要让郭嵩焘免受任何会让他感到"迷惑"的干扰，阻止任何有可能给海关造成不良印象使郭不愿配合赫德给总理衙门提议的因素。他在给金登干的信中写道："我们必须事先做好准备，预防以下可能：1. 他落入坏人之手；2. 使馆中来自海关成员之外的外国雇员群体的不断壮大"。至于向郭嵩焘施加影响的方式，赫德建议金登干小心谨慎而微妙敏锐，这样，郭或许不会认为

---

① 张宇权：《思想与时代的落差》，第 137 页。

② 有关刘锡鸿个人性格与职业生涯的研究，参见张宇权：《思想与时代的落差》。

③ 关于禧在明于郭嵩焘使团中扮演的角色，参见 Hillier，"Three Brothers in China，"127—134。

他们咄咄逼人。①赫德还向金登干坦承他并不信任马格里，因为他认为马格里是威妥玛的亲信。②

撇开其中的竞争和分歧不谈，这几股英国人的势力对郭嵩焘的 133 西方观产生了强有力的影响。除了 1878 年的几个月之外，郭嵩焘几乎都待在伦敦。在 1879 年任期即将结束时，他短暂地游历了欧洲的其他地区。因为郭的翻译人员大多说英语，他查阅的报纸几乎完全是从英国人的角度出发的。甚至这次航行的目的，也在于展示英国在印度洋和大西洋的统治地位。在威妥玛的坚持下，马格里将郭嵩焘搭乘的船只由一艘法国轮船改为英国轮船，并认为"仅在英国停靠点停留，会给郭嵩焘留下深刻印象，这些点也是大英帝国征服海洋过程中的六大阶段，即香港、新加坡、锡兰、亚丁、马耳他和直布罗陀。"③

因此，尽管在原则上郭嵩焘有权自行组建使馆，但实际上他的随从里却全是从未与他共事过，且与他颇有隔阂的人。李鸿章、总理衙门、英国驻华公使、海关总税务司，都在郭嵩焘的使馆内安插了自己的代理人。如果设立驻外使馆的目的是将清政府的影响范围延伸到外国，那么在其成立之初，使馆就展现出不同利益群体间的紧张和对立。甚至在船还没离开上海之前，郭嵩焘就已经对分裂不和与诽谤中伤感到忧心。④

---

① Hart, Bruner, and Matheson, *The I. G. in Peking*, 227.
② Hart, Bruner, and Matheson, *The I. G. in Peking*, 242. 据说威妥玛更倾向于任命马格里而不是赫德的亲信为郭嵩焘的英国顾问。参见 Boulger, *The Life of Sir Halliday Macartney*, 260, 280。
③ Boulger, *The Life of Sir Halliday Macartney*, 265.
④ 郭嵩焘：《伦敦与巴黎日记》，第 2 页。

公使的日记

驻伦敦使馆使用以下几种官方和个人文书与国内当局进行沟通。文书的主体包括：上呈朝廷的奏折，致总理衙门及其他相关机构的信函，驻外公使收到或购买的各种文件、地图和书籍的钞本或原件，和日记及其他私人通讯。依照李鸿章的一份奏折，朝廷命令所有公使应每天撰写日记，无论他们以何种体裁、何种方式，只要能事无巨细地记录在外国发生的"大小事件"以及他们的实际经历即可。这些出使日记按月被汇成一册，提交给总理衙门进行查核和备案，并希望它们在几年内成为有关西方的首批"有益于国"的官方知识合集。与来自民间的文献不同，这一批材料是由清政府官员以官方的视角撰写编纂，并为官方政策的制定提供指导。为了阻止外交官采用斌椿自我保护式的浮夸文风，外交官被要求对国家有用的情形不应"隐而不宣"，这种做法会使"中外情形永远隔阂"。①

在同时代人中，鲜少有人如郭嵩焘一般热衷于撰写日记。自鸦片战争起，他就养成用日记记录日常的观察和进行自我反思的习惯，日记偶尔也会成为他官场失意、满腹苦闷的抒怀方式。②在上述朝廷规定的鼓励下，郭嵩焘扩充了他既有的写日记习惯，使他的出使经历变得更加生动易读。他上呈总理衙门的第一份月报，是他几乎没有修改过的私人日记的翻版，只有几处少许修改，即抽出了

---

① 张寿镛：《清朝掌故汇编外编》第18卷，第8页。
② 郭嵩焘：《郭嵩焘日记》第1卷，第1—2页。

偶尔发表的有关中国的悲观言论或对西方的公开赞扬。①

这也成为郭嵩焘第一份也是唯一一份提交给总理衙门的月汇日记，即著名的《使西纪程》，这部日记展现出他在远航时目睹的英国殖民统治的全景。在他对现实忧心忡忡的精神世界里，英国的殖民政策被看作是一股折射了三代精神的清泉。他观察到，香港官办学馆皇仁书院的课程强调了四书五经，而对旨在通过科举考试的八股文则不予重视。其教学规条"整齐严肃，而所见宏远"。②精心设计的教室布局和学生课程表向他表明，西方人"犹得古人陶养人才之遗意"。相较之下，国内"师儒之失教，有愧多矣"。③香港的中央监狱对囚犯身心健康的照料与对不同程度犯罪行为的精确处罚，都使得郭嵩焘大为震撼。④在槟城，他看到当地人驾着十艘小船，以鼓乐欢送退休归国的英国军官登船。他仔细观察了这一幕景象，并认为中尉"必稍有惠爱贻留者"。⑤

在郭看来，欧洲国际法体系也是中国传统礼仪的再现。国际法作为"以信义相先"的章程，允许各国在"智、力"上得以角力称雄。其中最令他印象深刻的是万国公法对战俘遣返及人道待遇的规定、完备的航海商条例、信号旗系统。当一名英国铁甲舰因信号旗管理不善而差点冲向使馆成员所搭乘的行船时，郭嵩焘问其船主为何会发生此事时，英国助手告诉他，他们升旗是为了向他示以敬意。

135

① 关于他私人日记手稿与《使西纪程》的差异，可以将《郭嵩焘日记》与《伦敦与巴黎日记》，第27—98页对照比较。
② Frodsham, *The First Chinese Embassy to the West*, xliii.
③ 郭嵩焘：《伦敦与巴黎日记》，第31页。
④ 郭嵩焘：《伦敦与巴黎日记》，第33—34页。
⑤ 郭嵩焘：《伦敦与巴黎日记》，第44页。

"掠船首而过，何也？"郭嵩焘继续追问，随后被告知："趋而迎也。停轮者，以示让也。"①一次潜在的船只碰撞事故，在英文翻译的掩盖下，竟成为西方礼仪的完美展示，郭嵩焘对此居然深信不疑。他在日记中对此评论道："彬彬焉见礼之行焉。中国之不能及，远矣！"

郭嵩焘的日记以一种充满道德和仁爱的经典话语将殖民主义重新诠释。在英属锡兰，郭嵩焘看到了被英国征服后沦为平民的前国王。征服者并没有像传统中国王朝创立者那样"覆人之宗以灭其国"，这一点令他特别震惊。郭由此推知，英国在"无专以兵力取者"的情况下坐收其利，并且依其智慧与力量操纵经营藩国，开创了"前古未有之局。"②与英国翻译禧在明的谈话，更是加深了郭嵩焘对英国帝国政策的正面印象。当郭向禧在明询问苏门答腊岛的交战情形时，对方解释说，当地人对荷兰人的反抗是因为荷兰人向他们征收苛税，并将税款用于发展荷兰的经济。禧在明向郭嵩焘保证，英国人决不会做这样的事。"以本地之财，济本地之用，而使其人民共之，故无怨者。"据禧在明的说法，这就是为何"苏门答腊各小国，有乐以其地献之英人，而不愿附属荷兰"的缘故。③

上述对英国殖民主义的诠释，即使在航船到红海时仍然适用。当地有英国步兵与海军结集，显示存在明显骚乱的迹象。郭嵩焘的英国翻译再次介入，并给出了事先准备好的解释。郭嵩焘被告知，

---

① 郭嵩焘：《伦敦与巴黎日记》，第 28 页。对郭嵩焘日记内容的英文翻译可参见 Frodsham, *The First Chinese Embassy to the West*, 3—4。马格里对无畏号轮船信号旗管理不善的描述可参见 Boulger, *The Life of Sir Halliday Macartney*, 268。
②③ 郭嵩焘：《伦敦与巴黎日记》，第 51 页。

由于"阿剌伯回教剽悍劫杀不可测",所以英军在此设兵增多。①同样,因为奉行孤立主义政策的埃塞俄比亚掳劫并软禁了英国人,英国人随即发动正义的军队征讨该国,致使其国王搏战死。②郭嵩焘还被示知,奥斯曼土耳其帝国已意识到必须大改国政建立欧洲政制,并结束宗教冲突。他对苏丹"能有悔祸之心,乱其有豸"有所怀疑。③

跨越海洋的远航显露出各地的差异。一面是混乱、暴行与贫困,另一面却是秩序、文明与财富。在郭嵩焘看来,以英国为首的西方拥有一种势不可挡的征服力和改变其他民族的倾向。④郭嵩焘认为商业利益是西方的最终目的,并断然否认西方出于其他原因对中国采取持续军事行动的可能性。⑤如果战争果真爆发,其起因将是中国的抑商政策和中国人自身的顽固不化。在广为人知的一篇日记文章中,郭嵩焘高度赞扬并阐述了国际法的原则:

> 西洋以智、力相胜,垂二千年。麦西、罗马、麦加迭为盛衰,而建国如故。近年英、法、俄、美、德诸大国角立称雄,创为万国公法,以信义相先,尤重邦交之谊,致情尽礼,质有其文,视春秋列国殆远胜之。⑥

① 郭嵩焘:《伦敦与巴黎日记》,第60页。
② 郭嵩焘:《伦敦与巴黎日记》,第62页。
③ 郭嵩焘:《伦敦与巴黎日记》,第77—78页。
④ 关于蒸汽轮船如何改变中国人对西方的看法,参见 Day, "From Fire-Wheel Boats to Cities on the Sea"。
⑤ 郭嵩焘:《郭嵩焘奏稿》,第358页。
⑥ Frodsham, *The First Chinese Embassy to the West*, 72.

在郭嵩焘笔下，国际法被理解为一种以"信义"为先的法则，并旨在表达双方的情谊。随后，郭与国际法改革和法典编纂协会的成员们成为挚友，并于 1878 年当选为大会名誉副主席。在逝世数十年之后的 1922 年，郭嵩焘的名字还一直留在该协会的公报上。[1]郭嵩焘在 1878 年 5 月 31 日的日记中写道，当时国际法协会邀请他参加年会，"西洋考求政务，辄通各国言之，不分畛域。而其规模气象之阔大，尤务胥天下而示之平"。[2]虽然他没有出席本次年会，但他与会议成员保持着密切联系，并于当年 9 月出席国际法协会的伦敦分会议。[3]参会后，他写道："其议论之公平，规模之整肃，使人为之神远。惜中土列国时无此景象，虽使三代至今存可也。"[4]

137

然而，郭嵩焘的解释仅聚焦于国际法明显的普适性，却忽视了刘禾所说的在国际法普遍性背后的"野蛮手段"。[5]事实上，郭对于国际法的描述，流露出他试图从中寻找饱受战争蹂躏之苦的中国所欠缺的东西：秩序井然、文明开化与国家政策中包罗万象的公平。郭嵩焘这一观点与前传教士兼同文馆总教习丁韪良所提出的解释框架不谋而合。亨利·惠顿（Henry Wheaton）所著《万国公法》，由丁韪良翻译，译本于 1865 年出版。翻译由总理衙门发起，并为中国士人建立了接受国际法普及的语言基础。[6]总理衙门最初委托人

---

[1] Hsü, *China's Entrance into the Family of Nations*, 206—207.
[2] 郭嵩焘：《郭嵩焘日记》第 3 卷，第 519 页。
[3] 至于郭嵩焘何为没有参加此次年会的原因我们无从知晓，但极有可能是清政府对万国公法的矛盾态度阻止了他的出席。
[4] 郭嵩焘：《郭嵩焘日记》第 3 卷，第 622 页。
[5] Liu, "Legislating the Universal," 146.
[6] Svarverud, *International Law as World Order in Late Imperial China*, 105.

选翻译该书，是为了将它作为与西方国家打交道的实用手册。①为
了得到朝廷的准许，恭亲王在一份奏折中，将翻译惠顿著作（称其
为《万国律例》）看成是与外国人翻译《大清律例》类似的做法。
他还提议，每个条约口岸都应收到一份公法译本，教当地官员如何
制伏不守规矩的外国领事。②

丁韪良的译本在总理衙门所意想不到的方面取得了成功，其重
要原因是它采用理学的理念对国际法进行了内化。在《万国公法》
的第一章，丁韪良与中国同僚用下面的说法解释了国际法的起源：

> 天下无人能定法令万国必遵，能折狱使万国必服。然万国
> 尚有公法，以统其事而断其讼焉。或问此公法即非由君定，则
> 何自而来耶？曰：将诸国交接之事，揆之于情，度之于理，深
> 察公义之大道，便可得其渊源矣。③

本章随后介绍了格劳秀斯（Hugo Grotius）世俗化的自然法理
论。同样，译者们采取了"情与理"的概念，解释格劳秀斯的突
破性发现，即上天的意志在人类理性中是显而易见的。引用译者
们对格劳秀斯名言的译文："人生在世，有理有情，事之合者当为
之，事之背者则不当为之，此乃人之良知。"丁韪良与合译者建构
了可公度性（commensurability，译者注：可公度性是指在两种不
同价值体系间建立的通约性）的方法，试图将国际法解释为使世

138

---

① Liu, "Legislating the Universal," 144.
② 《筹办夷务始末》第27卷，第1185页。
③ 惠顿：《万国公法》，第1页。

界有秩序的理想化宋明理学的方式。"理"可以理解为人类和宇宙活动的一切模式隐含的不变原则。"情",即"实情、真情",提出需要根据所处实际情况来调整自己的原则。"理"与"情"的结合,或固定不变与随机应变的结合,被视为等同于国际法的理论与应用。

湖南士绅朱克敬的著述,体现了《万国公法》在被译之后的数年之间,其译文是如何被进一步内化的。[1]朱克敬从《万国公法》中摘录并将其辑成一部名为《公法十一篇》的法律指南。朱克敬在序言中写道,这是"西地儒者"所撰之著作,与中国四书五经分量相当,"各国君长奉为经典,和战交接之事,据此以定曲直,无敢违者",因其言论符合两个普遍原则:性法(人心之同然)和义法(人心之所是非)。虽然这两个名词都是朱克敬直接从丁韪良的译本中借鉴的,但区别在于,丁韪良用这些词汇作为权宜之计来代指格劳秀斯的"自然法"和"成文法",而朱克敬对这些名词的使用,更进一步将国际法的本质归于宋明理学。朱克敬表示,因为国际法是建立在人心善的基础上的,所以它具有"贤君良士自然从之,所谓不赏而劝,不怒而威也"的固有效果。朱克敬对国际法的诠释,实际上将其看作是理学的一个分支。[2]尽管朱克敬从未担任过官职,但他的《公法十一篇》,被收录进了葛士濬于1888年编撰的著名文选《皇朝经世文续编》之中,并被视作20世纪之前中国对国际法

---

[1] 朱克敬:《边事续钞》,第441—518页。郭嵩焘未能顺利招收进其驻外使馆的一位湖湘士绅——张自牧,他也提供了类似翻译文书本土化的例子。参见潘光哲:《晚清士人的西学阅读史》,第62—64页。

[2] 朱克敬:《边事续钞》,第441—443页。

知识的主要来源之一。①在郭担任驻外公使期间，朱克敬与郭嵩焘　139
这对挚友通过一系列密集的通信交换了彼此的观点和想法。②

　　综上所述，郭嵩焘在其《使西纪程》的解释框架下，英国被
描绘成一个虽未传习儒教，却在各实际层面仁、义、礼、智、信
盛行的王道国家。郭嵩焘曾在其条陈海防事宜的奏折中坚称，西
方力求从对华商业关系中获益，无论是战是和，都是无法满足他
们的。如今，与许多殖民地宗主国的精英一样，郭嵩焘坚信这种关
系能为双方都带来财富和力量：它不但可以满足英国的商业需求，
同时也促进殖民地和其他地域的发展："而西洋立国自有本末，诚
得其道，则相辅以致富强，由此而保国千年可也。不得其道，其祸
亦反是。"③

使馆的交流网络

　　除了日记之外，郭嵩焘的外交通信并不频繁，却在风格和内
容上独树一帜。使馆的所有奏折与咨函均通过轮船运送，有至少
两个月的延迟；在信件丢失的情况下，则需要更久的时间。④此
外，由于使馆和总理衙门都是皇权之下平行的行政机构，郭嵩焘
的许多主张并没有和总理衙门事先沟通，也不用受总理衙门的授
权，可以先向英国外交部提出其个人意见（有时会通过中间人传

---

① 林学忠：《从万国公法到公法外交》，第80—81页。
② 郭廷以：《郭嵩焘先生年谱》，第685—689页。
③ 郭嵩焘：《伦敦与巴黎日记》，第91页。
④ 郭嵩焘：《郭嵩焘全集》第13册，第284、287、302—305、307—314页。

达），并将其建议上奏皇帝，随后再另起信函与总理衙门咨商。①
由于信息传递的耽搁以及朝廷、驻外使馆和总理衙门之间的三角
关系，郭嵩焘偶尔会因其意见和建议而将国内的同僚置于两难窘
境之中。②

郭嵩焘禁鸦片的建议，就是这种由驻外使馆发起提案，由于没
有事先沟通而使朝廷陷入困境的一个良好例证。1877 年 3 月 17 日，
由沙夫茨伯里伯爵（the Earl of Shaftesbury）率领的"英东力除鸦片
贸易协会"（Anglo-Oriental Society for the Suppression of the Opium
Trade）前来使馆拜访，寻求郭嵩焘的支持。尽管马格里提醒郭嵩焘
"以含混之词应答，不做任何承诺"，郭嵩焘对协会的官方回应却称，
他认为在要求英国禁止鸦片出口之前，清政府必须在禁止吸食鸦片
和国内种植鸦片上付出不懈努力。五天后，他向朝廷呈递了一份旨
在三年内根除中国人吸食鸦片恶习的奏折。③郭嵩焘主张，如果不
能全面禁烟，中国将永远无法复兴其道德根基。当朝廷召集群臣对
此进行讨论时，几乎没有省级官员赞同郭嵩焘的建议。李鸿章指出
施行该提议有两个主要问题：禁止国内的鸦片种植，会立即为外国
鸦片带来更广阔的市场，并使清政府丧失目前四分之一的海关税
收。④尽管如此，郭嵩焘仍旧对禁烟事宜抱有希望，他续奏了一份

---

① 郭嵩焘向英国外交部递交的照会档案藏于 FO17/768（1877），17/794（1878），
17/821（1879）。
② 郭嵩焘所有的提议都呈现为向清帝的上奏，随后转交给总理衙门讨论商议。总
理衙门也以其回应转奏君王。参见《清季外交史料》第 11 卷，第 186—187、
204—213、219—221 页。
③ 《清季外交史料》第 11 卷，第 186—187 页。
④ 李鸿章：《李鸿章全集》第 32 册，第 29 页。

计划，为实施鸦片禁令保留了更高的灵活度和更长的时间。他还同时要求英国政府对其也做出相应的努力，并建议其殖民部"责令印度改种五谷"。①可想而知，郭嵩焘的这一提议在清廷和英国外交部都不受待见，也就悄无声息地被搁置了。

　　使馆自作主张、未受到国内机关授权即在外谈判的做法，有时会给两国政府带来困惑与难堪。1864 年，南疆发生叛乱，阿古柏占喀什噶尔城，几年之内攻占多城，开始与英、俄通使，寻求国际间对其政权的承认和援助。清政府在屡败之后，于 1875 年派湘军首领左宗棠西征，次年便打败阿古柏。郭嵩焘一直极力反对战争，认为清朝应适当让步，承认阿古柏（Yakub Beg）政权。出于反战主义的态度，郭嵩焘对于英国政府打算向喀什派遣特使之举，并未严辞抗议，只是在 1877 年 6 月 15 日向英国外相德尔贝勋爵（Lord Derby）的信中表示"微有不合"。②随后，为了达成和解，郭嵩焘同意中国与阿古柏政权签订条约和划定边界的原则，并要求英国政府将后者作为保护国，并"情可议和息兵"。③在朝廷驳回了郭嵩焘的提议后，他不得不宣布放弃该立场。但在当年 12 月 26 日，当左宗棠率军在喀什噶尔最终扫清了阿古柏政权的残余势力时，郭嵩焘却向威妥玛私下暗示，他并不认为清军占领该地区是正确之举，因为"中国获地西域，力实不及经营，徒废兵力而已"。④作为清朝的外交官，对于如此敏感的外交事件，不经过总理衙门的授权便向别

---

① 《清季外交史料》第 11 卷，第 207—209 页。
② 郭嵩焘：《郭嵩焘全集》第 13 册，第 278—279 页。
③ 郭嵩焘：《郭嵩焘全集》第 13 册，第 281—282 页。
④ 郭嵩焘：《伦敦与巴黎日记》，第 411 页。

国的外交官发表这样的言论，极易使得总理衙门陷入难堪。因此，总理衙门正式通知英国驻华公使，不要理会郭嵩焘对喀什事件的任141 何看法，因为他"既无权处理此事，也没有任何最新的准确情报去引导他发表意见。"①

鉴于伦敦使馆和北京之间缺乏精细的协调，加之郭嵩焘希望独立行使其权力，为使馆塑造了一个独特的"启蒙"形象：使馆的外交官是热爱社交、愿意向西方学习的，并竭力为清政府外交上的强硬立场和地方上的冲突而道歉。然而，这一正面的"启蒙"形象是以一定的信息安全为代价的。郭嵩焘向外国官员透露了中国高层的内部分歧以及他希望中国采取的改革措施。英国外交官威妥玛和禧在明经常与郭嵩焘进行这种"非正式"交谈，并定期向英国外交部报告这些对话的细节。

集体抵制

1877 年，总理衙门公开出版《使西纪程》，希望借此改善欧洲在中国人心目中的形象，并向西方人展示中国外交官对他们国家的高度评价。②李鸿章等《使西纪程》的欣赏者，评价该部日记"议

---

① FO 17/825，Fraser to Derby，September 23，1877.
② 在 1877 年这一年，清朝上下似乎有一种不约而同地以出版由清朝外交代表撰写的旅西日记的努力。作为蒲安臣使团的使节，孙家榖大约在同一时间收到来自总理衙门命令他上呈其出使日记的要求。详见总理各国事务衙门档案，01-12-108-02-003. 1876 年被派遣前往美国费城参加美国建国 100 周年博览会的清朝代表李圭撰写的见闻日记，也于 1877 年出版发行。

论事实多未经人道者"。①然而，大多数官员们的反应是愤慨和怀疑，许多人或认为这是一种传统使节日记的变体。郭嵩焘对西方的溢美之词，与他对中国人恶习偏颇的批判形成鲜明对比，使得同时代的士人对此感到愤怒和不解。在反对者眼中，他对西方的轻信不但令人费解，所提的主张也不切实际。博学的湖南士绅王闿运认为他"殆已中洋毒"，而浙籍士人李慈铭则表示，郭嵩焘将英国描述为"仁爱兼至"的国家，且能够使得"寰海归心"，那么"凡有血气者，无不切齿"。②

　　郭嵩焘的日记的反对者中，也有来自欧洲的驻华外交官。1878年3月，总理衙门收到荷兰公使费果荪（Jan Helenus Ferguson）的照会，指出郭嵩焘采取以英国为中心的视角描述荷兰的苏门答腊政策，这是有失公正的。费果荪声称，真相是"亚齐（编者注：苏门答腊岛最北端）误听洋人欲自利者诳言"，并帮助英人编造了一个荷兰政府帑项不足的谎言。亚齐苏丹的失败是由于他自己的优柔寡断和缺乏民心，而不是荷兰压迫专横的殖民政策。郭嵩焘的错误是由于他"犹未熟悉各国事务"的过失所造成的。费果荪恳求总理衙门和清朝外交官对于"洋人凡论他国之事，不可概信其言"，并能有公正的判断。③总理衙门回应：他们赞同费果荪的请求，并表示不会再印刷该日记。

　　国内的批评者进一步指出，郭嵩焘在关键问题上缺乏判断力，不适合担任外交职务。张佩纶在弹劾郭嵩焘的奏折中说，朝廷应该

①　李鸿章：《李鸿章日记》第32册，第25页。
②　王闿运：《湘绮楼日记》第1卷，第569页；李慈铭：《越缦堂读书记》，第529页。
③　总理各国事务衙门档案，01-21-021-07-001。

选择"忠义、坚定、警敏晓事"之员出使外国。郭嵩焘"其人太暗
钝，易于受绐"，且他的日记中谬误甚多。张佩纶继而举出一个例
子：郭嵩焘在伦敦居然会见了一位由"逆回"首领白彦虎所派的使
者，而这是未经朝廷批准的行为。在朝廷和官员知晓此事之前，流
言蜚语已经在上海各大报纸上流传。如果郭嵩焘继续如此办理外
交，"则人心之患直，恐有无从维持者"。①1878 年，郭的继任者曾
继泽，恳求慈禧太后恩典，保全郭的名誉（详见第五章），但就连
他也承认，郭嵩焘"不甚知人"。②

　　《使西纪程》引发的轩然大波导致该日记被当局毁板，但非官
方版仍在流传。当北京的官方刊印本一经发行，《万国公报》就对
该日记进行了连载。③1878 年，香港一家报纸也刊登了《使西纪程》
的英文译本。④官方的禁令并未阻止人们对日记的阅读，但它却在
随后使馆成员们的日记文化中注入了更强烈的政治意识。下两章
我们将更详细地讨论外交文体的变化，在此先举一例，说明它对
刘锡鸿言行的直接影响。刘在 1887 年 4 月调任出使德国大臣之
前，一直担任伦敦使馆的副使。虽然刘原先并未撰写日记，但当他
了解到国内的一片哗然时，立即开始通过照搬其他成员日记、记录
自己的观察与评论的方式，汇编成与郭嵩焘日记针锋相对的叙事。
143 这就是《英轺私记》，与其说它是日记，不如说它是一部围绕出使
相关话题展开讨论的短文集。刘锡鸿迅速将该文集寄回国内，希望

---

①　张佩纶：《涧于集》第 1 卷，第 71—72 页。
②　曾纪泽：《曾纪泽日记》，第 777 页。
③　《万国公报》，第 441—450 期，1877 年。
④　《万国公报》第 474 期，1877 年，第 22 页对此有所提及。

赢得赞扬与美名。刘从使团组建开始就与郭嵩焘意见不合，如今，在朝廷上下反郭情绪高涨的驱使下，他在使馆内扮演起与郭针锋相对的角色。

因将副使视为通往厚禄高官的阶梯，刘锡鸿在言行上都维护了清政府的权威，并表现出一种他认为符合帝国使节身份的高傲态度。事实上，刘锡鸿对欧洲许多积极正面的观察与郭嵩焘的看法颇为相似，但两者间存在两个重要区别：首先，虽然他承认英国的制度和政策行之有效，但他却以中、西国情不同为由，拒不承认这些制度和政策对中国同样适当。其次，与从前的使者一样，刘锡鸿坚决维护中国的文化优越感，并将自己在欧洲的存在视为清帝国对西方进行文治教化的象征。禧在明在日记中敏锐地捕捉到了刘锡鸿思想的复杂性和矛盾性：

> 刘锡鸿是一个自负骄傲的人，但同时也是一个有用之材，并且还是一个不断克服自己对西方偏见和反感的人。他勉为其难地承认西方文明比东方文明，尤其是比中国文明更优越。但他仍然心怀美梦，即随着推动中国和西方国家之间频繁交往的发展，西方人将表现出对中国语言文学进行研究学习的更强意愿，而这一使命也标志着一个新时代的开启。①

---

① 由安德鲁·希利尔（Andrew Hillier）提供的禧在明文稿中未经出版发行的禧在明日记。

对刘锡鸿而言，郭嵩焘是一位对英国外交把戏盲目轻信之人，而他的职位需要极其谨慎的判断。刘锡鸿一到英国，就立即计划与其亲信一起展开实地考察，其中包括采访调查农民的田地状况、农业税金和乡村人口的生计来源。当马格里告诉他与这种下层民间的社会交往是对"西洋崇视公使"的"自亵体统"之举时，他无奈地放弃了这一计划，然而却将马格里的告诫和刚刚报道的俄罗斯外交官在英国勾结土耳其贵族，煽动叛乱的新闻联系了起来，并猜想马格里这么做是担心外国势力的渗透。①数月后，就在他动身前往柏林前夕，刘锡鸿亲自游历苏格兰和爱尔兰，搜集情报信息，还因其此行的"虚縻"受到郭嵩焘的弹劾。②遗憾的是，刘锡鸿在语言、144 能力和财力上都不尽如人意，这意味着他仍无法摆脱使馆的外国成员对他的影响而进行独立的考察。刘锡鸿的日记是为了取悦郭的批判者而仓促撰写的，但因为他对英国人的依赖并不逊于郭，日记中英人的话语仍占据了大片篇幅。

具有讽刺意味的是，郭嵩焘的《使西纪程》仅是一时受挫，而得到 20 世纪主流学者的广泛接受。相比之下，尽管刘锡鸿的《英轺私记》以其四平八稳的观点深受同时代人的好评，但如今它已成为一部体现守旧派官员顽固无知的典型作品。③尽管结论各不相同，郭嵩焘与刘锡鸿却有许多相同之处：两人都试图呈现在他们看来不偏不倚且真实可靠的西方叙述，两人也都大胆根据他们

---

① 刘锡鸿：《英轺私记》，第 92—93 页。
② 《驻德使馆档案钞》第 1 卷，第 137 页。
③ 参见沈云龙：《近代外交人物论评》，第 40—51 页；钟叔河：《"用夏变夷"的一次失败》；Frodsham, *The First Chinese Embassy to the West*, liv—lxiii。

的政治目的或个人意愿对各自的发现进行了重塑。笔者接下来将梳理郭嵩焘日记中未发表的部分，借此说明郭嵩焘对西方的解读与他政途受挫和其学术兴趣密切相关，并且从许多方面来说，该文本是自 1850 年代以来困扰官场多年的围绕外交方针问题之争的延续。①

反对专制

郭嵩焘描述英国议会制的解释框架可以追溯到 16 世纪末至 17 世纪初的明末清初，当时的学者将明朝的衰落归咎于权力的过度集中以及中央与地方政府的隔阂。黄宗羲以直言不讳的文笔而受清代学者推崇，不但全盘否定了皇权体系的合法性，还认为中国自公元前 221 年专制的秦朝建立后，已是一潭死水。②

太平天国战争后，湖湘士绅普遍对权力过度集中的现状颇感不满。为了增强作为湘军精神支柱的地方士气，这些湖湘士绅整理并出版了湖南人王夫之及其同代人黄宗羲的著作。同黄宗羲一样，王夫之也从对历史的研究中总结出中国的衰落始于秦朝专制的建立，文治不修与秦汉以来错误的礼学风气。③

顺着这一思路出发，郭嵩焘将中国的社会动荡、国力渐弱归因 145 于王公大臣垄断权力，导致向皇帝沟通的渠道缺失。他将此与要求

---

① 郭嵩焘于该解释框架内对维多利亚时期教育的观点看法的相关研究，参见 Day，"Searching for the Roots of Western Wealth and Power"。

② De Bary，*Waiting for the Dawn*，10.

③ Platt，*Provincial Patriots*，20—23.

统治阶级公正听取民意的英国议会进行了比较。在中央层面，议会的双方，即会绅或议绅与政府行政部门之间存在着制约与平衡。[1]当双方出现不可调和的分歧时，宰相可以要求重选议会，但如果新议会仍然不赞成他的政策，则宰相必须下台让位。在地方一级，设置"买阿尔"，即市长制，允许人民选举当地官员。这一地方治理体系与中央议会交相维系，形成了一个"二者相持"的统一体。[2]正是这种强大而灵活的中央与地方的关系，使得人才能够追求学问，并为国家做出贡献。[3]在使馆成员间的一次闲谈中，李凤苞告诉郭嵩焘，英国的两党制使他颇感困惑：

> 平居周旋，往来耦善也，一与议国政，两党各树旗鼓，相持不能下。而以人数多者为胜党，亦遂敛然退听，无挟气以相难者，亦不知其何以能然也?[4]

郭嵩焘回答说，设置执政党和反对党是有其制度方面的考量。设置对立两党之目的，是为了竭尽人们的意志，以定是非对错。在反复再三的质询和答复中，各党都直抒胸臆，没有半分隐瞒。这一制度实施一段时间后，逐渐影响了民众的习惯，以至于连平民也会坦诚正直，用"一从其实"的方式与他人打交道。

与早期的使臣不同，郭嵩焘从未过多注重欧洲国家元首的道德

---

① 郭嵩焘：《伦敦与巴黎日记》，第 301 页。

②③ 郭嵩焘：《伦敦与巴黎日记》，第 407 页。

④ 郭嵩焘：《伦敦与巴黎日记》，第 434 页。

品质和能力才干。他写道:"西洋君德视中国三代令主,无有能庶几者。"①西方政府的主要优势在于制度结构。在这一制度体系下,官员严禁将人民的公共利益视为自己的鱼肉,王朝的利益也不能凌驾于法律之上。每项政策都由政府公布,并邀请公民对此提出批评和建议。通过允许公众对政策制定者进行质询和审问,议会制度能够充分表达民意,并建立起诚实守信的民风习俗。这完美地体现了儒家上之政善、下之俗醇,上下交相影响的政治理想。"西洋一隅为天地之精英所聚,良有由然也"。

146

燕安黛(Andrea Janku)注意到,19 世纪的政治思想家如魏源,将"民众"看作一股能推动国家经济的"民气",但同时也意识到这种社会势力不能过盛,需要以教化来驯服,使其安分守己,以防止其对社会秩序造成威胁。②同样地,虽然郭嵩焘赞同英国政治模式为民意提供了上达渠道,但同时他也忧虑议会可能会纵容人民,并助长他们的"民气"。在这种情况下,民心可能会演变成难以驾驭的颠覆秩序的威胁。在出使期间,西方劳工暴动和刺杀君主消息的频频传来,使得郭嵩焘颇感不安。1878 年 5 月,曼彻斯特纺织工人为抗议减薪,摧毁了工厂的机器,烧毁了工厂主的房屋。郭嵩焘听到这些消息,立即联想到去年美国铁路业也发生了同样的罢工动乱:"盖皆以工匠把持工价,动辄称乱以劫持之,亦西洋之一敝俗也。"③这些"敝俗"的根本原因,来自西方的政治架构和宗教教义,使其强调遵循"民意",允许"议绅"参与制定中央决策,

① 郭嵩焘:《伦敦与巴黎日记》,第 434 页。
② Janku, "Preparing the Ground for Revolutionary Discourse," 96.
③ 郭嵩焘:《伦敦与巴黎日记》,第 576 页。

助长民气。

同样，虽然郭嵩焘对英国两大政党之间的竞争关系称赞不绝，但他也看到了欧洲其他国家激增的政党数量与政局动荡。在他看来，这些政党通过完全放任"人心之浮动"来鼓吹意识形态差异，也挫伤了群众士气。特别是法国民党宣称的"统贫富无分"以及实现"金帛皆公用之"的承诺，使郭嵩焘尤感震惊与反感。他认为，这些承诺远比中国对"富贵利达"的单纯追求更加危险。①在回国航程中，郭与一名法国人对谈时，对共和主义、社会主义和无政府主义表达了关切与担忧。他认为，这些政党充分显示了"民气太嚣"是如何对西方政治稳定"为弊甚大"的。对方表示认同，说民主的初衷是好的，却只适用于一个没有战争、刑罚和自私的世界。这番话给他留下了深刻印象，郭嵩焘在日记中对此作出专门解释：

> 而人心万有不齐，其势不能截然使之齐一。即人之一身有前后左右，而着力处尤在右手，即用法亦有参差，一手五指亦须是有长短。民主立国，无分贵贱上下，强天下之不齐以使之齐，则将截中指以补小指，使体骨皆先其用，而虚为一体同视之名，其势恐万难持久。②

在郭嵩焘看来，个人的能力生来就各不相同，因此正确的政治结构应该尊重这些差异，而不是强行消除它们。民主对于瑞士这种

---

① 郭嵩焘：《伦敦与巴黎日记》，第697—698页。
② 郭嵩焘：《伦敦与巴黎日记》，第910页。

人口相对单一的小国而言或许是可行的，但对于一个人口众多，且财富、地位、教育水平差距甚大的中国来说，是行不通的。

与郭嵩焘同时代的士人会立即意识到，他对英国治理模式的描述是对黄宗羲和王夫之等明末思想家观点的回顾。正如裴士锋（Stephen Platt）所说，郭嵩焘"与王夫之同样，认为政治制度必须适应时代的需求，但他超越王夫之之处在于认为外国模式和中国自身的模式一样，可以加以调整，以应对中国的现状。"①郭嵩焘思想的真正意义不在于他比保守的同代人更愿意接受西方政治模式，而在于他在判断、比较本国与西方政治制度问题时，所采用的探究方式紧密沿袭着晚明思想家的模式。通过将三代与西方等量齐观，郭嵩焘开辟了一个广阔的概念空间，而在这个概念空间，外国制度以"三代模式"被理想化和抽象化。

应当注意的是，郭嵩焘对君主立宪制的支持和认可与1895年后的立宪改革派在许多方面相去甚远。后者将公意等同于正义，并力争在报纸上增强人民的声音，郭嵩焘则谴责当时盛行的观点，转而认同西方对中国习俗和道德的批评。②他使用了如"正论"和"清议"等词挖苦性地描述了世俗之见的无知平庸。他认为当报纸被外国人管理时，能够传递出有用的信息并协助公众参政，而在中国编辑手中，报纸则成为恶意诽谤的来源。③在郭看来，中国缺乏适当的公众舆论，并非能简单地归因于几个统治者或某个王朝的弊

---

① Platt，*Provincial Patriots*，41.

② Judge，*Print and Politics*，54—75.

③ 有关郭嵩焘与《申报》所打的著名诽谤官司，参见 Wagner，"The Shenbao in Crisis"。

政，而是中华文明长期衰落的象征。

历史的大格局

在郭嵩焘整理组织他在欧洲收集的历史见闻时，"三代"所体现的理想既充当一种比喻，也作为一个准则。与明末思想家类似，他将中国衰落的起始追溯到这一阶段的结束。秦以后两千年的历史就是一条衰落的长弧线。郭嵩焘在这一范式下，试图解释为什么中国被西方人视为半文明社会，他得到的是一种全新的历史叙事：在三代之前，中国是唯一的文明古国，鹤立于夷狄之上。自周朝覆亡、秦朝建立之后，中国开始逐渐偏离正轨，以至于到了郭嵩焘的时代，已经近乎于野蛮无知，而西方却日益文明开化。

他从考古发现、博物馆展览和历史记载中所得到的见闻均证实了这一说法。在伦敦阅读《泰晤士报》时，郭嵩焘看到了一条针对英国维多利亚女王的批评，说她"将勋章随意赠与任何无足轻重的小国国王或半野蛮君主"。此事针对的是英女王授予波斯国王嘉德勋章之事。① 尽管这篇文章并没有提及中国，郭嵩焘却从中推断，中国同样也失去了"文明国家"（"色维来意斯得"）的地位，与土耳其和波斯一同沦为"半文明国家"（"哈甫色维来意斯得"）。他哀叹道："政教风俗，欧洲各国乃独擅其胜。其视中国，亦犹三代盛时之视夷狄也。中国士大夫知此义者尚无其人，伤哉！"② 在肯辛

---

① *The Times*，March 5，1878.
② 郭嵩焘：《伦敦与巴黎日记》，第 491 页。

顿博物馆参观时，郭嵩焘惊愕地看到中国人、日本人与印度人的塑像被一同安置在一群来自非洲和美洲且显然野蛮落后的"番人"塑像之中。灰心丧气之余，他只能"对之浩叹而已。"①

在一次与李凤苞和罗丰禄的私下谈话中，郭嵩焘详细阐述了中国落后的原因所在：

> 三代以前，皆以中国之有道制夷狄之无道。秦汉而后，专以强弱相制。中国强则兼并夷狄，夷狄强则侵陵中国，相与为无道而已。自西洋通商三十余年，乃似以其有道攻中国之无道，故可危矣。
>
> 三代有道之圣人，非西洋所能及也。即我朝圣祖之仁圣，求之西洋一千八百七十八年中，无有能庶几者。圣人以其一身为天下任劳，而西洋以公之臣庶。一身之圣德不能常也，文、武、成、康四圣，相承不及百年；而臣庶之推衍无穷，愈久而人文愈盛。颇疑三代圣人之公天下，于此犹有歉者。秦汉之世，竭天下以奉一人。李斯之言曰："有天下而不恣睢，命之曰以天下为桎梏。"恣睢之欲逞，而三代所以治天下之道于是乎穷。圣人之治民以德，德有盛衰，天下随之以治乱。德者，专于己者也，故其责天下常宽。西洋治民以法。法者，人己兼治者也，故推其法以绳之诸国，其责望常迫。其法日修，即中国之受患亦日棘，殆将有穷于自立之势矣。②

专 149

---

① 郭嵩焘：《伦敦与巴黎日记》，第 568 页。
② 郭嵩焘：《伦敦与巴黎日记》，第 626—627 页。

郭嵩焘拓展了"道"的含义，并将其他提升至世界史的层面。西方法律具有普适性，不同于中国法家的传统，即"竭天下以奉一人，有天下而不恣睢，命之曰以天下为桎梏"。[①]而西方制度在其法规的监管下，被赋予了与儒家礼制相似的社会功能，以政教改善民众的道德和行为。这些社会体制遵循道德、人心、风俗，是西洋立国之本。与中国历史上以德而治的"圣祖"不同，西方掌管教化的"圣人"和治国的"王"是分而论之的，或许正因为如此，早期的西方文明比中国文明发展较为迟缓，但其在制度上却逐渐完善。由此可见，郭嵩焘对西方制度的浓厚兴趣与他早期对周礼的研究密不可分。在一个没有圣贤的世界里，士绅领导的社会改造和制度改革，正是他希望在湖南通过礼制计划要实现的目标。

150　　如果从长远来看，西方制度被证实更为有效，那么它们赖以发展的信仰体系又从何而来？他在基督教中找到了答案：基督教是西方社会的"创始教义"，《圣经》在西方文化的发展中，起到了等同于儒家经典对于中国文化的作用。早期罗马帝国的基督徒与三代时的儒家圣人发挥着同样的作用，以政教感化原本迥异多元而无知愚昧的人们。郭嵩焘从他所读的传教士翻译的历史书中，了解到英国的神职人员建造教堂，制定法律并执行准则，传播和探究有关农业、灌溉、医药、工艺技艺等方面的知识。通过合并宗教和世俗权力，基督教思想得以统治民众长达一千多年。

　　1879 年返回中国的途中，在一些传教士旅行者的影响下，郭

---

① 郭嵩焘：《伦敦与巴黎日记》，第 627 页。

嵩焘开始阅读《新约圣经》。他对基督教神学兴趣不大，甚至无法一口气读完一章。他阅读这本书，是为了了解基督教创立的历史背景——特别是耶稣基督如何通过将自己塑造成上帝之子并为之献身，招募了一群忠实的信徒，并建立了一种超越任何世俗统治者的传统。[1]通过晚明反专制主义论述的视角，郭嵩焘将耶稣的举动理解为意在遏制君主专权。当统治者恪守自己的本分时，平民百姓随之获得了生存和繁荣的空间：

> （基督教）其精深博大，于中国圣人之教曾不逮其毫厘，而流弊固亦少焉。乃相与竟奉耶苏以为天之子，而君人皆退听，其教亦以大昌，诚哉无以易也！[2]

郭嵩焘借用儒家的政教话语，将基督教诠释为欧洲文化进行正义扩张的文化基石。如同基督教曾经将文明带给处于罗马统治下的欧洲野蛮人一样，现在它成为亚非的文明火炬。郭嵩焘的旅伴傅兰雅（John Fryer），创办上海格致书院的一位传教士，向他描述了这一过程：首先，传教士会寻找一片山遥路远的不毛之地，研究当地居民的语言，了解地理景观，熟悉当地的风俗人情。随后，商人发展商业贸易，开立口岸，并租地定居。当与当地人摩擦衅端接踵而至时，西方国家会派出军事力量来协助本国商人，进而引发连锁事件，最终导致殖民地的建立。土地的获取、国王的废黜、新法律的

151

---

[1]　郭嵩焘：《伦敦与巴黎日记》，第 912 页。
[2]　郭嵩焘：《伦敦与巴黎日记》，第 913 页。

建立，这一切都如精心排练般的表演一样一一展现。郭嵩焘津津有
味地聆听着，并得出结论认为传教士扮演的角色与中国上古圣王一
样，他们不但改变了狉獉蛮人的顽犷粗野之习，还教他们以礼仪与
规范，使之井然有序且富庶繁荣。

与此相反，中国儒士"相习为虚骄无实之言，醉梦狂呼，顽然
自圣"。①在基督教传教士改造异己并使之同化时，中国士大夫"拒
求同于己者而激之使异"。查阅《后汉书》，他发现自公元前108年
汉朝远征朝鲜后，朝鲜半岛的地方风俗逐渐变得轻浮草率，法律限
制也愈来愈峻酷严苛。与之相似，据宋朝（960—1279）的两个游
牧邻国金（1115—1234）与辽（916—1125）的历史记载，他们同
样声称其人民为了追求穷奢极侈的汉式生活而抛弃了本国严谨而简
朴的制度。郭嵩焘担心儒学中这种奢靡腐朽的形式会遍传西方，造
成其与朝鲜、金朝和辽朝同样的衰落，他说：

> 三代所谓用夏变夷者，秦、汉以后，一与中国为缘，而遂
> 不复能自振。何也？礼义之教日衰，人心风俗偷敝滋甚，一沾
> 染其风而必无能自立也！西洋开辟各土，并能以整齐之法，革
> 其顽悍之俗。而吾正恐中土之风传入西洋，浸淫渐积，必非西
> 人之幸也。中西之交通，损益之数，利病之分，尚未知天时人
> 事之果何所极也！②

---

① 郭嵩焘：《伦敦与巴黎日记》，第930页。
② 郭嵩焘：《伦敦与巴黎日记》，第955页。

这一观点中，汉以后的儒家思想不仅贻害中国，而且也祸害了邻国，导致东亚文明普遍衰微。西方道路被视作近似一种新的不可抗拒的天命，相比之下，中国的士大夫已经迷失了方向，更没有理由对西方展开口诛笔伐。我们可以看到，在他这一分析中，清政府的利益并未居于显著地位。或许郭将此视为真正的儒家精神：对天道的追寻和执着，远大于对王朝的认同。

有学者认为郭嵩焘之所以从英国回国后不敢前往北京述职，是因为担心被迫害。①鉴于他在湖南的政敌比在首都的政敌数量更多且更为激进，真正原因应是另有隐情。或许他已在内心认定朝廷对根治中国的积贫积弱无计可施，而他现在将与湖南士绅们一同实施地方改革，根除鸦片的祸害，并为全新的道德基石播下种子。②在他人生剩余的 13 年时光中，他一直留在湖南，目的在于整顿"人心风俗"，③但他知道这将是一个艰难险阻，且旷日持久的过程：

> 学校之起，必百年而后有成。用其百年之力以涤荡旧染；又用其百年之力，尽一世之人才而磨礲之；又用其百年之力，培养渐积以使之成。以今日人心风俗言之，必有圣人接踵而起，垂三百年而始有振兴之望。为自秦汉以来四千年流极败坏之久，累积之深，非是不能有成也。④

① Hsü, *China's Entrance into the Family of Nations*, 189.
② 郭嵩焘:《郭嵩焘日记》第 3 卷，第 843 页。
③ 汪荣祖:《走向世界的挫折》，第 312 页。
④ 郭嵩焘:《郭嵩焘日记》第 4 卷，第 19 页。

郭嵩焘仍与掌权的朋友保持着联系，但他的主要关注点还是湖南当地民众的道德福祉。对清政府不再抱有幻想的，不只郭嵩焘一人。在清朝最后几十年里，归隐山林的想法在当地士绅中流行且日益增多。虽然在1870年代很少有人认同郭嵩焘对西方的见解，但不少人同样充分地意识到传统社会的秩序瓦解与道德崩坏。直到清末，这些地方士绅仍难以登上国家舞台，但却将精力集中在地方改造上。这条被郭嵩焘放弃的通过外交与国家主导的现代化道路，则由对清朝更有信心且在界定"中国"与"西方"边界时，更有政治敏感度的官员继续走下去。

153   **结 论**

在20世纪宪政改革者的眼中，郭嵩焘是一位预见了西方治理与教育模式在日后盛行的先知。虽然清政府的倒台证实了郭嵩焘对清廷的可怕预言似准确无误，但这一后清朝视角也掩盖了许多他对西方独特解读的耐人寻味之处。如果我们将郭嵩焘的著作（以及国内对此作的回应）置于清朝从派遣短期使团转向常驻使馆这一过渡时期的背景中，则"从传统向现代转型"这一线性解释框架的不足之处就显而易见。

英国思想经济史学家雷斯·斯特德曼·琼斯（Gareth Stedman Jones）在其研究中国工业革命的"阶级的话语"中提到，政治语言的意义并不能从其论述的形式中抽象地建构，而是深嵌于与特定概念框架相关的假设、词汇与想象之中。同样，在理解郭嵩焘用来描述西方的特定语言时，也必须还原于当时的语境和思想资源。①这是一个将理想统治形式（"三代"或西方）与他所处时代的皇权体系作二元对立所呈现的历史演进的论述。同样重要的是，郭嵩焘对西方的内化，也深受太平天国之后他的礼制改革和他深研经学的影响。郭嵩焘坚信中国已经如堕烟雾、不得方向，采用了晚明学者一整套话语和情节将西方的治理模式看作是新的天命。从这个角度看，郭嵩焘愿意接受西方的原因不仅来自他积极的观察，还来自他希望通过"道"这一隐喻的方式来诠释秩序的倾向。正如孔子将中国之道视为圣贤君主所阐明的单一、明确的等级秩序一样，郭嵩焘认为西方也坚定地走在由其圣人、统治者与伟大思想家开创的独属道路之上。

同理，我们对郭嵩焘同时代的批判者，也应该给予更加细致入微的评价。保守主义或传统主义等意识形态标签既无法解释他们表达忧虑的多样性，也无法解释为何他们中的许多人在对郭的日记内容感兴趣的同时，也为其中暗含的政治意义所困扰。对他们而言，郭嵩焘对欧洲人提出的主张缺乏批判性的距离，这不仅削弱了作品的可信度，而且还危及清政府的正统地位和根本利益。

从信息制度的角度分析，郭嵩焘任职期间的往来文书充分揭示 154 了清朝首任驻外公使面临的双重困境。首先，总理衙门从未给予驻外使馆应收集何种信息的明确指示，也没有关于信息体裁的提示。唯一的指令，即"无论紧要寻常，随时陈奏"，言语模糊，并未涉及如何处理意见冲突与分歧，对此公使只能依靠自己的判断力。其次，信息传输的延迟，与朝廷、总理衙门和驻外使馆之间的三角关

① Jones, *Languages of Class*, 94.

系，阻碍了有效的沟通交流。作为清政府的代表，郭嵩焘的决定和言论可能会使他国内的同僚在没有与总理衙门仔细协商配合的情况下陷入困境。

我们还可以补充一点，即上述两个问题都是在使馆设立初期的合理问题，如果驻外公使愿意遵守不成文的规矩，并如刘锡鸿那样延续传统的夷夏之辨的言辞叙述，那么他也不会引发国内的轩然大波。虽然郭自视为一位忠心耿耿的驻外官员并试图利用其海外机构参与社会改革，他的国内同僚则认为郭嵩焘的地位近似于一位旨在驯化蛮横西夷的帝国使节。即使他没能在外交辩论与协商中履行这一使命，至少应在文学作品中体现出来。

在他们看来，郭嵩焘对西方的描述并未旨在阐明任何实际的解决方案，也未给他的同时代人带来丝毫的希望，这一点很成问题。通过以明末思想家作为对话者，郭嵩焘将西方的崛起与传统天命的道德使命混为一谈，对许多人来说，这显然是一个与帝国主义在中国的实际影响相矛盾的概念。他始终坚信西方不在意领土扩张，而仅仅关心商业利益，这一观点在 1884 年法国强占越南、1885 年英国侵吞上缅甸时显得尤为错误，到 1890 年代似更不可信。从这个角度看，郭嵩焘并不是时代的先驱，而是掉转走入了被他人视为绝路的小径之中。直至甲午战争之后，对西方文明全面赞同的声音才再次浮现，但已不同于郭嵩焘"三代"式的理解，而有了浓重的社会达尔文主义的色彩。

第五章　外交官

1908 年，英国外交事务专家鲍尔杰（Demetrius Boulger）在书中提到了 1880 年代清朝外交官的能力，称他们能"利用时势和现实需要，为他们所代表的政府的愿望谋取利益"。作为驻英、法、俄国的大臣，曾纪泽侯爵"拥有处理政府事务的全权"，这使得"中国在北京比在波特兰大街更好说话"（译者注：伦敦波特兰街是中国驻英使馆所在地）。①1887 年，在曾纪泽任期结束后的次年，李鸿章收到了大量请求举荐出国的来信。李鸿章写道："近日海国已成坦途，朝士竞趋，迥非十年前可比。"海外职位变得如此抢手，以至于朝廷不得不"设资格以相限，保举则严"。②

鲍尔杰和李鸿章的言论表明，到了 1880 年代中期，清政府的外交能力和它对西方知识的态度，已发生翻天覆地的变化。清政府的驻外使馆被看作是维护清帝国利益的坚定堡垒，故抱负不凡的能人志士竞相争取外派。这些变化的出现，与中国边疆发生的一系列

---

① Boulger，*The Life of Sir Halliday Macartney*，303，416.
② 李鸿章：《李鸿章全集》第 34 卷，第 243 页。

新事态有关。在 1870—1880 年代中期，西方的侵略从要求贸易特权、开辟商埠、设立外交代表，转变为直接侵占清帝国边疆土地。朝贡国琉球、朝鲜、越南、缅甸，境内的台湾、西藏和新疆均遭到来自欧洲列强与日本不同程度的挑战。[1]为了给清帝国配备必要的自卫手段，洋务运动的领导人以愈发高涨的热情寻求西方的知识技术和器物：他们从英国和德国购买了全新的船舰，从国内军工厂采购大炮和枪支，派遣海军和陆军学生前往欧洲进行军事培训，在航运业与煤矿业设立股份合资公司，由海关税收、厘金和外国贷款资助。[2]持续发展壮大的中文新闻产业不但给士绅及通商口岸商人提供了及时有效的信息，还形塑了他们的世界观。[3]

尽管发生了上述变化，但在现有的著作里，1880 年代还是被视作一个在外交和军事上一败涂地的时期，而这些失败的原因往往被看作是儒家保守主义的顽固不化。在已有的著作中，这十年令人印象最为深刻的包括被清廷召回、终止学业的中国留美幼童，中法战争的失败，以及一群在外交政策上以保守派取代实用主义的清流派。与日本迅速的现代化进程形成对比，这些事件似乎能解释清朝在 1894—1895 年的甲午战争中惨败的原因。[4]

本章为重新认识 1880 年代提供了一个新视角，认为在看似僵

---

[1]　有关这方面的研究，笔者略举数例以供读者参考：Eskildsen, "Of Civilization and Savages"；Larsen, *Tradition*, *Treaties*, *and Trade*；Millward, *Eurasian Crossroads*；Paine, *Imperial Rivals*；Wang, *China's Last Imperial Frontier*。

[2]　Halsey, *Quest for Power*；Wu, *Empires of Coal*；He, *Paths towards the Modern Fiscal State*.

[3]　Mittler, *A Newspaper for China?*；Wagner, *Joining the Global Public*；潘光哲：《晚清士人的西学阅读史》。

[4]　Eastman, *Throne and Mandarins*；Paine, *The Sino-Japanese War of 1894—1895*.

156

化的官僚体制下，中国的外交信息秩序正在重塑，这一重塑的主要动力不仅在中国国界之外，还超出了绝大多数国内精英的视野范围。因此，1880年代并不是毫无起色或者倒退的十年。崭新的通讯方式和常驻使节的模式增强了清政府遏制外来威胁的能力，在国内精英界引发了从事外交职务的新一轮动员。随着电报的采用和外交工作向受教育阶层更广泛的开放，西方以一系列与中国共通的术语而为世人知悉。

　　这种变化最有启示性的方面集中在曾纪泽这位清朝最杰出的外交官的职业生涯上。现存有关曾纪泽的文章著述提供了对他部分局限且相互矛盾的刻画：他被塑造成一位开明的西学学者，或是一个谨慎、理性的外交官，抑或是一个骨子里顽固保守的主战派。①这些形象各自捕捉到了他在特定时段致力的方面，但他自身却并不适用上述任何一个标签。正如我们在下文将看到，只有将这些矛盾形象置于清朝以使馆作为正式常驻机构、以电报作为一种全新通讯方式、以外交官作为新型官员的背景下看待，这些相互冲突的形象才能被我们充分理解。 157

儒学信徒

　　1853年，同进士出身的曾国藩接受朝廷任命，组建地方团练

---

① 关于将曾纪泽刻画为开明改革者的文章，可参见 Platt, *Provincial Patriots*，67 中所引用的谭嗣同言论；以及美查（Ernest Major）为《曾侯日记》撰写的序文；关于将他描述为告诫保守主战（或清议）派的调停外交官的文章，可参见 Hsü, *The Ili Crisis*，191—193；关于其自身即为清议的代表人物的文章，可参见 Eastman, *Throne and Mandarins*, passim。

镇压太平天国——一场由客家基督教信仰者洪秀全领导的大规模反抗。在接下来的七年里，曾国藩和其湘军从湖南到湖北，再到扬子江流域，对太平军穷追不舍。曾国藩将年仅 14 岁的儿子曾纪泽交给湖南故里的妻子和兄弟照顾，并通过源源不断的家书对他进行引领教诲，在道德和实践层面指导这位年轻人的书法、诗作、散文、阅读和日常生活习惯。①

曾国藩的这些家书，不但出自军事经验，而且还充满了一位儒家将领的道德操守，由此对曾纪泽产生了不可磨灭的影响。通过书信，他从父亲那里获得了关于学问是一种道德实践和对礼学作为经世致用的信念。②现存父子之间的通信表明，曾国藩根据其儿子的实际兴趣对他的课程进行了量身定制。当发现曾纪泽对八股文毫无兴趣，无法在科举考试中取得进展时，曾国藩鼓励曾纪泽专注于他富有异禀的书法和汉赋上。尽管曾国藩曾建议他的胞弟每次只专注于一本书，但对他的儿子，更强调知识的广度和全面性，为此他选择了囊括各个时期圣贤的一套课程。这种对宋代以来理学正统观念的重新强调，反映了对抗太平军宗教信仰的意识形态需求。③

回到湖南，曾纪泽作为由祖父母、叔伯、姻亲和兄弟姐妹组成的大家庭中的长子，欣然承担起家庭管理者和父亲家训助推者的角色。④他负责管理家庭的收支和礼仪事宜，并照顾较为年幼的弟妹和

① 关于曾国藩的家书及其教育观，参见 Liu, "Education for Its Own Sake."。
② Liu, "Education for Its Own Sake," 88.
③ Liu, "Education for Its Own Sake," 91—93; Levenson, *Confucian China and Its Modern Fate*, vol.1, 138—140; Meyer-Fong, *What Remains*, 21—63.
④ Liu, "Education for Its Own Sake," 95.

堂兄弟姐妹。1864年太平天国终结之时，父子俩在南京重逢。此时　158
曾纪泽与父亲一同迁往南京生活，并开始以半官方的身份协助父亲。

在他父亲的幕府之中，曾纪泽发现了在军事攻略、建造船舰、
枪炮武器、数学计算、预言占卜以及西学和医学方面的一大批贤
才。在此期间，他结识了曾国藩的洋人助手，如马格里（Halliday
Macartney）和戈登（Charles Gordon），以及西方技术和外语方面的
中国专才。①他在日记中偶尔记下的一些条目表明了他所探索的西
洋乐器范围和自娱自乐的消遣方式，如"学洋琴"（1870年9月30
日）、"玩电匣"（1871年4月22日）以及"试显微镜良久"（1872
年5月12日）。②

在父亲的指引下，曾纪泽的学问成为多种儒学传统的折衷，甚
至可以说是缺乏深度的大杂烩。父亲习惯为他指定来自所有时期不
同学派的阅读书目，这使得曾纪泽倾向于寻找学问中清晰明显的连
贯性，也使得西学成为一个自然而然的探究主题。如果曾纪泽的儒
学教育是其父亲对包罗万象的儒学传统大杂烩，在这个定义之下，
西学可以被解释成发现普世之理的另一种努力尝试。

由于缺乏参加科举考试的必要和动机（父亲的赫赫军功确保了
儿子继承一等爵位），曾纪泽得以广泛涉猎历史、古文献、诗歌、
礼仪典制、数学和自然科学等。③他最喜欢的历史人物是汉代自然

---

① 李恩涵：《曾纪泽的外交》，第19—21页。
② 曾纪泽：《曾纪泽日记》，第57、105、195页。
③ 试举曾国藩列给曾纪泽的书单，请参见《曾国藩全集：家书》第2卷，第809、
831、900页。曾国藩似乎既没有要求其子进行西学研究，他也没有阻止儿子学
习西学。

哲学家和辞赋家扬雄。他对扬雄倍感钦佩的原因是：摒弃西汉盛极一时的华丽诗赋，转而阐释圣人之道，并雄心壮志地试图效仿《周易》和《论语》进行创作。受扬雄的启发，曾纪泽仅在 1858 年参加过一次科举考试，并在考试失利之后，决心关注学习本身而非为了应试。

1870 年 6 月 23 日，担任直隶总督且又病弱的曾国藩接到朝廷谕旨，命他调查天津教案真相。早些时候，朝廷收到通商口岸天津的重大消息：多达数百名当地居民听信谣言，认为法国天主教修女们诱拐并杀害当地儿童，聚众示威。在听闻法国领事丰大业（Henri Fontanier）枪杀一名中国仆佣后，群众愤怒至极，烧毁了法国领事馆、几座教堂和孤儿院，杀掉了包括丰大业在内的十数名法国人与俄国人。曾国藩火速赶往天津，开始他的调查。基于他所收集到的证据，他公开宣布针对法国修女的谣言是子虚乌有的，这则谣言是由当地排外分子的反教揭帖而起，因传言而愈演愈烈。他向朝廷建议，当地官员应为其失职而接受责问，且将被审讯和革职。曾国藩的决定未能平息法国的不满，却让官员们极度愤慨，群起攻之，指责曾国藩是一个毫无骨气的卖国贼。

在那年夏天给父亲的信中，曾纪泽急切地询问了父亲的健康状况和天津教案的进展。作为给父亲的建议，他第一次清晰地阐述了自己的外交观点，这与曾国藩的思想大相径庭。在他或许是第一封写给父亲的反对意见的书信中，曾纪泽表达了对父亲姑息态度的不满。①他主张，与西方的外交冲突是糟糕的，但失去民心则会损

---

① 《湘乡曾氏文献》第 10 册，第 5940、5945、5988、6002 页。

失更大。①谋杀无辜洋人的罪犯应该被惩罚，但这样做的原因"本非以媚夷也"。履行公义，应按照中国法律规定的调查、取证、逮捕的正确程序来进行。他建议父亲不要轻易同意外国人提出的所有要求，而应"柔软之中稍参一二硬语"。②

虽然父亲倾向于通过在此案中严惩中国官员求得和解，但儿子认为外交谈判才是此案的解决之道。为了论证自己的推理，曾纪泽反问："譬如卖物者索价倍于所直，买者先许以极少之价，然后可以平价得之。今卖者尚未开言，而买者已许重价，则将何以为继？如撤官之举，俟洋人咆哮至极，徐撤一县令应之足矣。"如果中国继续向洋人专横的威胁屈服，则外国的要求只会变得更加荒谬。

曾纪泽的劝诫被证实是有先见之明的。全国范围的谴责纷至沓来，将曾国藩与和解派官员视为叛徒，加以猛烈攻击，直接抹煞了曾国藩通过平息叛乱、拯救王朝所获得的名誉和声望。不久之后，曾国藩在耻辱中与世长辞。曾纪泽在天津教案和他父亲的去世中汲取了新的决心和勇气。其父临终时，曾纪泽对他说，中国之所以人才匮乏，是因为目前只有两种人才：一是愚昧无知之人，他们坚决反对通商，秉持诸如"远人自然实服"的陈词滥调；一是对西方知识稍知皮毛而背弃儒学教义的图利之人。他希望自己能成为国家真正所需的第三种人才：

① 在这一点上，曾纪泽的观点与曾国藩的批评者是完全相同的，但却与朝廷的政策截然相反。参见 Cohen, *China and Christianity*, 234—247。
② 《湘乡曾氏文献》第 10 册，第 5999—6001 页。

> 所谓得人者，当得忠孝气节之士，而复能留意于外国语言文字风土人情者，是在平时搜访而乐育之，然后临事能收其效耳。男近年每思，学问之道，因者难传，而创者易名。将来欲拼弃一二年工夫，专学西语西文。学之既成，取其不传之秘书，而悉译其精华，察其各国之强弱情伪而离合之。①

曾纪泽最终实现了向父亲承诺的部分目标：他确实成了一位会说英语的忠义气节之士，不仅能够察知当代国际事务，还对西学的基本概念了然于胸，但他不能同时成为一名忠诚的外交官和西方知识的传播者。他的这两种抱负指引的方向不同：成为一名纯粹的学者，需要有超越得失的心态，而成为一名外交官却必须为朝廷的政治目标不辞辛劳、奋斗终生。在他父亲 1872 年去世短短两年之后，曾纪泽的母亲也溘然长逝。悲痛过后，他发现自己获得了前所未有的时间和自由。从 1873 年农历新年起，他开始潜心学习英语，并在四年的服丧期间执行着严格紧凑的日程作息。

对曾纪泽而言，对外语的学习实践完全是儒家士人应尽的责任。他效法清朝汉学派的学者通过探究文献和词源学来揭示古代文字的含义，认为学习外语是儒家"格物"的必要部分。他写道："古称通天地之人为儒，又曰：'一物不知，儒者之耻。'"②对于那些蔑视西学的人，曾纪泽回应称，尽管儒家经典穷尽宇宙万物之理，但它们并没有、事实上也不应被期望完备"古今万世之器与

---

① 《湘乡曾氏文献》第 10 册，第 6020 页。
② 曾纪泽：《曾纪泽遗集》，第 138 页。

名"。①因为古人已经知晓"不及见闻"之理,所以他们宁愿不对自 　161
然界的某些方面作讨论。对外语的发音、形式和语法的研究将使学
者能够全情投入西学之中,并"就吾之所已通者扩而充之,以通吾
之所未通"。②西学和外语,仅就其所传达的关于宇宙的真正知识而
言,完全符合士大夫的正当追求。

曾纪泽过于乐观地认为,外交官的身份并不妨碍对学术的追
求。但当他成为驻外公使之后,他立刻发现使馆事务并没有给他留
下足够的时间和精力以继续学术生涯。他原以为可以利用在海外的
时间撰写一部关于西学的著作,未曾料到连开始这一写作计划的时
间都没有。③

初任公使

1877 年夏日,在为双亲服丧期满之后,曾纪泽前往北京接受
从父亲那里继承来的爵位,同时寻求正式的官职。初次被慈禧太后
召见,曾纪泽告诉皇太后,他的英语足以使外国人理解他所写的东
西,但还不足以读懂外国人所写的一切细节。慈禧太后询问他是否
了解洋务时,他对答称,父亲在任期间,他随侍左右,特别是在处
理天津教案期间,学到了不少东西。他还坦承,虽然学习过撰写古
体散文和诗歌,但并不会"做考试之文"。④

---

①　曾纪泽:《曾纪泽遗集》,第 135 页。
②　曾纪泽:《曾纪泽遗集》,第 136 页。
③　曾纪泽:《曾纪泽遗集》,第 137 页。
④　曾纪泽:《曾纪泽日记》,第 679 页。

对外交官的遴选主要来自总理衙门、朝廷和与外交事务相关的高官之间的内部商议，最终的决定往往取决于有权势的封疆大吏，特别是李鸿章的意见。1875 年，这些机构共同拟定了一份备选名单，虽然曾纪泽并未出现在名单上，但在郭嵩焘和李鸿章的举荐下，他的名字仍然引起了总理衙门的关注。①通过私人关系，他很快得知，总理衙门打算任命他带领使团前往俄国，负责对俄谈判，收回于 1871 年阿古柏叛乱后被俄军侵占的伊犁。1878 年 6 月，有消息传来，曾在 1871 年率"谢罪"使团前往法国的崇厚获得此次任命，曾纪泽深感失望，并向丁韪良抱怨总理衙门"言而无信"。丁韪良安慰他说，"俄国的葡萄是酸涩无比的"，并预言他将会"获得前往英国或美国的使命"。②

出于对自己前途未卜的担忧，曾纪泽广泛结交外国人，并刻意展示他的社交技巧与语言能力。曾纪泽居住在外国使馆附近，并与多国外交官交上了朋友，经常登门拜访他们，如同结交清朝官场的官员一样。他的西方友人中包括许多造诣深厚的汉学家，其中包括被他称为"四君子"的：英国驻华外交官梅辉立（William Frederick Mayers）、英国传教士艾约瑟（Joseph Edkins）、医生德贞（John Dudgeon）和美国传教士丁韪良（W. A. P. Martin）。曾纪泽将这四位视为自己的知己挚友。他认为梅辉立和丁韪良在各自学术领域是相辅相成的：丁韪良作为同文馆的总教习，致力于翻译西方作品以造福中国；梅辉立作为一位英国外交官和汉学家，毕生献身于将

①　李文杰：《中国近代外交官群体的形成》，第 247 页。
②　Martin, *A Cycle of Cathay*, 385—386.

中国知识传播到欧洲。①在曾纪泽看来，"四君子"与自己一样，对知识不分畛域的追求是他们共有的特质。②

1878 年 8 月 25 日，曾纪泽喜出望外地接到了任命他为出使英法大臣的上谕。次日，他搬进总理衙门，以便熟悉浩瀚的档案，并着手从可信的朋友和亲戚中招募使团所需的中外人员。在他启程前被慈禧太后召见时，他向朝廷陈述了自己认为的外交政策的基本原则。

首先，他认为选派外交官最重要的评判标准应该是德行和忠义，而不是语言或对洋人的了解。例如译员和买办，尽管他们具备语言能力和社交技巧，但他们往往是不可信赖的嗜利之徒。曾纪泽表示，正因如此，他挑选了他的妹婿陈远济作为中文参赞。他向慈禧太后解释说，由于陈远济的父亲在与太平天国的激战中为国殉难，孝道和家风将确保儿子对清朝耿介忠荩。③慈禧太后对曾纪泽通晓英语文字的能力称赞有加，并认为这将使他摆脱译者的操纵。曾纪泽却对此不完全认同："臣虽能通识，究竟总不熟练，仍须倚仗翻译。即使语言已懂，亦候翻译传达。一则朝廷体制应该如此，一则翻译传述之间，亦可借以停顿时候，想算应答之语言。"④曾纪泽还向慈禧明确表示，处理外交关系的难处在于"外国人不讲理，中国人不明事势"，杀害外国人和烧毁教堂并不能替中国人报仇雪恨，只有徐图自强才能真正地做到一雪前耻。对此，慈禧太后表示衷心地赞同，但她提醒曾纪泽，他的工作使他极易受到国内政敌的攻击。曾纪泽引用父亲的例子作为回应：

163

①② 曾纪泽：《曾纪泽遗集》，第 158 页。
③ 曾纪泽：《曾纪泽日记》，第 775 页。
④ 曾纪泽：《曾纪泽日记》，第 776 页。

臣从前读书，到"事君能致其身"一语，以为人臣忠则尽命，是到了极处了。近观近来时势，见得中外交涉事件，有时须看得性命尚在第二层，竟须拼得将声名看得不要紧，方能替国家保全大局。即如前天津一案，臣的父亲先臣曾国藩，在保定动身，正是卧病之时，即写了遗嘱，分付家里人，安排将性命不要了。及至到了天津，又见事务重大，非一死所能了事，于是委曲求全，以保和局。①

曾纪泽以同样的方式为湘军老将兼现任公使郭嵩焘辩护："郭嵩焘总是正直之人，只是不甚知人，又性情褊急，是其短处。此次亦是拼却声名，替国家办事。"②他请求慈禧在时机成熟时给予郭嵩焘恩典，保全其名声。慈禧向他保证，皇帝、王公大臣们都知道郭嵩焘是位忠臣。

这场召见似乎使得慈禧太后对他青睐有加，并为他赢得了朝廷的全力支持与充分信任。在外交背景下提及朝廷"体制"，表明了他对驻外使馆制度化的日益关注。对曾纪泽而言，外交不是为了满足外国提出的要求，也不是仅仅为了维持和平。使馆的外交官必须适应中国自身的需要，并成为清朝政府结构中不可分割的一部分。

尽管曾纪泽是朝廷既有体制的忠诚捍卫者，他仍然保留着组建使团和使馆信息流转的主导权。削减国内各方权势的影响，有利于防止使馆在各利益集团的分裂和拉扯中分崩离析。正是出于这个原因，

① 曾纪泽：《曾纪泽日记》，第 776—777 页。
② 曾纪泽：《曾纪泽日记》，第 777 页。

164

图 5.1　在伦敦的曾纪泽（由仝冰雪提供）

图 5.2　曾纪泽的英文签名

资料来源：英国国家档案馆。

他指定他的妹婿为使馆参赞，并在觐见皇太后时，强调陈远济对朝
165 廷始终不渝的忠诚。正如李文杰所言，公使在自行选任使馆人员上
的这种自由度，部分原因是由于"总理衙门缺乏全盘及长久的规
划"，直至 1907 年一项重大改革明确规定参赞和领事必须从外务部
之内选任以前，公使"自辟僚属"一直是官僚集权的障碍。①不过，
这一政策的实际影响并非不可取。在曾纪泽看来，幕府般的结构使
得他能够成为一馆之主和唯一的决策者。在他的海外生涯中，这一
制度结构为清朝举足轻重的驻外使馆提供了迫切需要的稳定性，并
且在一定程度上弥补了清廷缺乏连贯性战略的缺陷。

公使馆的顺利运行，还需要一支拥有丰富经验的外交团队。曾
纪泽从郭嵩焘的随员处保留了大部分具有外语技能的使馆人员，包
括凤仪、张斯枸和张德彝等经验丰富的同文馆学生（三人后来都成
了驻外公使或领事）。他还热衷于为同文馆新生提供一个获取外交
经验的渠道，从资深学生中遴选译员。②他非常注重在三年任期结
束时为得力下属留任、擢升和保奖的奏疏。③为了确保这些升迁不
会使他们被派往其他机构（如 1871 年蒲安臣使团结束后，发生在
志刚和孙家毂身上的那种情况），他反对吏部关于外交人员出洋期
满后进入外省候选名册中待任的规定。④在竞争日益激烈的官场中，

---

① 李文杰：《晚清驻外参赞研究》，第 94 页。
② 曾纪泽：《曾纪泽遗集》，第 10 页。
③ 曾纪泽：《曾纪泽遗集》，第 17、19、34、37、48、58、60、65、67、81、84、92、
98、100 页。
④ 曾纪泽：《曾纪泽遗集》，第 48—50 页。尽管目前尚不清楚曾纪泽的此份奏折是
否是朝廷做出改变的唯一原因，但总理衙门随后放松了其人事政策并酌保三分
之一的卸任使馆人员继续在京城任职。参见李文杰：《中国近代外交官群体的形
成》，第 294—295 页。

这些努力与尝试帮助具有专业经验的使馆人员继续保有京职，以便他们在外交之途上站稳脚跟。

在这一人事管理策略下，曾纪泽给使馆提供了一支得力的团队。在公使之下，是中英文的两名参赞，均被委以三等及以上的职位，为曾纪泽提供商议与顾问的服务。一批精通中外语言文字的随员和翻译官，则构成使馆的主体：他们仔细审阅和妥善整理文件，从各种常规资料中收集情报，并在社交集会中协助高级外交官。每一个使馆都有一名全职的随员，负责考察欧洲厂商和检查销往中国订单的质量，还有一名初级学生译员保管使馆内收藏的所有书籍和地图。另外，曾纪泽还聘请侦探和其他编外人员，从他们那里获取非常规渠道的信息。到 1884 年，清朝在伦敦、巴黎和圣彼得堡的公使馆均采用了上述组织形式。①

从叙述到编码

直至 1880 年，使者和外交官均采用旅行叙述为主要方式来报告活动与见闻。正如在本书第四章所见，其中最受关注与诟病的是郭嵩焘的《使西纪程》。该日记对西方毫无保留的认可激怒了与郭嵩焘同时代的许多人，所以该书几乎一出版就被取缔了。但是，大多数情况下，官方禁令被置若罔闻，政府也无法阻止该日记被广泛传阅和公开讨论。短短数年之后，这本书的风评随着时移而势迁。清朝外交官纷纷为郭嵩焘的正直忠义辩护，并将他的日记作为写作

---

① 《清末民初出使外洋外务密档》第 1 册，第 148—158 页。

的标准参考。曾纪泽肯定了郭嵩焘对香港的描述"无一字不符者"。①1889 年，薛福成甚至向光绪皇帝呈递了一部该日记的钞本。②薛福成在日记中回忆，他自己也曾站在郭嵩焘的批判方，并认为郭的话语有不当之处。但当他亲自前往欧洲时，却与曾纪泽一样，认同郭嵩焘写作的准确性。③

　　然而，人们对郭嵩焘日记的接受程度仅限于他对欧洲制度的事实性描述，而并非他的写作风格或笼统的结论。似乎在一种共同的默契下，下一个十年的外交官都避免提及有关西方道德、礼仪和政治制度的话题，同时他们也不将西方崛起与中国长期的动荡相提并论。1870—1880 年代的清朝驻欧公使，如李凤苞、许景澄、洪钧以及刘瑞芬，均未将外交日记作为传递信息的主要手段。④曾纪泽仅向总理衙门上交了他出使海外的头七个月的日记，即从 1878 年9 月 26 日到 1879 年 4 月 17 日。上呈的版本是基于他的私人日记修订的。与他的父亲一样，曾纪泽毕生都有写日记的习惯，但他对上呈的日记进行了精心编辑，删减无关紧要的琐事，并添加了与外交有关的注释说明。⑤当《申报》的创办者美查（Ernest Major）在朋友的书桌上发现了这本上呈的日记，未经曾纪泽授权就将其公开发

---

① 曾纪泽：《曾纪泽日记》，第 813 页。

② 郭嵩焘：《郭嵩焘诗文集》，第 243 页。

③ 薛福成：《出使英法义比四国日记》，第 63、71、85 页。

④ 其中，李凤苞的《使德日记》仅仅只涵盖了其出使德国三个月内的记述。洪钧和许景澄的日记均极其简短，并且在他们的有生之年没有公开出版发行。另一方面，前往美国、西班牙和秘鲁的公使，如崔国因和张荫桓，则将日记作为记录他们与美国政府就中国劳工和移民问题而进行的协商谈判的一种方式。

⑤ 关于曾纪泽的编辑方式与其日记的内容，参见冈本隆司、箱田惠子、青山治世：《出使时代的日记》，第 110—132 页。

行，称其"于外国之政教风俗尤为留意"时①，曾纪泽立即要求总理衙门彻查刊印的内容，并在必要时予以禁刊。②除了由其使馆随员所编写的关于他与俄国谈判的报告之外，曾纪泽再也没有提交过任何他的私人日记。在自我审查和信息安全的双重压力下，外交官们避免采用旅行叙事的方式来记录他们的见闻和活动。总理衙门也悄悄放宽了有关呈递外交日记的规定。

出使日记的衰落与另一种远程通讯技术的采用是相辅相成的。从1878年起，清朝在欧美和日本的驻外使馆定期使用电报交流通信。津沪之间电报线路的修建（1881年）及其向北京的延伸（1884年）使得总理衙门能够与地方政府、海外使馆共同协调对外政策。③总理衙门凭借对北京电报终端的掌控，成了"接收、处理和传播战略知识的中心"。④到1884年，电报线将总理衙门与南北洋大臣（分别由李鸿章和曾纪泽的叔父曾国荃担任），以及沿海省份的巡抚都紧密连接起来。清朝驻日本、英国、法国、德国、俄国和美国的公使馆、领事馆也成为这一网络中的重要节点。在 168 1884—1885年的中法战争期间，总理衙门接收和传送了超过2000封电报。⑤

在1879年崇厚与俄国协商收复伊犁的谈判失败后，李鸿章意识到北京与海外官员之间的电报通信对于国家防卫十分必要，由此

① 《曾侯日记出售本馆谨启》，《申报》1882年1月3日，第1版。
② 曾纪泽：《曾惠敏公电稿》，第34—35页。
③ 上海商埠已于1871年通过香港与欧洲保持电报联络，但这条线路主要由西方商人、传教士和外交官使用。
④ Halsey, *Quest for Power*, 215.
⑤ 《清代军机处电报档汇编》，第4册。

产生了电报通信的提议。①作为崇厚的继任者，曾纪泽在其任职之初就优先使用电报，并在启程赴英之前，与李鸿章交换了电密码本。②为了降低通讯成本，他还设计了一个将长句转换为数个单字的分类表格。③

通过采用电报通讯，外交官能够及时传递军事情报和政治要闻，从国内当局获取对外交谈判的反馈意见，并及时就外交政策提供咨询。1879—1885 年间，曾纪泽的电报为总理衙门提供了源源不断的外交活动消息以及他与各国外交部往来的细节。1881 年，曾纪泽通常能在电报发出后的两周内得到总理衙门的答复，若是紧要事件，则最快能在五天内收到答复。以当时的标准衡量，这已是一个令人艳羡的速度。④1882 年 5 月 5 日，作为对法国进犯河内的回应，他向总理衙门建议，将天津的电报线延伸至北京或邻近的通州，以获得更快速与更便宜的情报。⑤他收到的最初回应是犹豫不决的，但通州至天津的线路于 1883 年建成，京津线路也于 1884 年建成。在曾纪泽的请求下，他的密电码本于 1882 年为两广总督所共享，这使他得以和南部沿海以及与越南接壤的省份建立直接的联系。⑥

---

① Halsey, *Quest for Power*, 221.
② 曾纪泽：《曾纪泽遗集》，第 30—31 页。
③ 有关曾纪泽在电码本与换算转义表上的工作，参见《曾纪泽日记》，第 769、770、771、779、826、836 页。
④ 1882 年 1 月 14 日，曾纪泽电致总理衙门请求其就如何应对 1874 年《越法和平同盟条约》而下达指示；他在 1 月 19 日的晚间就收到了总理衙门的答复。曾纪泽：《曾惠敏公电稿》，第 25、29、30 页。
⑤ 曾纪泽：《曾惠敏公电稿》，第 49 页。
⑥ 曾纪泽：《曾惠敏公电稿》，第 55 页。

为了加快与各国外交部的重要外交联络，曾纪泽养成了习惯，在起草正式外交信函之后，将摘要电告总理衙门，并在获得总理衙门回复后立即将正式函件发送各国外交部。在此期间，他继续遵循向总理衙门和国内其他机构通信的传统惯例。尽管早已通过电报进行过交流，这些信函（通常在两个月内送达）极少是为了获得上级的指示，而是旨在为他的建议提供详尽的情报与周密的解释。①换言之，曾纪泽利用电报使得通信时差最小化，使得总理衙门与他所驻国的外交部之间的理解差异最小化，更进一步让总理衙门的外交政策与使馆协调一致。②传统的邮寄信函，则在阐明他的立场和巩固他与国内当局的关系上起着更重要作用。

随着电报的广泛应用，使馆成为集新闻、报告、提议、奏折的发起者与储存者为一体的综合机构，这也使其需要更多的文书管理人员。总理衙门将驻伦敦使馆视作向其他海外使馆传达和散播指令的终端。曾纪泽很快发现，手工抄录成本太高且效率太低，无法满足使馆的需要。1879 年，曾纪泽购买了一套复写机（Eugenio Zuccato's Papyrograph），这是一种新发明的誊写油印机，它号称能以"微乎其微"的成本简便地实现快速复印。这套复写机包括一台印刷机、若干经过预处理的复写纸和一瓶用于制作文字模板的墨水。制作一张模板的费用（成本主要是预处理过的复写纸和墨水）

169

---

① 易劳逸（Lloyd Eastman）在没有参考曾纪泽电报通信的情况下认为在中法战争期间，曾纪泽的消息需要花费"五个月零两天"才能送至总理衙门，并且错误地推断由于清政府缺乏及时情报，清朝被迫更多地倚仗依赖地方官员的建议。Eastman, *Throne and Mandarins*, 53。

② 有关曾纪泽如何利用电报引导国内总署对驻清法国公使的回应的数个例子，请参见曾纪泽：《曾惠敏公电稿》，第 21、24、25 页。

为"便笺尺寸 4 美分，信件尺寸 8 美分，大页纸尺寸 12 美分，邮政用对开本尺寸 16 美分"。①复写纸和墨水用完后，使馆开始发明自己的胶板复写之配方。使馆翻译官张德彝将使馆自制方法记录如下：

> 本公署由倭特鲁行买用。问其法，秘而不宣。后经曾袭候与王、谢二君思之数日，竟得其妙。法虽不同，尤觉简便。其造胶板法有二：一用牛蹄熬胶一斤、蜜糖半斤合成；一用杏仁粉四分、白糖二分、牛皮胶少许合成。其造墨法亦有二：一用洋红少许，醋强熔化，酒醋调和；一用洋蓝少许，强水熔化，酒醋调和。②

170　　以这种早期的"专利侵权"的方式，使馆利用日常生活中的原料制造了复印机的原材料，并将其称为"糖印"。这一插曲反映出清朝驻外使馆的经营预算十分微薄，但同样可以说明他们每天所需复写材料的数量之大。

在接下来的数十年中，这种自制方法一直被清朝使馆用来制作内部流通的文件。这一廉价高效的文件复印方式提高了使馆收集、翻译和传播信息的能力。译员从抄写文件中解放出来的时间可以用于更有效率的活动，如翻译新闻文章和收集外交情报。包罗万象而条理清晰的档案材料使后任外交官能准确全面地了解前任的工作

---

① Bayles, *Bayles' Long Island Handbook*, 95.
② 张德彝：《随使英俄记》，第 824 页；亦可见曾纪泽：《曾纪泽日记》，第 922 页。

（详见第六章）。曾纪泽使用此法，在国内出版发行薛福成的改革提议《筹洋刍议》之前，就将其复印出来，供内部流通参考。①薛福成担任公使之时，也用这种方法复印了他撰写的六册大部头日记，并发送至国内各衙门。②直至1914年，中华民国驻比利时公使王广圻仍在使用曾纪泽的"糖印法"复印文件。③尽管规模不大，清朝驻外使馆由专属的外交人员、学生译员和信息线人组成，在建立帝国的世界知识档案方面，发挥着与英国驻华使馆相似的作用。④

电报技术在近代外交史上发挥了重大作用。⑤当时就有人指出，电报不但加强了中央集权，还将原本举足轻重的外交官和西方帝国派向世界各地熟悉本地状况的代理人的角色弱化至"更像一名通讯者，一名阐述其上层观点的传达者，一名中间人，或是一个工具"。⑥近年来，历史学家尼克莱斯（David Paull Nickles）对这种技术决定论的观点进行了更复杂化的分析。他认为，电报增加了外交自主性，但快捷的通信有时也会阻碍国际冲突的理性解决，因为来自四面八方的大量外交信息极容易给予国内舆论以压倒性的冲击，使其无法有效地做出政治决策。⑦

---

① 薛福成：《筹洋刍议》，第53页。
② 薛福成：《出使英法义比四国日记》，第60页。
③ 《总理各国事务衙门档案》，03-46-003-01-003。
④ Hevia, *English lessons*, 123—155.
⑤ Ahvenainen, *The Far Eastern Telegraphs*；Kennedy, "Imperial Cable Communications and Strategy"；Headrick, *The Invisible Weapon*；*When Information Came of Age*；*The Tools of Empire*；Carey, "Technology and Ideology."
⑥ *New York Times*, April 29, 1900.
⑦ Nickles, *Under the Wire*, 31—102. 有关英国驻外交官们对电报的使用，请参见 Knuesel, "British Diplomacy and the Telegraph in Nineteenth-Century China"。

同样地，电报对清朝外交的影响也是复杂而矛盾的：它既增加了中央政府获取信息的能力，同时也削弱了中央在决策上的集权性。[1]外交官员在其他通讯方式均缓慢、低效且不稳定的情况下，率先采用电报作为例行通讯方式，开了清政府正式使用电报的先河。[2]因此，其最初的影响是让使馆在整个信息秩序中的地位骤然提升。由于朝廷和总理衙门都依靠使馆进行谈判并提供值得信赖的情报，外交官可以在一定程度内运用他们的自主权，以电报来传播有利于他们海外的事业的信息。由电报传递的信息，无论在频率还是数量上都远远超过外交日记所能承载的容量。外交官们不再对自己的见闻与活动进行事后的静态描述，而是越来越将自己视为政策制定的积极参与者，他们以电报为主的交流通信篇幅渐渐变长且更加频繁，更富有战略意义。

使馆外交

因使馆的制度化和对电报技术的采用，外交官的地位日益提升，这一点在曾纪泽处理 1880—1881 年中俄谈判、1881—1885 年中法越南冲突的过程中得到充分体现。易劳逸（Lloyd Eastman）依

---

[1]　关于对电报的介绍与其具有争议的经营管理史，请参见 Baark, *Lightning Wires*; and Zhou, *Historicizing Online Politics*, 19—79。

[2]　与连接清朝使馆和省级政府、总理衙门的电报网络不同，与之相比，中越边境与清朝官僚机构的信息联系十分不良，致使信息传播的速度在各地极不对称。在中法战争期间，李鸿章曾希望能通过电报将越南北部与中国联系起来，但这一计划因其对清朝的作用不大而并未很快落地。请参见，Davis, *Imperial Bandits*, 116—119。

据他对中法战争的研究，认为在慈禧太后寻求政权合法性的过程
中，在由实用主义者倡导的主和派和由"清流"保守主义者倡导的
主战派之间摇摆不定。曾纪泽以清朝在越南利益坚定捍卫者的形象
出现，易劳逸将他视为清流派的代表人物，并将战前及战争中曾纪
泽在法国的作为看成是阻挠任何可能达成和平之举的"一种骚
扰"。①但仔细观察曾纪泽的外交官角色，我们可以发现虽然他确实
利用清流派的国内影响来支持他与法国外交部的谈判，但他并非清
流派其中一员。与其将他定义为某种意识形态的拥护者，我们不妨
在清朝新设立常驻使馆的背景下重建他的所作所为。到了1880年
代时，这些使馆已承担起帝国外交危机的调解者以及代表清朝在世
界舞台上的新角色。

1879年，崇厚为收复伊犁地区，率团前往俄国谈判。由他擅
自签署的《里瓦几亚条约》，将伊犁西部和南部的大片地区许给俄
国，许可进入天山地区和前往喀什噶尔与浩罕的通道，允许俄国在
新疆、蒙古七个城市增设领事，在新疆、蒙古有贸易特权，另向俄
国赔偿高达500万卢布的"代收代守"伊犁的兵费。官员普遍认为
崇厚在未经请示朝廷的情况下擅自签署了丧失过多利权的条约。其
中最义愤填膺的反对者是湘籍将领左宗棠，由他率领的军队在平定
叛乱后仍驻扎新疆。此外还有张之洞，他是一位年轻有为的翰林清
流，呼吁应立即将崇厚"明正典刑"，并即刻增援新疆驻军。1880
年7月，曾纪泽在伦敦使馆收到了一封致俄国政府的国书和重新谈
判新条约的诸多指示。

---

① Eastman, *Throne and Mandarins*, 1—29.

曾纪泽决定采用一条灵活可变的处理策略，利用国内备战作为其外交谈判的筹码。他确信俄国和其他欧洲大国在俄土战争后的竞争将日益加剧，而这将有利于他与俄国外交官的磋商。他从情报中得知，俄国对战争毫无兴趣。由于俄国外交部、战争部、海军部和边防将领之间的内部分歧，俄国政府无法做出一套统一的决策，只是都不情愿交出此前太过容易吞并的土地。于是，曾纪泽的谈判遵循了一个简单的方针：他将坚持不渝地要求收复领土，在给予贸易特权的问题上留有余地，在偿款问题上则保持让步。① 由此所签订的《圣彼得堡条约》收回了由崇厚割让的大部分领土，缩减了俄国在贸易和航行上的特权，但可以接受在原 500 万卢布的基础上另增 400 万卢布的赔款。该条约于 1881 年 2 月 24 日签署，并于该年 8 月获得两国政府均表满意的交换批准。

这一外交策略的成功，使曾纪泽倾向在中法冲突中采取相似的立场。他早就料到中法冲突在所难免，希望列强间的势力均衡能帮助清政府在避免战争的情况下站稳脚跟。1879 年至 1881 年，他不时地向总理衙门提供了情报和建议。例如，1879 年 7 月 4 日，详细解释了法国剥削压榨西贡的殖民政策，并谨慎地建议设立领事馆以保护海外华人聚集区。② 1880 年 6 月 25 日，仔细权衡报纸上有关法国即将袭击东京（译者注：指越南北部大部分地区，越南人称之为"北圻"）的传闻报道，随后引用 1874 年日本入侵琉球群岛为前车之鉴，警示总理衙门："惟蕴蓄久者，其发必烈，异日事端之起，

① 曾纪泽：《曾纪泽遗集》，第 25—30 页。
② 曾纪泽：《曾纪泽遗集》，第 164 页。

虑有突如其来之势，使人猝不及防。"①1881 年春，法国出军占领突尼斯，激起意大利和土耳其的抗议。曾纪泽将这一侵占事件作为未来法国对越南政策的预示，并聘请正在欧洲休假的海关税务司雷乐石（Louis Rocher），以仔细探究意大利和土耳其抵抗法国入侵的政治意愿。②他从收集到的情报中得出结论：因法国入侵计划并未获得国内的支持，因此在对外关系中面临着巨大风险。

　　1881 年 7 月，法国议会通过一项决议，拨款支持法军打着剿匪旗号远征东京。曾纪泽于 8 月 15 日请求总理衙门允许他向法国外交部表达他对此事的关切与担忧。在获准后，他咨文总理衙门称，将向法方部长正式提出中国对 1874 年法越条约的谴责。为了能更好与他的外交"舌战"相配合，曾纪泽请求总理衙门试探南北洋大臣和两广总督的意见，并鼓励越南国王与英国、德国、日本和美国签署条约。③他主张，这一战略将激励其他大国在越南问题上站在清朝一方，并对此进行干预调解。总理衙门同意他的请求，并对他的主张迅速表示赞许，但告知法国驻华公使尚未提及此事。④曾纪泽随后命马格里为《泰晤士报》撰写一篇匿名文章，阐述法国在越南危机四伏的状况，并预测中国不会对此袖手旁观。正如曾纪

---

① 曾纪泽：《曾纪泽遗集》，第 180 页。

② Hart, Bruner, and Matheson, *The I. G. in Peking*，378—379；曾纪泽：《曾惠敏公电稿》，第 4 页。

③ 曾纪泽的建议预见了 1882 年多边条约签订期间，李鸿章对朝鲜政策的调停斡旋之道。参见 Larsen, *Tradition*，*Treaties*，*and Trade*，72—94。我们可以合理猜测，李鸿章的思想至少在一定程度上受到前一年他与曾纪泽在有关越南问题的往来信函的影响。

④ 曾纪泽：《曾惠敏公电稿》，第 23 页。

泽随后向总理衙门解释的那样，他希望这篇文章能"使法绅生疑"，并推迟对远征东京的拨款。与此同时，他再次敦促总理衙门让两广总督与越南政府作进一步接触。①

174

图 5.3　描述曾纪泽侯爵与茹费理（Jules Ferry）牌局较量的法国政治漫画。
Le monde parisien, 1883.

　　曾纪泽仔细研究了 1874 年的法越条约，确信该条约并不排除中国对该地区宗主权的合法性，因为该条约是法国通过武力从该国

---

① 　曾纪泽：《曾惠敏公电稿》，第 24 页。

国王手中设法得到的，但从未得到中国或任何其他欧洲大国的承认。①他认为，倘若清政府能够展示其对越南的实质影响，则中国有望使该条约失效。1881 年 12 月 15 日，曾纪泽向总理衙门提出了他对处理越南事务的七点意见。他主张应命令越南国王选派精通汉文且明白事体的官员，一位常驻京城，另一位携同法文译员加入曾纪泽的巴黎使馆作为随员。这不但能使越南从外界获取信息，同时确保其对清政府的绝对服从。他还建议红河应开放贸易航行，并在其沿途开设商埠。他注意到，法越条约并没有赋予法国成为该地区唯一保护者的合法权力，也没有授予法国在没有越南国王请求的情况下部署军队的权力。因此，清廷宜严令禁止越南与法国签署进一步的条约或向法国乞求军事援助。最为重要的是，曾纪泽认为政策必须以朝廷之命为出发点，而万不可引用 1874 年法越条约。②他还呼吁在邻近东京之处展开海陆军的部署。③这项建议被发送给省级官员审议，却因李鸿章认为争取越南困难重重，不认同曾纪泽的主张而未被采纳（虽然李后来在某些问题上改变了看法）。④

从 1882 年春法国入侵河内到 1884 年 4 月法国公开宣称他是"不受欢迎的人"（persona non grata）期间，曾纪泽在伦敦、巴黎和

175

---

① 曾纪泽：《曾惠敏公电稿》，第 59 页。
② 曾纪泽：《曾纪泽遗集》，第 192 页。
③ "中研院"近代史研究所：《中法越南交涉档》第 1 册，第 168 页。
④ 1882 年 3 月 5 日，李鸿章拒绝考虑派遣越南外交官常驻北京或前往清朝驻巴黎使馆，认为此举不大可能为越南所接受。一个月之后，他承认越南国王亲自请求外派使节驻扎北京与巴黎情况属实。由此可见，曾纪泽的情报相较李鸿章的似乎略胜一筹。参见"中研院"近代史研究所：《中法越南交涉档》第 1 册，第 223、247 页。

圣彼得堡的使馆成了发布、组织和收集信息的中心。他的使馆翻译新闻通讯，并将更为准确的法国版越南地图（附有中文地名名称）送回国内分发。[①]他反复提醒总理衙门，法国国内对法国侵占他国并非无条件支持。如果中国和越南能够同心协力，携手合作，并证明对法国而言，腥风血雨的真枪实战可能远比殖民地带来的利益付出更多的代价，那么扩张主义者很可能失去他们的政治支持。[②]他的理由如下：法国的实力单独对付越南是绰绰有余的，但同时应对中越则力有不逮。中国正在建设一支现代化的海军，并加强海上防御能力。虽然它还无法招架多国联合入侵，但已经强大到足以抵抗法国。在充分的军事与海军准备的前提下，他认为清朝极有可能仅依靠谈判即可将法国的野心按捺下去。[③]与此同时，曾纪泽公开向法国外交部提出抗议，并着手在英国、法国和德国的报纸上进行媒体宣传，以此反对有关中国在越南驻军的流言蜚语。[④]其目标是树立中国坚决捍卫自身主权的强大而理性的大国形象。

到 1883 年春，法国持续不断的对外扩张及其与黑旗军在越南的激战，使得主战派立场日益强硬。从法国人的角度来看，曾纪泽与主战阵营似乎愈加齐心协力：他们都采用了朝贡体系的一套话语来维护中国与越南的宗主关系，也似乎一同坚决反对国际法。但曾纪泽与单纯的主战派并不完全相同。早在 1881 年 1 月，曾纪泽

---

① 曾纪泽：《曾纪泽遗集》，第 202 页。
② 李恩涵：《曾纪泽的外交》，第 197—198 页。
③ "中研院"近代史研究所：《中法越南交涉档》第 2 册，第 939—940 页。
④ 一批亲华报道在国际媒体上的神秘出现（参见 Davis, *Imperial Bandits*, 104—105）很可能是曾纪泽这次宣传的结果之一。

就向法国外交部长坦言，中国的底线并不是维护朝贡体系，而是"中国不愿邻近属邦改隶西洋之国"。[1]他在向总理衙门提出的建议中，强调了两处实际的妥协：将越南二分为中国、法国保护领地，以及开放云南进行对外贸易。正如他在 1884 年给友人信里所说：

> 三年以前，兄即深抱杞忧，屡次哓哓，计当时贤士大夫必嗤笑纪泽，如庄生所谓见卵而求时夜，见弹而求鸮炙者。岂知事到临时，乃有迅雷不及掩耳之势。中人西人多言李傅相为主和之党，纪泽为主战之党。弟深知我，必能辨其隐微。夫主战与主和，语虽不同，意岂有异？若早采主战之言，断不至有战祸。[2]

清朝在越南失败的原因是多重的，已超出本书的讨论范围，但可以肯定的是，驻外使馆大大减轻了总理衙门的压力，并提高了清朝外交官在国内官员和外国观察者眼中的声誉。回顾 1880 年秋，当时关于收复伊犁的谈判刚刚开始，俄国外交部曾提议将会议地点从圣彼得堡转移到北京，以便其部署远东舰队。在鸦片战争阴影的笼罩下，总理衙门对曾纪泽的指示里，特别强调无论以何种方式，都必须在俄国境内解决整个谈判，防止俄国借口入侵。[3]总理衙门

---

① "中研院"近代史研究所：《中法越南交涉档》第 1 册，第 152 页。
② 曾纪泽：《曾纪泽遗集》，第 204 页。
③ 在伊犁谈判期间，总理衙门给曾纪泽下达的指令中特别强调要全力阻止俄国外交官前往中国。详见《清季外交史料》第 22 卷，第 20—27 页；以及 Hsü, *The Ili Crisis*, 163—170。

根本不曾料到使馆最终能成功地收复伊犁及邻近领土。在中法冲突的早期阶段，曾纪泽的使馆对国内当局和欧洲报界产生了相当大的影响，这使他成为法国政府的眼中钉。以至于 1884 年 4 月，在清军失守北宁省（Bac-Ninh）（从东京到中国的东线）之后，法国政府坚持要求一位温和的公使取代曾纪泽，并以此作为与李鸿章谈判的先决条件。①但即使在曾纪泽从巴黎卸任之后，他在伦敦和圣彼得堡的使馆机构以及他在巴黎的继任者，依旧持续不断地为清政府提供情报和外交筹码。

建立中西之间的可公度性

在 1880 年代，常驻欧洲和日本的清朝外交官在中国传统与欧洲公约之间不断进行跨语际的协商谈判，这两套中西话语体系是在截然不同的历史背景下形成的。由于西方列强惯用国际法为帝国主义进行辩护，如若全盘接受与欧洲传统密切相关的外交概念，则将彻底放弃对中国历史经验的认可。但从另一方面来说，如果全盘否定西方概念，则将剥夺清政府最基本的外交手段。

取两者之平衡并非易事。曾纪泽及其同僚在与国内官员的交流通信中，并没有过多使用新词汇（如丁韪良和傅兰雅在翻译国际法时创造的新词汇），并从儒家经典和历史先例中摘出概念，为他们的政策进行辩护。1882 年，在写给山东巡抚陈士杰的一封信中，曾纪泽解释了他对越南问题的看法：

① Eastman，*Throne and Mandarins*，110—111.

　　如中国已能自强，则可似汉、唐之驭匈奴、西域、吐蕃、回纥；若尚未能自强，则直如春秋战国之晋、楚、齐、秦鼎峙而相角，度长而挈大耳。彼诸邦者，咸自命为礼义教化之国。平心而论，亦诚与岛夷社番、苗猺獠猓情势判然，又安可因其礼义教化之不同，而遽援尊周攘夷之陈言以鄙之耶？礼义教化虽有不同，然事之不在情理中者，则虽僻在数万里外之国，亦不能经行而无滞。①

　　可以看到，在写给陈的信中，曾纪泽将中国对国际法的接纳看作春秋战国时期各国的外交策略。自强的最终目的并非拥抱"国际大家庭"，而是如汉唐那样树立帝国的权威。②另一方面，面对英国和法国受众，曾纪泽选择以欧洲传统中的概念来解释为何中国绝不能放弃自己的礼仪与制度。关于他坚持传统惯例的理由依据可以在他的一篇日记中找到答案，其中解释了为何他拒绝"万国公法改进暨编纂协会"年会的与会邀请：

　　　　《万国公法》会友土爱师来，谈极久，言东方诸国未入《公法》，会中人深愿中国首先倡导云云。余答以中国总理衙门现已将《公法》一书择要译出，凡遇交涉西洋之事，亦常征诸

①　曾纪泽：《曾纪泽遗集》，第194—195页。
②　据历史学家刘广京（Liu Kwang-ching）的说法，"自强"一词在清朝的首次使用分别出现在1861年的1月和7月，由恭亲王撰写的两份奏折中。这两份奏折的内容均是关于审敌防边的紧迫需要，以"不使受制于人"的。参见刘广京：《近世、自强、新兴企业：中国现代化的开始》，第1123页。有关"自强"概念用途演进的近来探究，参见 Schell and Delury, *Wealth and Power*。

178

《公法》以立言，但事须行之以渐，目下断不能锱铢必合者。
《公法》之始，根于刑律，《公法》之书，成于律师。彼此刑律
不齐，则意见不无小异。要之，《公法》不外"情理"两字，诸
事平心科断，自与《公法》不甚相悖。至于中国之接待边微小
国、朝贡之邦，则列圣深仁厚泽，乃有远过于《公法》所载者，
西洋人询诸安南、琉球、高丽、暹罗、缅甸之人，自能知之。①

尽管曾纪泽从不否认国际法对调和欧洲国家间关系的有效性，
他仍然选择朝贡体系作为中国与其邻国相处关系的框架，因为它更
符合这些地区实际情况。由于这些地域从这一体系中获益颇多，因
此，在这些地区强行推行西方制度，将会破坏数个世纪以来形成的
交涉体系，此举弊甚大于利。他的言语中还暗含一种看法，即如果
越南被认为是 1874 年法越条约宣称的"独立国家"，那么这个国家
179 的命运应该交由它的国王和本国精英来决定。这一观点含蓄地批评
了西方对中国属国的自决权和利益的忽视。

不难看出，曾纪泽之所以强调中国历史经验的意义，并非出于
盲目坚持僵化的朝贡制度，而是对其历史意义的敏锐认知。据马世
嘉（Matthew Mosca）的说法，"恰好在西方外交官拒绝接受朝贡体
系，并将其作为一种与现代国际关系格格不入的过时制度时，朝贡
体系作为制衡西方和日本帝国主义的潜在力量，却达到了其政治重要
性的巅峰。"②曾纪泽对此心知肚明，他对朝贡体系的这种挪用类似

---

① 曾纪泽：《曾纪泽日记》，第 890 页。
② Mosca, "China and the Asian World."

于杜赞奇（Prasenjit Duara）所谓的开放式"语言游戏"，在这种游戏中，"（被学习的）规则和规范是暂时的、广泛的和灵活的"。[1]朝贡使团对 1880 年代的清帝国几乎没有经济效用，但它们的存在为晚清外交官争取边界领土的主权提供了法律、理论和话语上的依据。1882 年 6 月 14 日，曾纪泽在给法国外交部的一封信中表明，中越历史关系赋予中国对该地区的自然权利：

> 如果几个世纪以来施加于东京的宗主权、绵延数千里的相邻边界、建立于这个国家的许多聚居地、为他国难以企及的商业利益、中国西南出海口的河流航行（指湄公河）——如果，我是说如果，这些所有的条件加在一起，都不足以使清政府享有对东京所发生之事关心的权利，那么我倒想知道，到底何种条件才能赋予清政府如此的权利呢？[2]

从这个视角来看，外交实践不仅仅是跨国际关系的协商谈判，也是更类似于刘禾提出的"跨语际实践"，其中来自客方语言的意义是"在（主方语言）的本地环境中所构建的"。[3]在清政府和欧洲政府之间不断的斡旋中，曾纪泽的通信交流创造了让中国和西方的历史经验得以衡量与比较的方式。他建立公度性的方式取决于他的目标受众：在与儒家士人的交流中，他重新诠释了国际法，使之完

---

① Duara，"Afterword，" 125.

② *Appleton's Annual Cyclopaedia and Register of Important Events of the Year* 1883，*New Series*，vol.8，766.

③ Liu，*Translingual Practice*，26.

美融合到春秋战国时期的概念空间。另一方面，在他与英国和法国
180 外交部的交流中，重新解构朝贡体系，脱去其理学的仪式、等级和
仁爱的儒家外衣，以显示中国西南部与越南北部在经济、社会和地
缘上的密切关系，从而可以将其转化为清朝对于越南局势主导权的
依据的力证。清朝决策者在 1882 年朝鲜的"壬午政变"发生后，
随即采取了类似的双重战略来为它在朝鲜的军事行动辩护，这并非
巧合。①

　　如果说曾纪泽在早年已表现出对于探索中西学问的兼容互通，
用以完善其学识的强烈兴趣，那么在 1880 年代，他成功地将中国
的历史经验，如与朝贡制度相关的修饰文辞、礼仪秩序以及象征意
义，充分发挥了功效，使之适用于外交事务。自此，学者曾纪泽已
蜕变为外交官曾纪泽。

作为清政府发言人的"曾侯"

　　1887 年初，曾纪泽以"曾侯"的名义，在一本讨论亚洲政策
的英国期刊《亚细亚季刊》上发表了《中国先睡后醒论》。据编辑
鲍尔杰的说法，这篇文章是曾纪泽对英国的告别之辞。②文章间接
地驳斥了日本思想家福泽谕吉在 1885 年 3 月发表的一篇名为《脱
亚论》的文章中阐释的观点。福泽谕吉认为，中朝两国被旧俗蒙蔽
了双眼，对西方文明之风熟视无睹，甚至看到了也仍因循守旧、不

---

① Larsen, *Tradition, Treaties, and Trade*, 85.
② 据鲍尔杰所言，这篇文章是在马格里与曾纪泽密切磋商后，马格里再以英文起
　　草的。参见 Boulger, *The Life of Sir Halliday Macartney*, 431。

思进取。根据这一观点，中华帝国将很快分崩离析，其文化将被西方文明的"传染性力量"彻底抹去。①

曾纪泽对福泽谕吉将中华文化视作正在垂死挣扎的说法提出了质疑，并提出用酣睡和觉醒的隐喻来进行替代："中国不过似人酣睡，固非垂毙。"他对道光末年（1840 年代）以来的一系列事件给出了另一种说法。中国的问题在于其历史上的成功和对 19 世纪之前巨大成就的满足感："缘中国之意，以为功业成就，无待图维，故垂拱无为，默想炽昌之盛，轶因而沉酣入梦耳。"由于被自满的佟心所蒙蔽，这个国家都从未认真对待过外国的侵蚀，直到鸦片战争爆发、历经圆明园之火、俄国鲸吞伊犁、法国经营越南。中国的醒悟始于 1860 年，"（一位）贤明亲藩，上章入告……中国先既失算，含忍优容，以为后图"，当今的政治家开始掌权。 181

接着，他对中国的未来发表了振奋人心的看法，宣称中国的崛起将是和平友善的，绝非对世界的威胁："他国每欲夺人土地，夺之而不用，欲用而不能，中国则不然。"他将中国人移民古巴、秘鲁、美国和英国殖民地的原因归咎于太平天国和"回乱"的破坏，并声明"中国人丁虽兴旺，即安扦之而尚有余地"。这里暗指的是中国自主限制移民美国的规定，而这一条约由驻美公使郑藻如、张荫桓与美国政府进行谈判。尽管曾纪泽反对这一政策，认为该政策不利于支持英属殖民地华人的利益，但在此处的声明也许是为了增强了文章在欧美民众的眼里的接受度，减少其对华人

---

① Fukuzawa，March 16，1885，"Datsu-A Ron," *Jiji Shimpo*.

移民的顾虑。①曾纪泽对此解释道，为了让民众均能在大清疆域内安居乐业，清政府不得不推行"设法将民分置于国内"，"迁百姓诣该处垦荒"的强有力政策。②曾纪泽利用美国反移民的恐惧，论证了清帝国对边境区域控制的必要性。

话锋一转，曾纪泽紧接着谈到海外华人，特别是身处英美殖民地的华人的待遇和处境：

> 盖华民在外国每受无穷之陵侮，彼国律例专为虐待华民而设。在彼土，无论主与仆，本国与异国，皆一视同仁，皆固结以邦交情谊，惟有华人则独白眼视之……以目报目、以牙报牙之故事久不行于本国之中，而偶有华人误犯，则必报复，是其偏私未化矣。③

曾纪泽此处所指的是在美华工遭受的暴力、不公正和立法上的歧视。其中最令人愤慨的事件是：1871年，18名中国人在洛杉矶街头被杀害；随后在1877年，旧金山爆发了大规模的排华运动；1882年，美国国会通过《排华法案》。1885年9月，怀俄明州石泉镇爆发针对中国劳工的致命暴动，28名中国矿工在这场骚乱中丧命。曾纪泽并没有提及这场大屠杀，反而赞扬了美国政府对暴乱的"竭力"镇压以及对中国受害者的赔偿。④但他对怀俄明州弹压暴动

---

① 曾纪泽和马格里不赞成该移民政策的实情可参见 Boulger, *The Life of Sir Halliday Macartney*, 438—439.

②③ Zeng, "China: The Sleep and the Awakening," 5.

④ Zeng, "China: The Sleep and the Awakening," 6.

远未达到应有效果的情况心知肚明，事实上，在石泉镇屠杀后的几个月里，类似针对华人的暴力活动在西海岸有增无减。在多方压力之下，驻美公使张荫桓只能接受中国自禁移民的做法。①到 1880 年代中期，海外华人的不公正待遇对中国人看待西方的态度产生了深远影响。驻美国使馆的一位中国官员写信给马格里抱怨："我们中的每一个人在穿着清朝服饰出门时，都曾被那些在街上与我们擦肩而过的聪明美国佬告知称：我们吃鼠上瘾"，随后他总结了自己对侨居美国的体会："这片自由之地让我对美国文明不再抱有幻想，我已对美国文明感到厌倦透顶。"②关于中国外交政策未来方向的制定，曾纪泽提出了几点整顿原则：

> 中国目前所最应整顿者如下数事：一善处寄居外国之华民，一申明中国统属藩国之权，一重修和约以合堂堂中国之国体。③

这些原则旨在保证清朝维护现状和利用国际法的权力。但它在强调民族平等和修改不平等条约的必要性方面也极为前瞻远瞩。在

---

① 关于对张荫桓外交战略的专业分析，参见箱田惠子：《外交官的诞生》，第 74—103 页。

② Boulger，*The Life of Sir Halliday Macartney*，311.

③ Zeng，"China：The Sleep and the Awakening，" 6，按：此处英文为 5 点原则 "〔The Qing government〕will be directed to extending and improving her relations with the Treaty Powers, to the amelioration of the condition of her subjects residing in foreign parts, to the placing on a less equivocal footing of the position of her feudatories as regards the Suzerain power, to the revision of the treaties, in a sense more in accordance with the place which China holds as a great Asiatic power".

另一种历史情境下的 1954 年举行的万隆会议上，周恩来提出了"和平共处五项原则"，也可以看作是曾纪泽理念的某种延续。曾纪泽所撰本文的结尾也可以解读为对福泽谕吉"脱亚论"斩钉截铁的否定，代之以鼓舞人心的邀请："亚洲诸国有同患之情，不应嫉心183 相视，自宜协力同心，务将与西国一切交接基于国谊而立之国约，非基于败衄而立之和约。"

这篇文章在数家英文报纸上转载，很快就被翻译成中文、德文和法文数个版本。读者的反应从赞扬到愤怒各不相同，许多读者都在讨论曾纪泽的论述是否流于夸夸其谈：中国究竟是真的"醒悟"了还是正在走向亡国之路？阿礼国（Rutherford Alcock）和雒魏林（William Lockhart）在同一期《亚细亚季刊》发文称，曾纪泽夸大了中国的发展进程，并引中国令人失望的海军和军事现代化以及司法改革为证。[1]早期宪政改革的倡导者、留英的香港大律师何启在《申报》上发文对曾纪泽进行了尖锐犀利的批评。何启主张，中国需要"奠定稳固持久的政治根基"，他将其总结为"公平治理与善政"[2]。

毫无疑问，曾纪泽在文中是有选择性、有目的性地组织事实。但更重要的是，在曾纪泽的文章发表之前，中国作为沉睡之国的形象是由西方列强和日本所塑造的，而中国并未有所反驳。[3]在清朝官员中，只有赫德认识到经营舆论对于外交政策的必要性。1876

---

[1] Alcock and Lockhart, "China and Its Foreign Relations," 443—466.

[2] 1887 年 6 月 19 日，曾纪泽文章的中文译本登报的几天后，何启的文章就发表在《申报》上。关于何启的观点，请参照 Chiu, "Debate on National Salvation," 33—51.

[3] Wagner, "China 'Asleep' and 'Awakening'," 58—59.

年，赫德收购了一家报社，意图将其打造成清朝的喉舌，但是当财政上无法维持时，他马上就把报纸售卖处理了。[①]在这一背景下，"曾侯"此文不应被简单看作曾纪泽的个人观点，而应将其解读为曾纪泽替清朝树立公众形象的一种手段，正如他在中法战争期间写的匿名社论。[②]他拒绝将欧洲的对外扩张作为一条广泛适用于各国的路径，并认定中国人一旦觉醒，将会兼具欧洲人军事和工业的优势与自身文化和道德性的优越。这篇文章从概念上挑战了欧洲中心论者对中国的诠释，它试图通过为中国的过去和未来塑造一个新的形象，沿着和以往不同的道路来重构这一论述。

颇具讽刺意味的是，清政府从未指示曾纪泽撰写该文章。该文的发表既没有得到官方的承认，也并未被官员普遍知晓。[③]只有在 184 华盛顿的驻美公使张荫桓从报刊上得知此事，并希望买来阅读。[④]这种缺乏来自官方层面的关注表明，尽管通商口岸报刊的读者数量不断增加，但获知外交要闻的渠道仍极为有限，也不甚正规。早期驻外外交官的工作，随因使用电报和任用训练有素的中西翻译官队伍而大大提升其成效，但这些工作很大程度上变得不为国内所见。

使馆在外舆论界的活跃和在国内的沉默不语的对比说明，外交

---

① 陈霞飞：《中国海关密档：赫德、金登干函电汇编（1874—1877）》第 1 册，第 441—443 页。

② 这种难以区分究竟为曾纪泽个人观点还是其外交立场的模糊情况，在其国内同僚李鸿章和郭嵩焘在越南问题上对他的批评指责中同样也有所体现。

③ 据曾纪泽所言，这篇文章由同文馆学生译为中文，并由此进行内部传播。请参见，Boulger, *The Life of Sir Halliday Macartney*，435。

④ 张荫桓：《张荫桓日记》，第 114 页。事实上，张荫桓将这篇文章误认为是一部书作，表明他对此知之甚少。

通讯的发出与接收存在着信息不对称。与其说是国内大众对新信息顽固不化的抵制，不如将其看作是应对新形势做出反应时的必然的延迟性。清朝面对的外交和信息的变革，在全球范围都在发生。正是在 1870—1880 年代之间，强大的报刊媒体改变了各国的外交实践。欧洲各国政府应对公众舆论的策略各不相同，比如以通过个人关系和社交网络来影响报界的英国模式，或通过新闻局颁布各项条规来管理报业的德国模式。①欧洲许多政府还结集出版外交往来函件，以教育民众，同时引导国内舆论。②

尽管清政府也试图效仿，但它缺少管理外交信息发布的基本手段。1877 年，总理衙门印刷了多份郭嵩焘的《使西纪程》，国内对该书的批评使其出版发行戛然而止。此后，相关外交文书只偶尔以泄露的方式透露给报界，除凭借传统的《京报》向公众传递信息外，没有更广泛地控制信息舆论的方式。③绝大多数与外交相关的奏折或文章必须等待其个人选集出版（通常在作者去世后或临终前），或是通过第三方发表才能知悉。当曾纪泽将使馆电报册借阅给他外甥的时候，特意强调须极为慎密，告诫他万不可传抄。④这

---

① Geppert，"The Public Challenge to Diplomacy."

② Hamilton，"Foreign Ministries and the Management of the Past."

③ 例如，《申报》就通过刊登据称是由曾纪泽和李鸿章双方所"泄露"的信函和主张，描绘了两人在越南政策上的争辩讨论。请参见《申报》，1884 年 5 月 11 日，1884 年 5 月 31 日。与此相似，曾纪泽曾向总理衙门上呈了一份他在圣彼得堡与俄国谈判的机要记录。此记录落入湖南学者朱克敬手中，于是他在 19 世纪 80 年代将此作收入一本个人选集刻印出版。杨凯偶然发现了藏于朱克敬选集中的印本，便在 1887 年将此记录作为独立书籍重印发行。正是通过这些资料来源，李鸿章才首次获悉有关曾纪泽谈判的细节。参见曾纪泽：《金轺筹笔》，第 1—2 页。

④ 曾纪泽：《曾纪泽遗集》，第 203 页。

些指示显露出他对外交信息的深层焦虑。它是一把双刃剑，两因素 185
之间有着内在紧张——一方面是保密性，另一方面对握有它的人具
备政治意义与教育的价值。①

由于朝廷缺乏信息管理的手段，导致驻外使馆与其他机构在通
信上融合效率低下。这种缺乏协作的现象在外交人员的遴选中也可
看到。在1880年代中期之前，大多数使馆成员均非通过传统的科
举方式求职。他们不是接受过外语培训的学生，就是从公使的亲信
圈中精心挑选的在野人士。不出所料，在中法战争期间，科举出身
的传统精英开始发出声音，对现有的外交结构进行挑战。

外交官和游历使

1885年1月25日，御史谢祖源向朝廷上奏"请广收奇杰之游
历外洋"，陈述网罗新型外交人员的必要性：

> 自同治年间遣使外洋，除使臣由朝廷特简外，其随员或取
> 在馆供事及肄业官生，学术既未淹通，器局尤多猥琐。即所延
> 幕友仅专司文牍，并无瑰奇磊落之材，其中出色人员，不过学
> 习机器，通译语言。久之习与性成，甚至有乐效其饮食起居，
> 便其车马衣服者，其人殊未足膺异日干城之选。
>
> 臣愚谓国家帖括取士，经济即寓乎文章。今翰詹部属中，

---

① 另举一阐明该矛盾的典型例子：虽然张德彝明确地表明要将其七部长篇外交日
记全部印刷出版，但在他有生之年，仅有其中的两本出版。参见张德彝：《稿本
航海述奇》。

不无抱负非常者，可否令出使大臣每国酌带二员，给以护照，俾资游历，一年后许其更替，愿留者听。其才识出众者，由出使大臣密保，既备他日使臣之选，也可多数员熟悉洋务之人。①

186　　谢祖源的奏折表明，在中法战争期间，皇室、翰林、六部官员不仅对有关西方的情报兴趣浓厚，且对外交实践兴致盎然。1884年6月，慈禧太后发动了一场惊心动魄的政变，罢免了长期支持主和政策的总理衙门领班大臣恭亲王奕訢，以主张开战的醇亲王奕譞取而代之，史称"甲申易枢"。在朝廷选择对外开战时，官场上下的动员使得外交任命成为中低品官员向朝廷表达忠勇的完美机会。在1884年中法战争期间，驻外使馆与中央政府之间的交流陡然增加，这也令外交工作对国内官员而言，所带来的回报也更加显而易见。在谢祖源上奏的前两周，由于朝廷正式宣战，驻法使馆的人员已从办事处撤退，并返回祖国。所有来自使馆的随员和译员都因他们外派职位而受到了"异常劳绩"的嘉奖，而这些奖励远超那些花费数年苦等官缺的科举进士。②

　　在1890—1900年之间，类似谢祖源这样的抱怨成了一种反复出现的声音，批评使馆类似于权力下放而能采取独立行动的"幕府"，其成员能通过自身人脉和阿谀奉承外国人的能力谋得其官职。

————

① 此份奏折的原件藏于第一历史档案馆，军机处录副，3/168/9379/3。此奏折的大部分内容都可以在一部较长的奏折抄录合集中找到，参见刘锦藻：《清朝续文献通考》卷338，第30795页。
② 《中法越南交涉档》第4册，第2471—2472页。

使馆官员被追求私利之心驱使着，对清朝的利益和国家体制的尊严毫不关心。由于使馆里满是着装打扮乃至言行举止都沾染外洋习气的人，因此也就成为与传统文化、文学完全不相干的地方。

总理衙门在为自身辩护时，提供了对公使馆现有组织结构的详细解释。他们对谢祖源奏折进行了实质性的驳斥。总理衙门辩称，朝廷在有才学见识的官员的监督下派出随员和学生，正是为了达成谢祖源提到的目的。外交官和学生不仅正在向国内传送有关外国的最新情报，还正在学习军事技术和造船技艺，并且他们中的绝大多数人员都是从六部中精心遴选出来的。此外，因为驻外工作需要跋涉万里，意味着使馆人员不能被随意更换，情报收集工作还需要体能耐力、外语水平、制图技能和对当代国际事务的全面了解。①然而，在慈禧太后的压力之下，总理衙门勉强认可了谢祖源奏折中的要点，并请六部拟出候选名单以便遣使游历。

直到1886年底，在与法国议和且在朝廷进一步询问之后，甄选游历使的工作才正式开始。②总理衙门通过笔试这种历史悠久的方式来遴选游历使。曾纪泽负责出题，并选拔合格的候选者。他本人于1886年11月回国，并进入总理衙门任职。③选拔考试包括以下四个题目：一是关于边防海防的总体政策论，二是关于通商口岸的紧要形胜论，三是论述是否应修筑铁路，四是关于明朝以来中外

187

---

① 刘锦藻：《清朝续文献通考》第338卷，第10795页。
② 王晓秋：《晚清中国人走向世界的一次盛举：1887年海外游历使研究》，1985年；Reynolds and Reynolds, *East Meets East*, 227—355。
③ 曾纪泽：《曾纪泽日记》，第1597页。

交涉论。①

在考试中拔得头筹的是浙江人傅云龙，他先前曾报捐郎中，并担任兵部主事一职。傅云龙的中外关系论比曾纪泽开出的"自明以后"回溯得更为久远，他从周、汉、唐、宋、明历代史书中挖掘出中外交往的记录，表明中国从不是一个孤立之国，而是与外国始终维系着朝贡或外交关系的开放之国："综而言之，称中国为汉人者交涉自汉，称中国为唐人者交涉自唐。"②傅云龙认为："夫西洋各国愿与中国交涉者，无他，利而已。中国与之交涉，则时为之，因时之计，固自有在，而第曰凡西人之天文学、算学、地理学、格致之化学、水学、光学、电学、重学亦曰力学，植物学、动物学、细大不捐，精择其是，以补中学之未备。"

尽管傅云龙的文章中包含了许多为"西学中源论"辩护的牵强
188 论证，但其主要论点确实是基于历史证据而提出的：中国并非如西方人和日本人所描绘那般，是一个根深蒂固的孤立帝国。从许多方面来说，他预见了一个多世纪后中国的史学转向，当全球化和跨国主义促使学者挑战旧有的以欧洲为中心的中国历史观念，类似傅云龙对中西历史交通的论述将层出不穷。这次选拔考试让曾纪泽选择了与自己形象相近的人选——洞察世情且道德完美的忠志之士。

在谢祖源上折前后，出使大臣级别的任命体制也出现了近似变化。中法战争期间发生的政治变动，使得进士出身者也同样能被委派为公使。1884 年，同治七年的进士许景澄成了出使法国、德国、

---

① 李慈铭：《越缦堂日记》，第 678 页。
② 《记中国自明代以来与西洋交涉大略》，《申报》，1887 年 10 月 28 日。

奥地利、荷兰四国公使。1887 年，同治七年的状元洪钧在柏林接替许景澄的职位。李鸿章的举荐依旧在外交官的选任上具有重大的影响力——仅在 1887 年，他就成功保举了驻德公使与驻日公使。①但他对公使的选任显然受到了国内舆情的影响：在他 1887 年呈递的四位候选人名单中，有三个都曾在翰林院任职（洪钧、李文田和崔国因），且因学术成就而备受推崇。

尽管从政治角度看，这不失为精明之举，但任用毫无外交经验的士人却在实际上削弱了驻外使馆的效力。关于中国外交的未来，许景澄和洪钧都视野有限，没有长远的设想，尽管他们擅长寻章摘句的文本研究。由于受过汉学传统的训练，他们很自然地将考据学运用到情报收集的新工作中。许景澄专注于汇编外国船炮的详细说明资料。②洪钧则潜心研究外国资料中所见的蒙古帝国的历史与地理。③与许、洪同时代的外交官薛福成认为，许、洪之辈体现了任用传统士大夫作为外交官的局限性，因为他们更看重著书立说，传之于后世，而不是取得外交上的成就。④

游历使团的新尝试在国内引发了热烈的讨论，却未能取得令人 189 满意的外交成果。⑤尽管朝廷希望考选出来的游历使能与既有的外交官妥善合作并最终取而代之，但他们依旧是使馆中不受待见的

---

① 李文杰：《晚清驻外公使的保举与选任》第 119 页。

② 许景澄：《许文肃公遗集》第 2 册，第 864 页。

③ 洪钧在任公使期间绝大多数时间致力于编撰《元史译文证补》，此作未竟而洪钧已于 1893 年卒。

④ 薛福成：《出使英法意比四国日记》，第 826 页。

⑤ 这些讨论文章的书目参见冈本隆司、箱田惠子、青山治世著：《出使时代的日记》，第 381—397 页。

来客。两者剑拔弩张的原因有二,首先是财政问题。为了节省经费,总理衙门决定从使馆预算中支出海外游历使团的费用。这一决定符合当时的惯例,也就是将经费打包给使馆,用于支付所有的海外事项。①这种拨款以前通常会被标示为公使馆的"外借款",但 1887 年的海外游历导致公使馆日常运营的预算减少两成,其中包括使馆人员的薪俸。于是,心怀不满的外交官纷纷向李鸿章抱怨:预算的削减让使馆无法维持基本运行。使馆人员不断散布流言说,使馆吝啬紧缩的财政已经让出使美日秘国公使崔国因的名誉蒙羞。②

另一个摩擦来自游历使与公使及外交人员往来时模糊不清的定位。当一位赴德游历使指出洪钧委托绘制的一幅地图上的错误时,洪钧顿觉愤怒。③他还确信,这些游历使通过接触俄国和德国的外交部,声称他们才是大清的代表,暗中损害了自己的权威。到 1889 年,由于预算短缺以及游历使与驻外使间的冲突,海外考察团显然没有达到预期的效果。

1888 年,洪钧再次上奏,提出另一个建议。他说,期望游历使通过考察外洋获取西学或外交的专门知识是不切实际的,因为真才实学只有通过对专业知识的钻研才能实现。他向朝廷提议:朝廷应该每年从翰林院庶吉士中择派出洋,并升为使馆的二三等参赞官。与其让他们像从前那样在翰林院苦学三年,不如鼓励他们前往

---

① 严和平:《清季驻外使馆的建立》,第 217—219 页。
② 李鸿章:《李鸿章全集》第 35 册,第 41 页。
③ 王晓秋:《晚清中国人走向世界的一次盛举:1887 年海外游历使研究》,第 340—343 页。

外国继续深入研究西学。使馆应充当一座座海外小型翰林院的角色。为了达此目的，所有使馆都应配备一个存放经典史籍的图书馆，以便这些翰林能继续他们传统学问。在洪钧的设想中，这些有过外国经验的翰林能够实现儒家经世致用的要求，为朝廷发挥效用。①尽管朝廷对洪钧的奏章饶有兴趣，但由于经费短缺和使馆机构臃肿带来的不便，该提议被其他公使否决。②

　　中法战争后外交领域的这些新进展表明，曾纪泽的外交形象难以被轻易复制。这是由于在曾所处的时代，难以找到像他那样结合以下品质之人：门第出身、文学素养高、外语精通且极具外交洞察力。国内官员已经意识到单纯依靠译员、参赞和供事来处理使馆工作的危险性，但即使如谢祖源所主张的，选派士大夫出任外交职位，也不能轻易纠正这个体制上的弱点。一位成功的外交官需对朝廷体制绝对忠心，对世界事务有全方位的敏锐洞察，他的外交报告必须准确（可信）、公正（不夸大其辞以提高某人的声誉或推进某人的议程）和切实可行（具有政治头脑）。由于欠缺这种外交人才，清朝极度缺乏令人满意的有关海外世界的正式叙述。朝廷决定派遣游历使团，正是为扭转这一局面所做的尝试，但由于与既存使馆产生了摩擦，被任命的游历人员只有极少数最终从事外交工作。③

① 洪钧：《洪钧使欧奏稿》，第 15—16 页。
② 总理各国事务衙门档案，01-40-001-05-001。
③ 王晓秋：《晚清中国人走向世界的一次盛举：1887 年海外游历使研究》，第308—326 页。

结　论

　　若据当时盛行的西方标准判断，曾纪泽并非一位现代外交官：他坚持中缅、中朝、中越关系与朝贡体系的合法性，并未拘泥于国际法进行谈判，转而诉诸于对条件现状和历史先例的尊重。但从许多方面而言，曾纪泽的外交辞令和外交立场，使他成为活跃于世界舞台上的中华民国乃至中华人民共和国时期的外交官后继者们的楷模。他清楚地意识到：如要在国际法框架内将中国塑造为强大之国，需求同存异：既要建立两者间的共识等价，也要表达不同意见。曾纪泽处理中俄与中法冲突的事例，表明他十分善于运用国际法的说辞和理论，以之捍卫大清国的利益。

　　极具讽刺意味的是，曾纪泽取得的外交成就，至少在部分程度上得缘于使馆与朝廷的遥远距离，以及使馆档案与国内审查之间薄弱的整合。正如历史学家曼考尔（Mark Mancall）所见，在康熙帝与俄国谈判《尼布楚条约》的过程中，朝廷之所以在这场谈判中尽展灵活性，是因为条约谈判和签署地点远离大清的权力中心。① 同样地，往来信函、照会以及驻外公使之间的通信文书也都存放在各自使馆的档案中，远离朝廷官员的窥探。尽管总理衙门负责审阅和处理使馆与中央政府之间的所有电报，但并不能完全控制外交官的动向和通讯情况，包括他们上呈朝廷的奏折以及发往欧洲各国外交

---

①　Mancall，*Russia and China*，160—161.

部的信函。①如果朝廷和使馆之间能够建立一条自上而下的管理信息的渠道，那么曾纪泽可能就没机会在未经授权的情况下在《亚细亚季刊》和许多西方报纸上代表清朝发言。

公使馆自带的独立自主性和信息交流的快捷性，使它具备成功谈判必需的灵活性和可控性。这也意味着国内官员会因外交官们慷慨激昂的陈词雄辩而备受鼓舞，却普遍忽视了他们工作的语境。尽管曾纪泽因在伊犁谈判中大获成功而广受世人赞誉，他的外交策略却少有官员知晓。直至1890年曾纪泽去世，李鸿章要求将其函件钞本存放一份在国史馆以便立传之用，这些信函才对朝廷正式公开。②李鸿章在翻阅过曾纪泽与总理衙门的往来信函后，表达了"危言深识，读之动心"的震惊之感，这也说明他此前从未阅读过这些信件。③这反映出了清朝信息秩序中的核心问题：尽管驻外使领馆为中国领土、商业利益和海外侨民提供了日益有力的保护，但有关他们外交工作的信息仅仅是小部分被纳入国内通信。外交人员不愿与国内当局共享外交文件、日记和其他信息，这也得益于总理衙门对此举的默许，因为总理衙门官员充分了解外交谈判的本质，同时也暗自忧心过度中央集权化（即使之完全听命于国内）会削弱 192
驻外使馆的灵活性和在外履行的职能。

驻外使馆的文件档案如何与国内的信息秩序相以整合？1890年代，清朝开启了外交通讯和国内受众交相作用的新篇章。

---

① 岩和平：《清季驻外使馆的建立》，第228—233页。
② 李鸿章：《李鸿章全集》第35册，第46页。
③ 李鸿章：《李鸿章全集》第35册，第89页。

　　第六章　战略家

　　1875 年春，37 岁的官书局图书编辑薛福成读到一份由两宫皇太后代刚登基、年仅四岁的光绪帝向平民和下级官员发出的求言诏书。按照惯例，"言路"在新的统治开始时会被打开，向朝廷提供来自下层的意见。薛福成很快就写了一篇"应诏上书"，该上书分为行政改革和海防两部分。薛福成请山东巡抚丁宝桢代递给朝廷。一个月后，朝廷将薛福成的上书抄交所有中央和省级的高级官员。①到 1875 年中期，薛福成已是高层官员中人尽皆知的人物，并很快成为李鸿章的幕僚。在接下来的十年里，薛福成构思并起草了李鸿章最为重要的一些奏折、信札、建策与文章。②

　　说薛福成是自强运动背后的文学天才并不为过。1838 年，薛福成出生于繁盛的江苏无锡县的一个文人家庭。至少从明末开始，当地的士人就开始学习今文经的经世之学。③他的父亲薛湘是一名文人，中年时获进士出身。1852 年，薛湘时运不济地被调往湖南

---

① 《清史列传》卷 58，第 55 页 a。
② 薛福成：《庸庵文别集》，第 244 页。
③ Elman, *Classicism*, *Politics*, *and Kinship*.

做知县。当时的湖南正遭受太平军的进攻。薛湘送走了妻儿,与当地士绅联合,同团练一起击退了太平军。1858 年,他因积劳成疾而离世。1860 年,薛福成的家乡无锡在太平天国的摧毁下夷为废墟。薛和他的家人失去了所有的财产,许多亲属也在战时自杀离世。①对于死里逃生的薛福成而言,科举似乎并非当务之急。②在一系列批评科举制度的文章中,薛福成征引顾炎武(1613—1682)的评论:"八股盛而六经微。"③眼前的急务,应当是重振真正的六经之学以挽回时局,而非埋首于八股。

与前章介绍的两位外交官郭嵩焘和曾纪泽一样,薛福成的学问与仕途也深受曾国藩的影响。曾国藩是湖南著名的理学将帅,他的新军事策略使这个王朝从叛乱中得以恢复。在 1864 年镇压了太平天国后,曾国藩立即被派往山东处理另一场农民反叛——捻军。就在这个关键时刻,薛福成向他父亲从前的恩人曾国藩献计献策。他在一篇申文(上书)中获得了这位老资历政治家的注意,其中他列举了自己的学术兴趣,包括"二千年成败兴坏之局,用兵战阵变化曲折之机,旁及天文阴阳奇门卜筮之崖略,九州阸塞山川险要之统纪"。④1865 年至 1872 年间,他跟随曾国藩到各地任职。在 1872 年曾去世后,薛福成受聘于江苏书局,担任编书工作。太平天国战争

---

① 丁凤麟:《薛福成评传》,第 5—14 页。关于他的传略,可参见 Hummel, *Eminent Chinese of the Ch'ing Period*,330。

② 薛福成考试成绩不理想,可能与书法不好有关,他只在 1867 年得到了副贡生的出身。

③ 薛福成:《庸庵文外编》第 1 卷,1b,有关太平天国后文人对顾炎武的崇拜,可参见段志强所著的《顾祠:顾炎武与晚清士人政治人格的重塑》。

④ 薛福成:《庸庵文外编》,第 855 页。

后，地方官员为了振兴官学，建立了一批新的官书局，不少面临遣散的军人得以在学者的带领下进行校书工作。①薛福成找到编书的工作，致力于出版幕主曾国藩的文集。

在 1875 至 1885 年间，薛福成撰写了一些广为流传的文章，呼吁全面改革。他借用了北宋政治家王安石领导的"变法"一词，使之进入士人阶层新的意识当中。②一位同时代的读者评论，他的作品"最可爱者，直言无讳中，复能处处婉曲，笔笔斡旋，读者但觉其忠爱恳挚，不见其激烈迫切"。③

195　　薛福成经世思想的核心之一，是关于外交官的职责与功能。他指出，许多朝代都曾任命具有非凡文学和杰出口才的人出使海外。有时候，一个能干的外交官更是胜过千军万马。与历史上的同行相比，清朝的外交官承担着更大的责任和更广泛的职能：他们向外国人和海外华人颁布上谕，调查外国情况，搜集世界舆情，并将新的军事技术带回国内，所有这些都必须与中央政府的政策相协调。因此，朝廷必须挑选拥有贤相之识与度，贤将之胆与智之人，方能胜任外交官一职。④

薛福成有关外交官重要性的断言得到了清朝驻外公使、领事和

① Wright, *The Last Stand of Chinese Conservatism*，131—132，关于江苏书局的设立，参见吴瑞秀：《清末各省官书局之研究》，第 31—34 页。
② 薛福成：《筹洋刍议》，第 1—90 页。有关 19 世纪 60、70 年代从事自强的官员如何适应传统观念以证明制度变革的合理性的研究，参见 Pong, "The Vocabulary of Change," 25—61；关于 19 世纪 80 年代出现的表达主权的新词汇，参见 Halsey, *Quest for Power*，224—227。
③ 薛福成：《筹洋刍议》，第 49 页。
④ 薛福成：《庸庵海外文编》卷 3，19a—b，第 1289—1291 页。

国内负责对外关系的官员积极行动的证实。从 19 世纪 80 年代中期开始，他们日益将公使馆视为一股独立的新力量，并试图在总理衙门规定的狭窄边界之外塑造清王朝的强大形象。举几个典型的外交官：黄遵宪，一位曾在中国驻日本、美国、英国和新加坡的使领馆供职的广东人，开始向海外华人发放护照，给予他们有限的外交保护。黄还担任过海峡殖民地的总领事，这是他自己提议设立的一个职位。①19 世纪 80 年代，中国驻美国、西班牙和秘鲁的公使张荫桓与领事官一起，建立了儒家书院"中西学堂"，为年轻华人提供道德指引。②在欧洲，薛福成和他的前任曾纪泽在精明能干的顾问马格里（Halliday Macartney）的协助下，与外交对手就条约修订、边界划定和冲突调解进行交涉。③同样，被派往日本和朝鲜的清朝外交官和顾问娴熟地周旋于朝贡制度和国际法之间，以促进中国在朝鲜的利益。④

　　然而，19 世纪 80 至 90 年代的外交使团远不是一个志同道合或受过良好训练的群体。从 1876 到 1890 年，薛福成将 16 位公使和参赞按照他们的才能、使命感和成就进行了排名。⑤在他看来，曾 196

---

① Schmidt, "Jinshan sannian ku"; and Godley, "The Late Ch'ing Courtship of the Chinese in Southeast Asia," 368.
② 《清季外交史料》，第 70 卷，第 10—11 页；张荫桓：《张荫桓日记》，第 67、68、76 页。
③ 关于薛福成与英国政府在中缅边境问题上的谈判，参见箱田惠子：《薛福成の外交構想—各種日記の比較．を通じて》，126—155；Vande Bussche, "The Qing Minister's Map"。
④ Larsen, *Tradition*, *Treaties*, *and Trade*；戴东阳：《晚清驻日使团与甲午战前的中日关系（1876—1894）》。
⑤ 薛福成：《出使英法意比四国日记》，第 825—827 页。薛福成家人发布的这部分日记删去了薛最严厉批评的外交官的名字，但最近出版的日记手稿则包含了这些名字。参见薛福成：《薛福成日记》，第 826 页。

纪泽和郭嵩焘位居一二。曾"性资聪明,颇多才艺,而又得文正之
庭训",郭"虽力战清议,以至声名败坏,然其心实矢公忠"。与他
们相比,其他人缺乏外交官的品质。其中的"君子"(郑藻如、黎
庶昌、陈兰彬),要么缺乏灵活性,要么缺乏追求一贯方针的决心。
他们中的"学院派"(许景澄、洪钧)则把驻外使馆看作是进行学
术项目、避免冒险事业的场所。在他的名单中,有整整一半的外交
官以行为不端、嫉贤妒能、腐败或纯粹的无知而闻名。朝廷急需具
有道德操守、外交技巧和政治敏锐感的人,外交机构饱受人才短缺
的困扰。即使是薛福成名单上排名最高的曾纪泽,也有"过于聪明
之失",他的观点往往随着政治风向而漂移。

薛福成的评论揭示了清朝外交系统的结构性难题。随着驻外
使领馆网络的不断扩大,派遣驻外成为对受教育精英的一种奖励。
从 1875 年起,有权势的省级官员和总理衙门争相推举他们的门生
成为驻外使馆成员。[1]到 19 世纪 80 年代中期,翰林学士也渴望
得到这些职位,因为海外经历被视作晋升最快的途径之一。[2]光绪
帝于 1889 年亲政,使人事权力的重心重新向朝廷倾斜。此后五年,
197 他要求在选择公使时加入自己的意见。[3]虽然公使有权选择使团的

---

① 李文杰:《晚清驻外公使的保举与选任》,第 180—187 页。
② 1871 年,郭嵩焘在他的日记中写道,他听说京城有四个官职拥有最高权力:帝
   师(皇帝的导师)、王佐(王侯的助手)、鬼使(使节)和神差(神的差使)。他
   进一步解释说,王佐指的是军机处,鬼使指的是总理衙门,这两个机构有重叠
   的成员。参见郭嵩焘:《郭嵩焘日记》,第 2657 页。到陈康祺写《郎潜纪闻》
   (1886)时,这种看法仍被广泛接受,但这四个类别已经成为翰林士人追求更快
   晋升的流行职位。陈对王佐和鬼使的解释略有不同:他把总理衙门的成员归为
   王佐,而把鬼使专门留给派驻西方的外交官。陈康祺:《郎潜纪闻》,第 485 页。
③ 李文杰:《晚清驻外公使的保举与选任》,第 187 页。

参赞和随员，但总理衙门经常任用章京或同文馆学生担任中低阶外交人员。这些不同的举荐网络降低了清朝外交系统的效率和整体性。

尽管他们的组织结构是异质的，但越来越多的外交使团成员不再认同官僚秩序，而是更加重视不定型且不稳定的公众舆论领域。即使他们文章的主要载体仍旧是传统的官僚文书，但他们更多地将出版看作是教育公众和阐明改革思想的平台。①薛福成在江苏书局的经历，加上为政府提供切实可行建议的渴望，使他成为将官僚领域和半官方出版业相结合的理想人选。在 1890 至 1894 年期间，他出任驻英国、法国、意大利和比利时公使期间，他和使团成员促成了外交传播与出版业的部分融合，这些使馆成员里很多人是他早年担任宁绍道台时的幕僚。他们的工作弱化了笼罩在清政府外交政策上的神秘光环。在 19 世纪 90 年代，通过自行出版和为文集、报刊撰稿，外交官成为将公众与中央政府及整个世界联系起来的信息桥梁。

改革外交信息的传播体裁（Genre）

在曾国藩去世的当天下午，薛福成与这位幕主下了几局围棋，并以连续两场艰难的胜利为他加油鼓劲。两人用围棋磨炼战略的敏锐力，但后续的谈话却常常转向文学艺术。在曾国藩的影响下，薛

---

① 有关士绅—报人（知识分子—记者）的兴起，参见 Janku, "The Uses of Genres in the Chinese Press"。

福成自称桐城派弟子。桐城派是 18 世纪由散文家姚鼐（1731—
1815）发起的文学运动。姚和他的学生试图在义理、考据、辞章之
间建立一种精确的平衡。①姚不满于他们所见之"为考证之过者，
至琐碎缴绕，而语不可了当"，希望回到"文以载道"的古代思
198 想。②在著名的文选《古文辞类纂》中，姚鼐提供了一种根据体裁
（论辨类、序跋类、奏议类、书说类等）对文章进行分类的模式。
姚在《类纂》的序言中写道："夫文无所谓古今也，惟其当而已。
得其当，则六经至于今日，其为道也一。"③

　　作为外交官，薛福成对组成外交传播的各种体裁进行了改革，
这是他最具创新性的举措。他借鉴了姚鼐的分类方法，并将其运用
到海外写作中。在《出使公牍》《出使奏疏》和《庸庵海外文编》
三本文集中，他几乎把自己所有的公文进行了分类。薛福成的分类
方式与姚鼐的类似，每种体裁都遵循自己的成稿规则和修辞惯例。
他有意识地遵循西汉贾谊（前 200—前 168）、唐代陆贽（754—
805）和北宋苏轼（1037—1101）的风格，他们分别擅长阐述政治
意志、道德义理和情感表达。他还汲取这些文作与曾国藩对时事进
行清晰明了且富有道义描述的奏稿相得益彰之处。虽然这"四圣"
（贾、陆、苏、曾）没有亲历最近几十年的变化，但他们的修辞风
格是合"道"的，可以为薛的同时代人提供灵感。④

---

① 　有关桐城派的研究，参见 Chang and Owen，*The Cambridge History of Chinese Lit-*
　　erature，423—427。有关姚鼐在晚清文人记者中的较大影响论述，请参见 Janku，
　　"The Uses of Genre in the Chinese Press，"113—116。

② 　Chang and Owen，*The Cambridge History of Chinese Literature*，423.

③ 　姚鼐：《古文辞类纂》，第 1 页。

④ 　薛福成：《出使奏疏·序》，第 3 页。

根据通信对象，他把自己的外交文书大致分为几类：第一、奏疏，即"下告上之辞"。第二、咨文，即"平等相告者"，又分两种，其中"虽平等而稍示不敢与抗者"为咨呈或札文，其中"上行下之辞，其施之官稍下而非属者"为批答。第三、照会与书函，即"上下平等皆可通行者。"第四、详文与禀牍，"皆以下官告其上官者也。"在这几种类型的公函之中，薛福成重点剖析了照会在外交中的作用：

> 出使有洋文照会者，以此国使臣告彼国外部大臣之辞，亦即两国相告之辞也。执笔者宜审机势、晰情伪、研条约、谙公法，得其窾则人为我诎，失其窾则我诎于人。是非于此明，利害于此形，强弱于此分，实握使事最要之纲领。使事既有端绪，然后述其梗概，而奏之、而咨之、札之，意有未达，则再为书以引伸之，胥是物也。故凡治出使公牍者，必以洋文照会为兢兢，而诸体之公牍，皆由此生焉。电报虽为昔日所无，迩来筹裹公务之机要，大半浑括于此，故亦当附公牍之列。

这些体裁中的每一种，在朝廷、总理衙门、公使馆、领事馆和欧洲各国外交部的往来中，都有着明确的角色。薛福成根据这种模式划分他的海外写作，并突出每种体裁的特点，从而建立了官方通信的基本规则。在这些文书中，照会是外交中特点最鲜明、利害最相关、也最难撰写的一种文书。薛福成在序言中，特别解释了中英文照会的编纂特点和成文过程： 199

自我中国通使东西洋诸大邦，所以谂政俗、联邦交、保权利者，颇获无形之益。然使职难称之故，盖由中国风气初开，昔日达官，不晓外务，动为西人所欺，西人狃于积习，辄以不敢施之西洋诸国者，施之中国，为使臣者，遂不能不与之争。争之稍缓，彼必漠视而不理，其病中于畏事。争之过亢，彼必借端以相尤，其迹疑于生事。迩来当事愿生事者较少，而习畏事者较多，故失之刚者常少，而失之柔者常多。余生性戆拙，凡遇交涉大事，辄喜龂龂争辩，争之之具，必以洋文照会为嚆矢。有时用力过锐，彼或怒而停议，然未尝不徐自转圜，未尝不稍就我范围。盖我虽执彼所不愿闻之言，而其理正，其事核，其气平，出以忠信之怀，将以诚恳之意，知彼不能难我也。然后断然用之以难彼而勿疑。其端倪可见于文牍者，亦仅十之四五而已。久之彼且积感而释疑，转嫌而为敬，欺者不敢复欺，争者可渐息争矣。顾欲与争辩，则平日之联络布置，尤不可不慎。譬之关弓者，必和其干，调其丝，引矢一发，彀力虽劲，不至弧折弦绝者，固审于先事也。洋文照会，皆余授意译者所拟，然后再译为华文，中西文法截然不同，颇有诘屈聱牙之嫌，余恐汩其真也，未敢骤加删润，后之览者亦会其意焉可耳。

薛福成通读了以往的出使日记，直言对内容和编纂体例的不满。[①]首先，传统的基于事件的形式导致了重复，难以系统性地呈现大量新信息。其次，日记作者采用的个人视角自然而然地使之倾向于短视的观察，使得战略性讨论变得困难。由于受到西方势力的

---

① 薛福成：《出使英法意比四国日记》，第 63 页。

威吓，又害怕国内审查制度，许多外交官只敢以冗长繁芜的琐事填充日记。第三，日记很难在主观意见（进言所必需）和客观现实（上呈实情所必须）之间保持平衡。①

为了避免这些陷阱，薛福成抛弃了使节日记的传统叙事形式，采用了顾炎武《日知录》的风格，即"如别有心得，不妨随手札记"。作为忠实的明朝遗老，顾在清兵入关后的几十年里走遍整个国家，收集原始材料和珍本，并用它们来核实和纠正经典中的智慧。②顾的云游为薛福成的外交旅行提供了一个范本。他设想自己的出使日记是《日知录》的续集，并暂时定名为《西轺日知录》。③

虽然《西轺日知录》主要是基于他的个人日记，但包含了五个一般主题的条目：瀛环之形势、西学之源流、洋情之变幻、军械之更新，最后，"思议所及，往往稍述一二"④他删除了在政治上敏感的信息或新闻。在这种新的日记形式中，出使日记不仅仅是外交官个人活动的记录，更为读者提供传统渠道以外的新知识。在其日记 200 手稿没有记录重大事件的日子里，薛福成从驻伦敦和巴黎的前任公使所保存的外交档案中摘录了一些内容，补入其中。这样一来，日记的格式不过是薛福成用于整理各种主题笔记的索引目录。⑤薛福成所撰写的极具古体散文修辞效力与严谨规制的政论也被编入了日

---

① 薛福成：《出使英法意比四国日记》，第 60 页。
② Peterson, "The Life of Ku Yen-wu（1613—1682），" 206—213.
③ 薛福成：《庸庵文别集》，第 226—227 页。
④ 薛福成：《出使英法意比四国日记》，第 63 页。
⑤ 箱田惠子：《薛福成の外交構想—各種日記の比較．を通じて》；吴维：《外交实录与古文新变：以薛福成出使日记为中心》，第 99—101 页。

记中，缓解了笔记式日记的单调乏味。在使团秘书和译员的帮助下，薛福成还开始一项雄心勃勃的工程，翻译最为准确的西方地理学记录，并设想将其作为徐继畬《瀛寰志略》的延续。①

简而言之，薛福成精心撰写并编排他的外交文作，目的是提高他收集到的信息的有效性，并将其引导进政府行动中。他所采用分类方案为他的写作提供了适当的形式和表达方式，将他的对外观察、外交论点、短期和长期的政策建议联系在一起。对出使日记的重塑颠覆了原体裁的监管和审查机能，扩大了其政治功能。

凡兹西学，实本东来

到了 19 世纪 80 年代，洋务派士人普遍认识到，如果能证明西方曾经向中国学习，那么提倡向西方学习的阻力就会少一些。在外交官团体中，曾纪泽是第一个以这一理念推动中西学问双向追求的人。他在劝勉学习西语的同时，也对忽视中学的倾向进行警告：有些学者，"抑或专攻西学，不通华文，鉴其貌则华产也，察其学术情性，无以异于西域之人，则其无益于国事亦相侔耳"。②曾纪泽对儒学的效用有一种整体的信心；薛福成则以考据的方式，将其发展成为一种成熟的理论。他与曾纪泽的不同之处在于，他将中国传统中的非儒家、非正统信仰置于儒家经典之上。

以地理学为例。阴阳家邹衍（前 305—前 240）曾使用以数字九

---

① 薛福成：《出使日记续刻》，第 1 页 a。
② 曾纪泽：《曾纪泽遗集》，第 136 页。

为基础的命理学体系来构建世界的体系。在这个体系中，九个大陆被浩瀚的海洋隔开，每个大陆内部又有九个较小的大陆被较小的海洋隔开。每个小的大陆都是一个独立环境，边界上生活着奇怪的动物。

201

图 6.1　薛福成

图 6.2　薛福成英文签名

资料来源：英国国家档案馆

202   邹衍认为战国时期的中央王国是地球上的八十一分之一。汉以后的儒家学者，追随司马迁的观点，普遍认为这一理论"其语闳大不经"。薛福成认为，邹衍所估计的中国相对于世界的大小实际上是非常准确的，他通过对大陆理论的重新解释证明了这一点。薛福成时代的世界地图显示了五个有人居住的大陆（欧洲、亚洲、非洲、美洲和澳洲），但他将其分为九大洲。美洲，按照惯例，他分为两个。亚洲，他认为可分为三个：第一个包括"十八行省、盛京、吉林、朝鲜、日本及黑龙江之南境、内蒙古四十九旗，西尽回疆八城暨前后藏，削缅甸之东境，括暹罗、越南、南掌、柬埔寨诸国"。第二个是"由黑龙江之北境，讫瀚海以北，外蒙古八十六旗及乌梁海诸部，西轶伊犁、科布多、塔尔巴哈台，环浩罕、布哈尔、哈萨克、布鲁特诸种，自咸海逾里海以趋黑海，折而东北，依乌拉岭划分欧亚两洲之界，直薄冰海，奄有俄罗斯之东半国"。第三个包括"雪山以南，合五印度及缅甸之西境兼得阿富汗、波斯、阿剌伯诸国、土耳其之中东两土"。关于非洲，他错误地认为，以连绵不断的山脉为界，可将其分成两部分，这条山脉穿过塞内、冈比亚、几内亚、尼日尔和达尔富尔，一直延伸到尼罗河的发源地。

薛福成进一步断言，他的地理学说完全基于自然和可观测的地球特征。因为他相信大陆的大小应该是相等的，所以他把荷属东印度群岛重新划归大洋洲。至于邹衍所说的大陆被海洋隔开的说法，也是有事实根据的，因为戈壁沙漠不是被称为"瀚海"吗？难道红海和地中海不是与海洋相连，因而也是海洋的一部分吗？薛福成坚信邹衍并没有信口开河，他的理论一定是从一种更早的基于测量的计算方法中发展出来的，但因时代久远，现在已经无法追溯。[①]

邹衍的理论支持了领土扩张主义者对传统小农地权者所提出的反对意见，因而对汉帝国的构建起到重要作用。根据历史学家陆威仪（Mark Lewis）的说法，通过证明"禹贡"的九州加起来只占世界的九分之一，汉的扩张主义者认为战国和早期帝国在知识、文本和政治上都优于古代。[②]同样，薛福成认为，古代中国的思想可以 203 与现代地理学家相媲美，这些思想不是来自经学与理学家的联盟，而是来自经常被儒家大佬嘲笑的次等学派的大师。正如西汉的朝廷官员援引邹衍来批评古典主义者的古学知识一样，薛福成也痛斥科举考试和正统之学是陈朽无效且令人压抑的。通过强调儒家学派之外的其他学派并声明其正当性，薛福成为寻找不再受儒家话语支配的文化遗产奠定了基础。

当西方知识与中国传统学问相矛盾，薛福成试图调和这些差异。在一篇关于地球形状的文章中，薛福成设想了一位对话者来向他提问，对方问：地球的球形与"天圆地方"的传统观点相矛盾，这是否意味着中国古代的学者犯了一个大错？薛福成解释说，"圆"描述了"天地之理"，这并不是对它们形状的陈述。"天圆"描述的是阴阳力量的不断循环和冷热天气的交替；"地方"抓住了一个主要的事实，即华岱江河都各有定位，所以不能移易之方道。对话者不满意地进一步追问：这是否意味着"今之夫妇所能，古之圣人所不能乎？"薛福成回答说：古代圣人虽无法环游地球，但这并不意

---

① 薛福成：《出使英法意比四国日记》，第 77—79 页。

② Lewis，*The Construction of Space in Early China*，253. 最新关于这些辩论如何以文学形式进行的相关研究参见 Chin，*Savage Exchange*，69—142。

味着他们的知识存在谬误。只是未到其时，圣人不肯显言；未涉其
境，圣人不必赘言罢了。[①]

以同样的方式，薛福成系统地筛选了墨家、法家和道家的古
代文献，以及战国晚期和西汉的杂家之作。战国时期的《墨子》，
以其有关机械制造的残缺短文，特别能说明西方目前的技术状况。
薛福成要求他的秘书们编制了关于光学、力学和工程学原理的段
落清单，并在日记中记录了他的主要发现。在对它们做了研究之
后，他指出，某些章节包含了圣贤对物理世界的观察，例如平面、
凹面和凸面的反射，这些与后来发明望远镜和显微镜的原理相
似。[②]杂家的《吕氏春秋》和《淮南子》的章节证明了古代化学和
电学知识的存在。薛福成从《吕氏春秋》中找到了一段预言现代
化学的文字："漆淖水淖，合两淖则为蹇，湿之则为干。金柔锡
柔，合两柔则为刚，燔之则为淖。或湿而干，或燔而淖，类固不
必，可推知也？"[③]意思是，漆和水都是液体，但如果把两种液体
混合在一起，它们会凝固，如果你用汽来蒸漆，它就会变干。铜
和锡都是软的，但是把这两种软的物质混合在一起，就会变硬，
而如果加热这种混合物，它就会液化。在一种情况下，可以通过
使材料潮湿来使其干燥；在另一种情况下，通过加热则可使材料
液化。

经世学经典《管子》提供了一个新的可能性——将西学及西方
治理体系重塑为中国传统的变体。《管子》成书于战国末期，据说

---

① 薛福成：《出使英法意比四国日记》，第 499 页。
② 薛福成：《出使英法意比四国日记》，第 252 页。
③ Knoblock and Riegel, *The Annals of Lü Buwei*, 627.

出自公元前七世纪齐国一位官员之手，他在春秋时期将齐国从一个弱小的周的封国建设成最强大的国家。薛福成从《管子》中所说的呼吁政府"不强民以其所恶"和"不欺其民"中发现了西方议会的原则。管子强调思考和参与所有事务（"事者生于虑，成于务"），这被解释为西学重专家和商业的专业化。它建议政府"商无废利，民无游日，财无砥墆"，这被认为是对西方政府促进商业和工业背后原则的完美描述。①

最后，从《庄子》和《列子》的文章中，薛福成在不同尺度上提炼出对现实世界的重要见解。《庄子·逍遥游》一章这样描述大鹏鸟的"南冥"之旅："野马也，尘埃也，生物之以息相吹也。天之苍苍，其正色邪？其远而无所至极邪？其视下也，亦若是则已矣。"②对薛福成来说，这段话描述了一种只有欧洲热气球上才能看到的景象。同样，《庄子》中有关于蜗牛左右触角分别有蛮触两国的寓言，薛福成说："今之窥显微镜者，仿佛见此景象。"③庄子又问："天其运乎？地其处乎？日月其争于所乎？孰主张是？孰纲维是？孰居无事推而行是？意者，其有机缄而不得已邪？意者，其运转而不能自止邪？"④薛福成把这句话看作是对行星运行轨道的叙述，认为庄子"启西洋谈天之士之先声"。尽管薛福成不认为庄子的结论是经过仔细研究得出的，但两千年后庄子的话得到了验证。这一事实使薛福成笃信古老而强大的中国智慧的存在。

205

---

① 薛福成：《出使英法意比四国日记》，第 253 页。
② Watson，*The Complete Works of Chuang Tzu*，29.
③ 薛福成：《出使英法意比四国日记》，第 254 页。
④ Watson，*The Complete Works of Chuang Tzu*，154.

将西方置于中国的过去

出使之前，薛福成一直把西方人当作侵略者和竞争者来对待，当他发现洋人实际上十分友好亲善时，他几乎无法掩饰自己的惊讶。他发现："西人之恪守耶稣教者，其居心立品，克己爱人，颇与儒教无甚歧异。"①薛福成在伦敦看到的英国人与他们脾气暴躁的在中国的同胞一点也不像。就连以坏脾气著称的前英国驻华公使威妥玛（Thomas Wade），也在与薛福成的交往中对他情文并挚，且随时襄助。因此，薛福成认为洋人在华恣意恶名的由来，可以归因于中国人自身的优柔寡断、敏感多疑和缺乏规则意识。在中国的外国人之所以显得易怒，是因为他们明白，只有威胁才能得到他们想要的东西。渐渐地，这些西方外交官改变了态度，从谦恭有礼变成了使用欺骗和恐吓。②

是什么原因导致这个曾经以礼仪之邦闻名于世的国度，其风俗和道德衰落到如此地步，以至于西方人被迫派出最糟糕的外交官？郭嵩焘曾经从秦统一中国后历史上更大的衰落格局中寻求答案。王韬则把国家的命运归因于"天心""天道"和"人事"之间微妙的互动。③薛福成将这两种理论结合起来，发展出他的历史观。他认为历史是循环的，也是演变的。他引虞夏三代的传说，认为任何国家的

① 薛福成：《出使英法意比四国日记》，第 124—125 页。
② 薛福成：《出使英法意比四国日记》，第 579 页。
③ Cohen, *Between Tradition and Modernity*，115，薛福成在出使日记中有类似的分析，参见《出使英法意比四国日记》，第 478 页。

风俗在"开辟之初"都是最为淳朴纯粹的。国家开辟之时,人口还没有增繁,元气还没有散去,所以最初的人心和风俗是纯洁诚实的。一个民族的历史越长,其人民就越容易出现社会疾病和堕落。

薛福成并未清晰地指出每个国家"开辟"的具体事件,但他似乎更倾向于选择那些不可逆转地颠覆国家制度的重大历史时刻,例如英国光荣革命、美国独立战争和俄国彼得大帝的改革。作为最年轻的国家,美国被比作虞夏之时的中国,俄国被比作商周时期的中国,英国和德国被比作汉代的中国,意大利、西班牙、荷兰是唐宋时期的中国,而充满傲慢和党派之争的法国,则很像是明朝。①

薛福成这一推论的结果暗示着西方的强盛并不会永久持续,而是会像在中国自然上演的命运之轮一样盛衰无常。每一个国家最终都将遵循与中国相同的轨迹。将西方的历史映射到中国的年表上,这为薛福成提供了一个对中国未来感到乐观的理由。如果西方是在重复中国早期的历史,那么古代中国的制度和习俗就可以从如今的西方重新拾回。甚至有可能,西方对先圣的想法有更好的理解,而古代文本的含义连中国人自己都搞不清楚。这种解释过去的方式在历史记载中并不鲜见。正如著名汉学家史嘉柏(David Schaberg)所言,战国时期的《左传》和《国语》等文献中都有类似"礼失求诸野"的记录,这些"周边国家知识学问和道德水准不断提升的实例,实际上昭示着周朝晚期中央文化的衰败"。②据说,非华夏统治者有时会指责中国人,提醒他们国家已经偏离正轨。

通过以回归中国古典的方式来立论,薛福成能够将外交事务与

---

① 薛福成:《出使英法意比四国日记》,第 124 页。
② Schaberg, *A Patterned Past*, 130.

中国历史中记录的事件放在同一个概念层面上。与之前的使臣不同，他没有列出古代中国和现代西方的所有相似之处，而是主要强调两者不完全吻合的地方，即西方的"三纲"：君臣、父子、夫妻之间的关系。在他看来，西方的做法是与先贤之道相违背的：

> 所设上下议院，亦合古之刑赏与众共之之意。惟流弊所滋，间有一二权臣武将，凯窃魁柄，要结众心，潜设异谋，迫令其君退位，如近日巴西、智利之事。而数十年前，则此等事尤多，颇如孔子未作《春秋》以前列邦情势。此其君臣一伦，稍违圣人之道者也。

> 子女年满二十一岁，即谓有自主之权，婚嫁不请命于父母。子既娶妇，与父母别居异财，甚者不相闻问。虽较之中国父子贼恩、妇姑勃谿者，转觉稍愈。然以骨肉至亲，不啻推远之若途人。国家定律，庶民不得相殴。子殴父者，坐狱三月；父殴子者，亦坐狱三月。盖本乎墨氏爱无差等之义，所以舛戾若此。此其父子一伦，稍违圣人之道者也。

> 西俗贵女贱男。男子在道，遇见妇女则让之先行。宴会诸礼，皆女先于男。妇人有外遇，虽公侯之夫人，往往弃其故夫，而再醮不以为异。夫有外遇，其妻可鸣官究治，正与古者扶阳抑阴之义相反。女子未嫁，每多男友，甚或生子不以为嫌。所以女子颇多终身不嫁者，恶其受夫之拘束也。此其夫妇一伦，稍违圣人之道者也。[1]

207

---

[1] 薛福成：《出使英法意比四国日记》，第272页。

在薛福成的描述中，"三纲"在西方实践中以弱化的形式存在：臣民可以强迫统治者下台；子女在一定年龄后独立于父母，在法律上与父母平等；妻子地位高于丈夫，社会对女性贞洁不太重视。但是薛福成并不认为这些做法是对人际关系的扭曲，他声称在每个案例中，西方的关系都"稍违"了中国的理想。①因此，西方的"三纲"还没有坏到足以完全否定他们文化其他方面的地步，而仅仅是一种偏离。西方偏离中国纲常也有历史原因。他在另一篇日记中说，西方女性的高地位是各国追求财富和权力的结果。"古者欧洲妇女守礼之严，大旨亦与中国相似"。按照他的理解，三四百年前的某个法国国王，提出让女性成为生产力，从而让她们抛弃旧俗。起初，他不得不诉诸于使用惩罚，但随着时间的推移，女性变得和男性一样有用，使得这个国家的从事生产的人口翻了一番。这一做法随后被整个欧洲采用，而早期的传统也被遗忘了。只有在俄国，人们还能看到旧欧洲习俗的痕迹，因为他们在皇家宴会上仍然让男女分开就座。② 208

薛福成有关欧洲文化的叙述在转换西方的概念定位上发挥了重要的作用。通过将其解释为对中国过去的重演，他为所谓"西法加三纲"的倡导奠立了意识形态基础，他相信只要中国能抓住适当的纽带（三纲），就可以自由地采用西方的制度（西法）。③西方制度的秘密在于，它们能够像法家《管子》和杂家《淮南子》所列举的那样，集中思想、财政和民众支持来实现政府的目标。④

---

① 薛福成：《庸庵文别集》，第 226—227 页。
② 薛福成：《出使英法意比四国日记》，第 517 页。
③ 薛福成：《出使英法意比四国日记》，第 273 页。
④ 薛福成：《出使英法意比四国日记》，第 252 页。

薛福成认为，国家在资源的开采和管理方面的能力是西方成功的关键。这与十多年前郭嵩焘的解释有很大不同。作为明末思想家脉络下的专制主义的批评者，郭嵩焘曾评论说，英国公民容忍高税率的原因是他们对钱花在哪里有发言权。君主立宪制通过邀请民众参与政府事务，消除了胁迫，在上层和下层之间建立了一种持久的纽带。作为自由放任资本主义的倡导者，郭嵩焘认为，对股份公司的"官督"从根本上是有缺陷的，因为它引入了腐败，挫伤了商人的积极性。与之相反，薛福成强调了这个制度的另一个方面——国家不但能够对全体人民施加广泛的影响，还能对社会生活的方方面面进行系统地管理。对薛福成来说，中国第一批公司的失败正是由于缺乏国家监管。他回忆起19世纪70年代末和80年代初上海第一批股份制公司成立时"风气骤开"，"苟稍有势力可借，数十万金往往立集"。但由于管理经验不足和金融监管的缺失，公司的负责人在几年之内就把钱挥霍光了，使公司的未来投资者望而生畏。换句话说，问题在于，在适当的规则和制度尚未到位之前，中国向西方开放的速度太快。薛福成感叹道："然则昔日风气之骤开，乃今之所以益闭也，岂不惜哉，岂不惜哉！"①

种族意识与地理决定论

如果说薛福成将西方制度解释为古代中国的做法听起来有些老

---

① 薛福成：《出使英法意比四国日记》，第576页。关于轮船招商局的腐败和缺乏有效监管的问题，参见 Feuerwerker, *China's Early Industrialization*, 145—149。

派，那么他的种族理论则采用了一种完全不同的论证模式。1860
年后的出使日记里，往往充斥着对不同肤色人种的叙述，但薛福成
是第一个使用"种"来指代种族（race）的人。

"种"对薛福成来说，是一个内涵丰富但意义不定的概念。在
一次参观巴黎荣军院（Les Invalides）的军事博物馆时，薛福成了
解到起源于 18 世纪启蒙思想家的"四种族论"①：将人分为白种、
黄种、黑种和红种，并可以进一步分为十五族。他对"亚洲起源
说"特别感兴趣，注意到史前欧洲人与亚洲人惊人的相似，但似乎
没有意识到与之竞争的学派——"非洲起源说"，该假说得到了达
尔文（Charles Darwin）的支持，但当时在科学界的追随者较少。
因薛福成对红种人和黑种人的"形极丑恶"感到厌憎，并且对他们
的兵器嗤之以鼻，所以即使他对"非洲起源说"有所耳闻，他大概
率也不会认可该假说。②

除了肤色和面相，薛福成还把"种"与其他一系列含义关联起
来：国籍、部落归属和地理位置。他有时把"华人"称为"华人之
种"。在其他地方，他注意到"普鲁士"原本不是一个民族，而是
三个"人种"：罗马人、希腊人和德国人的结合。③他还将中国的野
蛮人（夷）概念与西方话语中的种族劣势联系起来。和他之前的外
交官一样，东南亚土著居民和欧洲殖民者截然不同的生活条件给他
留下了深刻印象。他把越南、暹罗、缅甸、印度和阿拉伯的人描述

---

① 有关该理论如何使中国人从"白"变成"黄"的更多情况，参见 Mungello，
The Great Encounter of China and the West，132—133。
② 薛福成：《出使英法意比四国日记》，第 112 页。
③ 薛福成：《出使英法意比四国日记》，第 118 页。

为"无不面目黝黑，形体短小"，"以视中国人民之文秀，与欧洲各国人之白皙魁健者，相去何悬绝哉"？

　　归根到底，薛福成对种族本身的理论并不感兴趣，他感兴趣的是如何用种族概念解释殖民扩张的历史影响，即人口在原有地理边界之外的流动，其对移居地原住民的取而代之。他将自己的世界地理知识与理学有关太极的概念结合起来，解释这个过程是如何运作210 的。例如，考虑到东南亚的自然资源丰富，他认为这个地区是由阳气主导的，一年四季都有类似夏天的天气，孕育了植物、矿物、珍贵岩石和稀有动物。不幸的是，这个地区处于"赤道以下"（薛福成可能是指北回归线以南，因为在当时所采用墨卡托地图中，南极洲被排除在外，此时北回归线比赤道更接近地图的中线），没有抑制自然的力量来抵消繁盛之"阳"。土著居民融入了自然本身，回归如植物般原始极乐却舒而不敛的状态。"所以人之筋力不能勤，神智不能生，颓散昏懦，末由自振。"薛福成考察了世界各地伟人出现的地方，认为温带地区的民族是神明最钟爱之物，因为那里的气候能够使精气凝聚在一起。[1]

　　中国历代王朝进行的征服成为达尔文"适者生存"模式下的自然演变。历史是一个漫长的过程，其中各民族互相追逐竞争上等种族地位，命运沉浮翻滚，有如滚筒中被打磨的岩石。"人之种类，贵贱不同"。云南的苗族，"自生自育于深山之中也"，他们可以作为孤立的实体生存下来。然而一旦"错杂群居"，这些部落就不可避免地消失了。薛福成查阅的历史记载中提到许多早已无声无息地

---

① 薛福成：《庸庵海外文编》，第 1262—1263 页。

消失的蛮族：在中国，曾有氐、戎、羌、蛮等部落，但都不见踪影。当"聪明秀拔"的欧洲人进入美洲时，"红夷"也以同样的方式消失了。

然而，帝国扩张本身并不是元凶巨恶。那些种族的枯萎是"自然之理"，而不是人为的行为。认为他们将被"兵威斩刈攻击"，进而被灭绝是错误的，因为这样做"上干造物之和，远激异族之愤，必致事变频生，岂能若是静谧哉"。中国人是最高贵的民族，是神的后裔，即薛所谓"大抵中国之民，皆神明之胄，最为贵种"，而最初来自亚洲的欧洲人也具有中国人的高贵特征。当这些高贵的种族与其他种族接触时，他们就开始了一场种族的"枯萎"，薛福成称之为"衰耗"。这完全是一场自然的、不流血的征服。"倘既错杂群居，则种之贵者，不期蕃昌而自蕃昌；种之贱者，不期衰耗而自衰耗……自然之理也。"①薛福成举了最近的一个例子，欧洲人和中国人进入檀香山定居仅百年，土人只剩下十分之一，但是由于土著人对于其种族消亡的深层原因，并不知晓。②

薛福成的种族理论无疑带有日渐流行的社会达尔文主义的印记，但这也与他的政治思想一致。他把华人作为一个笼统的范畴，囊括了前两千年从中国向外迁移的所有人，包括那些不再说汉语或遵循中国习俗的人。薛福成借鉴日本明治将种族作为意识形态的经验，宣称华人都是伏羲、神农和黄帝的后代。在他看来，种族特征的获得并非自然选择，而是由天赐给每个民族的天赋决定的。因

① 薛福成：《庸庵文外编》，第 732—733 页。
② 薛福成：《出使英法意比四国日记》，第 317 页。

此，被薛福成称为"神明之胄"的中国人，自然受到保护，即使在敌对的环境中也能繁衍后代。历史学家冯客（Frank Dikötter）认为，这种将种族作为谱系的叙述在甲午战争后，特别是在立宪派的言论中变得流行起来。①考虑到薛福成的著作在当时的官员和通商口岸知识分子中已经广为人知，他的种族观念可能是他们的灵感来源之一。

薛福成将中国与欧洲视作通过并肩的帝国势力，并将帝国主义扩张征服诠释为是自然之理，但同时也意味着他放弃了对西方踏足中国侵略之举进行谴责声讨的道德制高点。由于他排除了其他种族独立生存的可能性，他的种族理论暗示了欧洲人和中国人之间即将发生争夺世界统治权的冲突。欧洲人显然在这场大竞赛中占了上风。"英人之种"统治了美国，以异族通婚的方式将美洲原住民同化，也统治了澳大利亚。非洲被英国、法国和德国瓜分占领。土耳其仅屈居其原有领土的一小部分，其余国土被俄国和英国所侵占。从前隶属于游牧城郭领地的中亚地区，现十有八九都成为俄国的附属国。位于西伯利亚和蒙古以东的大片土地也都属俄国统治之下。位于东南亚的诸大岛屿，已被英国、荷兰和西班牙瓜分。即使是中国从前的藩属国，如越南、缅甸和柬埔寨，也被英国、法国占领。②

所有这些都表明中国面临巨大挑战，采取行动刻不容缓。当薛福成在英国时，他看到了一本他称之为"日本有论人类社会者"的书，可能是有贺长雄的《社会进化论》。此书向人们发出迫切的警

---

① Dikötter, *The Discourse of Race in Modern China*, 70.
② 薛福成：《出使英法意比四国日记》，第 370 页。

示，即在种族吞并的时代，剩余的非欧洲国家的生存岌岌可危。从这个日本人的视角来看，中国已陷身于种族生死存亡的紧要关头，正处于西方对其全面蚕食吞并的过程之中。有贺长雄警告说，日本也正在一岛一岛地被逐渐蚕食。①这本书以绝望而悲观的呼吁结尾："我三千有余万兄弟，其奈此国家何！其奈此世界何！"为了民族的生存，中国的自强有了新的意义。它可能是抵御欧洲人扩张的最后堡垒。薛福成写道：

> 邑有富人，擅陂田之利。天雨，湖水溢，堤将坏，或告之曰："堤坏，田必没，盍筑诸？"富人曰："堤去吾田远，何筑为？"无何，堤果坏，田尽没，年谷不登，家以骤贫。彼富人固知田之当护，而不知不护堤之不能护田也。②

薛福成在处理中国与英属缅甸边界问题时，也运用了种族主义来印证清朝占领缅甸东北部的合理性与必要性。这个地区被称为"野人山"，同时也是英国人在征战缅甸后意图吞并的地区。薛福成认为，西南部落的"衰耗"在历史上是不可避免的，因为当地人处于"不自知"状态，无法保护自己。他们生存的唯一途径就是通过婚姻来"变其种类"，而薛福成提醒他的读者，由此一来，将导致这些种族"衰耗不振，在若有若无之间"。殖民主义是对土地和资源的争夺，是强者压倒弱者的自然机制。既然无法阻止强国的殖民

---

① 薛福成：《出使英法意比四国日记》，第 474 页。
② 薛福成：《庸庵海外文编》，第 1326 页。

扩张，不妨主动接纳它。

213   深谋远略

　　在薛福成看来，清朝的所有问题都归结于政府对一套极狭隘和短视的道德问题的关注。国家遵循既存的治国传统，在制定政策时难以进行深远的考量。西方各国之所以富强，正是因为他们在所有的重大事业中，都寻求从"宇宙万物"获利，而不仅仅是在本国内部寻找资源。薛福成将这种对扩张和逐利的厌恶，归咎于误读了《左传》中的一句话，这句话描述了狂妄自大的齐桓公："不务德而勤远略"，通常被理解为对齐公"勤远略"的批评。这种解释符合儒家的观点，即一个好的统治者应该倾向于自己的美德，避免战争和扩张。薛福成认为这显然是误读，因为这句话只是谴责那些不计后果的长远战略，而不是批评这些战略本身。这句话应该解释为："并非谓远略之不当勤也"。①也就是说，不务德是错误的，而勤远略没有错。不能将"务德"与"勤远略"对立起来。当然，薛福成并不是不知道中国历代王朝几乎在每个时期都有扩张的倾向。他批判的是占主导地位的儒家意识形态，这种意识形态是通过科举考试传播的，而未顾及国家实际执行的政策。

　　与他对"远略"的处理类似，薛福成将儒家"不言利"之论述追溯到对孔孟的误读。他认为先贤们反对为"利家、自利"追求利益，但他们并不反对追求公共利益和国家力量。既然先贤们从来没

---

① 薛福成：《出使英法意比四国日记》，第585页。

有说过私人利益与公共利益是对立的，那么采用西方的商业制度，以统一私人和公共利益为目标，就不会违背儒家思想。一旦私人利益得到满足，整个国家的公共利益必然会得到进一步的推进。

通过这些对经典的注解诠释，薛福成将帝国主义政策与儒家经典结合起来，并强调对"远略"的筹划：发展出口导向型贸易和扩张海外领土。中国需要通过减少进口和增加出口来创造财富。它需要挖掘黄金、铁和其他矿产。它需要设立商务局，制定法律来规范股份公司。为了促进所有这些努力，国家必须建立交通网络和制定专利法，以培养创造力和促进合法竞争。 214

这些想法都不是他一个人独创的。薛福成与沿海的知识分子和绅商如王韬和郑观应保持着频繁的联系，他们都写过类似的观点。①薛福成与其他思想家的不同之处在于他对资源管理的独特关注，以及隐含的发展模式对环境的潜在影响。在出使之初，他就很清楚地意识到中国对于现代经济所必需的基本资源的局限性。作为地球上最古老的国家之一，中国已经耗尽了大部分森林资源。据史籍所载，古代帝王使用附近的树木来建造他们的宫殿，但明朝的宫殿是从遥远的南部和西南部购买的木材建造的。他担心，按照眼下的发展速度，几百年后中国边境上的树木就会消失。《禹贡》中提到了长江沿岸的荆州、扬州产金，但这些金矿早已从该地区消失了，连铜都要从云南和朝鲜进口。野生动物数量的减少也体现了资源的匮乏。古代中国盛产各种各样的珍禽异兽，高人逸士经常养鹤当宠物。薛福成请朋友给他订了一对，放在花园里。但在国内无法

---

① Sigel, "The Treaty Port Community and China's Foreign Policy in the 1880s."

找到鹤，他只能花重金从朝鲜购买。尽管西方矿师告诉他，以中国低效的古法采矿，已将地下上层能采者"罄竭无余"，但中国未开采者仍然多于外洋。薛福成仍然担心这些还不够。他在日记中问道："再到四五千年后，当有告罄之势，而外洋则必已先罄。彼时物产精华，中外并耗，又将如何？"①

相关的问题是中国不断增长的人口。与一个世纪前的著名学者洪亮吉（1746—1809）一样，薛福成将生活水平的下降归因于人口的激增。他的家乡无锡离洪所在的常州不远，薛福成记得家乡的长辈曾告诉他："乾隆中叶之盛，其时物产之丰，谋生之易，较之今日如在天上，再追溯康熙初年，物产之丰，谋生之易，则由乾隆年间视之，又如在天上焉。"这是为何呢？薛福成解释说，唯一的原因是，"以昔供一人之衣食，而今供二十人焉"。②尽管 19 世纪 50 和 60 年代的内战使人口锐减数千万，但在接下来的 20 年里，出生率再次猛增。西方入侵的影响使情况恶化，中国劳动力的价值下降至远低于外国劳动力的十分之一。当一个勤劳的人无法维持自己的生活时，他往往被迫成为乞丐、小偷，甚至成为亡命之徒或秘密会党的成员。

薛福成对中国人口和资源枯竭的关注，加上他的种族思想和对欧洲殖民主义的了解，促使他在更广泛的全球范围内寻求解决方案。③如果欧洲国家可以派遣本国国民去世界各地开拓殖民地，中国为什么不能这样做呢？

---

① 薛福成：《出使英法意比四国日记》，第 169 页。
② 薛福成：《出使英法意比四国日记》，第 298 页。
③ 薛福成：《出使英法意比四国日记》，第 299 页。

领事馆与殖民扩张

薛福成对外战略的最亮点，是利用领事扩张来建立一个成熟的殖民帝国。这个想法是用足够的军事力量来支撑清朝的领事馆，使其成为本国政府的前哨，有能力将主权扩展到海外。他找到了充足的历史事实来支持这一想法。《后汉书》讲述了光武帝在册封一位将军时曾这样说："王者有分土，无分民。"薛福成以此为例证明古代为在中国之外的其余地域安置本国民众而开辟了其他"一二中国之地"。①中国历代王朝历史记载也不乏有能力卓越的帝王扬中国之威风于域外。②秦始皇征服了南方的百粤，赶走了北方的匈奴。汉武帝的军队直抵戈壁，打败了中亚各国。唐太宗横扫突厥，直达印度。最令人印象深刻的是元太祖成吉思汗，他不仅吞并了整个亚洲，还把俄罗斯带了进来，到达了土耳其、意大利和德国。清朝统治者也曾一度试图开启殖民扩张，但却因缺乏远见而未能持续。康熙帝允许与南海贸易，以利用他们丰富的物产来补充国内的不足。但就连他也没有看到足够远的未来：

　　盖就市于洋，而收其入口之税，不若驻兵于洋，而收其出 216
　　口之税；多设舟师，以防奸宄之阑入，不若移兵镇守，以防外
　　患之潜萌。③

① 薛福成：《庸庵海外文编》，第729页。
② 薛福成：《出使英法意比四国日记》，第936页。
③ 薛福成：《出使英法意比四国日记》，第684页。

在每寸土地都被西方列强丈量与攻陷的现代，留给中国的唯一现实的道路就是设立领事馆。在国家力量和国际法的支持下，帝国的前哨可以提供必要的手段，使分散的海外华人重新成为忠诚的臣民，将他们的商业利益与清王朝的繁荣结合起来。薛福成认为，欧洲列强在殖民过程中通常遵循四个阶段：鼓励海外定居，部署海军和军队进行保护，利用商业政策吸引定居者，建立总督来管理殖民定居者。①同样，清政府的海外机构也应该对华人社群负责。正因为如此，薛福成一有机会就与华人领袖建立联系。陈金钟是一位新加坡富商，也是第三代移民，他几乎不会说中文。但当薛福成使团抵达新加坡时，陈恭敬地参观了薛的船，"自称不忘中国，日后有事极愿效力"。②薛福成对他大加赞扬，并在他的日记中记录："余颇奖励之，以备他日之用"。薛福成在与黄遵宪的通信与交流中，也更加全面丰富地了解海峡殖民地的华侨华人事务。

薛福成找到了三条可行的殖民扩张途径：一是通过军事行动占领边疆地区，二是保护中国在东南亚的商业利益，三是鼓励向澳大利亚和拉丁美洲移民。在边疆和周边地区，薛福成将注意力集中在滇缅边境。他派遣洋务委员姚文栋到云南，并在边境城镇腾越设立一个办事处，以便更快地和他的使馆进行通信往来。在给总理衙门的七封长信中，他催促兼并缅甸东北野人山的原始森林。薛福成确信，基于中南半岛绝大部分地区的民族概况，如果中国能够从英国和法国手中夺取该地，那么将其转变为中国殖民地就会很容易。

---

① 薛福成：《出使英法意比四国日记》，第 70、74、79 页。
② 薛福成：《出使英法意比四国日记》，第 79—81 页。

薛福成给总理衙门的信与他的西方同行在赤道非洲所写的内容遥相呼应。后者将非洲人描述为"亟待从奴隶贩子手中被解救出来，并期待得到欧洲列强的援助"。①在薛福成看来，中缅边境地区的土著居民需要从英法殖民者的压迫中拯救出来。在给总理衙门的 217 信中，他引用了姚文栋的旅程描述："前过野人境时，壶浆载道，妇孺争迎，野官负弩执鞭，咸有求庇之意，即远处树浆厂之头目，亦遣使奉书，自称本系汉民，愿仍隶汉。"②

东南亚则是另一个急需关注中国移民保护问题的重点地域。1884 年中法战争期间，两广总督张之洞曾提议由清朝的外交官鼓励海外华人捐资建设海军。③据他估计，海外移民每年向广东和福建汇入 2 000 万银元，这是缓解经济不可或缺的财政来源。为了支持他扩大领事事务的建议，张于 1886 年派遣了一个调查团到东南亚和大洋洲收集海外人口的资料。④返回的调查结果喜忧参半：考察团在英国殖民地发现了显赫、富裕的中国商人，同时也揭示了荷属东印度群岛中国苦力的苦难遭遇。根据考察团的调查结果，张之洞认为，仅东南亚移民捐款就可以维持一支现代化的海军。

这一提议引起了不小的反响，但总理衙门和李鸿章都不赞成。前者认为海军耗费甚巨，后者则不希望将其授给张之洞这样的对手。⑤1886 年，张之洞把调查结果告知给当时的驻英法公使曾纪泽，

---

① Bridges，"Exploration and Travel Outside Europe（1720—1914），" 65.
② 薛福成：《出使英法意比四国日记》，第 680 页。
③ 张之洞：《张之洞全集》第 1 卷，第 348—349 页。
④ 张之洞：《张之洞全集》第 1 卷，第 607—612 页。
⑤ Yen，Coolies and Mandarins，167.

希望对方能支持他的计划。1890 年春，当薛福成抵达他的伦敦办公室之时，他开始研究曾纪泽留下的文件，并将其中内容转抄到他的日记中。

伦敦公使馆的这些文件印证了薛福成在东南亚期间的印象，即华侨普遍渴望一个坚定自信的清王朝的存在。薛福成总结说，前往东南亚的华人，如槟榔屿、马六甲、柔佛、雪兰莪和霹雳州等地，已经控制了这些地区的商业要道。如果不为他们提供法律和军事保护，那将是一种莫大的遗憾。按照马格里的建议，他先发照会征求英国外交部的同意，即原则上中国有权在需要的地方设立领事馆，以管束其海外公民。与英国外交部"泛论通例"，使得对方无辞拒绝。① 在做好铺垫后，薛福成谨慎地向英国外交部提出了两件最为紧迫之事：一是将新加坡领事馆升级为覆盖整个海峡殖民地的总领馆，二是在香港设立领事馆。英国外交部迅速批准了设立总领馆的要求，但在香港领事馆问题上却含糊其词。薛福成任命黄遵宪为驻新加坡总领事，并计划将时任新加坡领事的左秉隆调至香港任职。

薛福成很清楚，即使中国成功地在东南亚建立了领事管辖权，也几乎不可能将中国的主权扩展到这些地方。他意识到，在东南亚保护中国人的最佳时机已经错过了。② 自 19 世纪 80 年代以来，英国人和荷兰人加强了对该地区的控制，并抓住一切机会损害华商利益，这使得未来建立领事馆变得更加困难。即便如此，正如薛福成在其所撰一篇名为《澳大利亚可自强说》的文章中所概述的那样，

① 薛福成：《出使英法意比四国日记》，第 214 页。
② 薛福成：《庸庵海外文编》，第 1303—1304 页。

中国还有其他选择。由于幅员辽阔，地处温带，澳大利亚的气候与中国、欧洲和美洲的气候差别不大，而且农业土壤肥沃（薛福成似乎没有意识到澳大利亚的大部分地区雨水少得可怜）。更重要的是，在澳大利亚的西方定居者"尚不甚多"，当地均为"昏蒙朴陋"之人，半数以上的农业、矿业和商业都牢牢地掌握在中国人手中，令西方人羡慕不已。薛福成以自信的语气结束了他的文章："澳洲如有自强之一日，其必华人之种也夫，其必华人之种也夫！"①

南美是另一个选择。薛福成注意到，巴西于 1888 年废除奴隶贸易后，咖啡种植园主渴望从中国雇佣替代劳工。1881 年的《中巴和好通商条约》为商业活动建立了法律基础，但并不涉及劳工问题。②1892 年，当巴西要求其驻法公使就雇佣华工进行谈判时，薛福成看到了一个更直接的解决人口压力的办法。巴西气候宜人，有大片未开发的土地，也没有严苛的反移民法。巴西煞费工夫，把他们的政策同过去的苦力贸易区别开来，承诺慷慨的报酬、自由和尊严，并鼓励男人带妻子来。③这些提议让薛福成满怀希望，认为这个国家可以成为中国过剩人口的第二家园。虽然巴西最需要的是劳工，但薛福成设想输出各行各业的华民来掌控重要的"利权"，包括工人、农民、矿工、商人。清政府还需要设立领事来保护和管理华工。我们"须与订专条"，薛福成说，"彼既招我华民，借以开

219

---

① 薛福成：《庸庵海外文编》，第 1307—1309 页。
② 王铁崖主编：《中外旧约章汇编》第 1 册，第 394—397 页。李鸿章曾试图为巴西华商争取治外法权，其中包括，规定在巴西犯法的中国商人只应由清朝官员审判。但这项条款被巴西拒绝了。见马建忠：《适可斋纪言纪行》，第 248—249 页。
③ 茅海建：《巴西招募华工与康有为移民巴西之初步考证》，第 7 页。

荒，功成之后，当始终优待，毋许如美国设法驱逐"。随着时间的推移，中国人将购买自己的土地，抚养自己的孩子和孙子。薛福成希望这些后代不会忘记中国，并继续向国内汇款。①在秘鲁、西班牙和美国等对华人定居变得警惕的国家，没有必要鼓励进一步的移民。那里的首要任务是设立领事馆，巩固现有的海外人口，使他们成为忠诚的臣民。②

1893年，薛福成在《请申明新章豁除旧禁以护商民摺》中，为光绪帝提出一个经营帝国的包容性构想。他指出，禁止移民的旧政策在当今已不适用：③

> 今者火轮舟车，无阻不通，瀛寰诸国，固已近如户庭，迩于几席，势不能闭关独治。且我圣朝煦育涵濡逾二百年，中国渐有人满之患，遂不得不导佣工以扩生计，开商路以阜财用，顺民志以联声气，张国势以尊体统。……民性何常，惟能安彼身家者，是趋是附。

220　　中国应该欢迎海外的人才回来，使之"联为指臂"，"早为之图，尚可收桑榆之效"。④薛福成要求朝廷公开宣布放弃旧规。督抚们要通过一切可能的渠道传播上谕。海外领事官在检查了中国移民的个人行为后，会给那些希望回国的人颁发护照。同时，他们还应

---

① 薛福成：《出使英法意比四国日记》，第299页。
② 薛福成：《出使英法意比四国日记》，第300页。
③ 薛福成：《请豁除旧禁招徕华民疏》，收入：《庸庵海外文编》，第1163—1172页。
④ 薛福成：《庸庵海外文编》，第1169页。

积极宣传中国的法律，防止移民非法化或过度西化。这些措施不仅可以弥合中国与外部世界的差距，还可以消除官民间的障碍。那些怀念故国的人会回家，小民们也不会掉以轻心地离开家乡。这就是"藏富于民"的秘诀。如果有灾难降临，清王朝可以指望得到他们的帮助。

朝廷公开认可"融中外之畛域"的政策，标志着泛华人团结时代的来临。这是华人身份从臣民到国民的无声转变。国民维系于一个想象中的"祖国"，这个祖国由乡愁、地方纽带、爱国心和共同文化习俗所构成的。薛福成奏摺的成功恰好遇到中国的甲午战败，两者在痛苦思索的士人中间发生了奇妙的反应。1895年秋，为《马关条约》深感屈辱的、一直与外交界保持定期通信的改革家康有为带着一个雄心勃勃的殖民巴西的计划来到北京。他的长远战略听起来与薛福成的相似，但他的愿景有明显的政治色彩。康有为希望在巴西建立一个新的中国，以防国内被列强占领。正如他对朋友陈炽所说的："君维持旧国，吾开辟新国！"[1]他把自己的想法写进了奏摺，并请求官员们代递给皇帝，但并没有得到多少支持。[2]

薛福成将清王朝转变为殖民帝国的想法，其灵感源自他对国际法如何成为帝国主义工具的观察：通过行使治外法权，为商人和劳工提供保护和特权。他希望儒家思想和家庭纽带的吸引力，加上清朝公使和领事提供的真正保护与道德改造，将这些海外社群转变为忠于清朝的殖民定居点。他通过综合不同来源的研究和建议，扩大 221

① Lo，Jung-pang，ed. *K'ang Yu-Wei：A Biography and a Symposium*，78.
② 茅海建：《巴西招募华工与康有为移民巴西之初步考证》，第11页。

了清帝国的概念，这些来源包括：各省督抚，如张之洞和李鸿章；他的外交官前任，如曾纪泽和黄遵宪；绅商和通商口岸知识分子，如王韬和郑观应，以及外国官员、各界精英与报纸。薛福成在伦敦和巴黎的使馆给了他一个独特的优势，不仅使之可以记录、整合这些信息，也为他提供了一个暂时防御政敌的庇护之所，使他能够将自己的想法告知他人、写成奏摺并进行宣传。

三年任期结束后，薛福成于 1894 年 4 月写信给家乡的一位朋友，告知他即将回国的消息："顷者东归有期，倘得与二三子泛漆湖，登可楼，椅槛而邀，迎山而笑……是则人生之至乐也。"①1890年，他刚到英国不久，他的家人就在家乡无锡建造了一座豪华的庄园，里面有宽敞的庭院、花园、藏书楼和一个人工湖。中央建筑群被授予"钦差第"的称号，正门上悬挂的匾额是光绪帝亲自题写的。他的孩子们急切地等着他回来，但薛福成却无法活着看到了。1894 年 7 月 21 日，离启程不满一月，薛福成突然发病，死在船上。

为半官方领域的写作

薛福成本人是一个藏书家，他的出版事业可以被看作是江南藏书家在太平天国战争之后追求经世之学和恢复私人藏书楼的共同努力的一部分。②1884 年，浙江宁绍道台的薛福成命幕僚钱恂对著名

① 薛福成：《庸庵海外文编》，第 1513 页。
② 王桂平：《清代江南藏书家刻书研究》，第 94—97、251 页。

的天一阁藏书楼的零散藏书进行编目，该藏书楼在太平天国时期遭受了巨大破坏。①薛福成的私人藏书楼因藏书众多和建筑宏伟而闻名无锡。即便当他身在国外时，其家族书坊"传经楼"也陆续刻印他的文书。

1892 年，薛福成出版了他的第一部外交著作《出使四国日记》，记录了他从 1890 年到 1891 年底的出使；第二部于 1894 年初出版。他的官方通信——十卷本的《出使公牍》，在他 1894 年去世几个月后付印。1895 年，他在回国前编辑的另一套全面的海外著述出版了。其中大部分首先由薛福成家的传经楼雕刻成木版，然后在 19 世纪 90 年代和 20 世纪由其他书局多次重印，其中很大一部分被收录在经世学和地理学参考书中。②上文所讨论的薛福成家关于外交、商战、行政改革、军事现代化、边防和殖民化的大部分思想，在 1892 年至 1903 年期间，至少八部半官方的《经世文编》中占有突出地位。③他的许多关于外交和洋务的古文也出现在地方和教会报纸上。④

以这种方式出版官方档案是不寻常的。他同时代的大多数人，按

222

---

① 薛福成：《天一阁见存书目》，光绪十五年无锡薛氏刻本。

② 黄树生：《薛福成著述版本考述》，《江南大学学报（人文社会科学版）》，2005 年第 1 期，第 36—40 页。

③ 这些编撰内容包括葛士濬《皇朝经世文编》（1892）、陈忠倚的《皇朝经世文编》（1898）、麦仲华的《皇朝经世文编》（1902）、邵之棠的《皇朝经世文编统编》（1901）、何良栋的《皇朝经世文编》（1902）、求是斋的《皇朝经世文编五编》（1902）、甘韩的《皇朝经世文编续集》（1902）、于宝轩的《皇朝经世文编》（1903）。

④ 《秦中书局汇报》，第 79—81 期；《益闻录》第 1059 期（1891），第 179—180 页；第 1062 期（1891），第 193—194 页；第 1125 期（1891），第 575 页；《万国公报》第 61 卷（1894），第 46 页。

照既定的惯例，给家人或学生留下指示，让他们在身后出版他们官方
文书的选集。在太平天国战后的重建中，经世论著的写作和出版获
得了突出地位，士人学者越来越多地在报刊上阐述他们的观点。①薛
福成是最早进入新的半公共领域的经世学家之一，在 19 世纪 70 年
代早期，他为《申报》的文学副刊撰写了散文和故事。②薛福成之所
以能成功地获得官方的认可，完全是因为他的文章在半官方的流通，
所以他下定决心要继续为公众写作。因此，出版他的官方书信和笔记，
成为一种获得进一步认可和帮助他人模仿其经世文论的方式。③

223　　薛福成有系统地出版官方文书，是从 1873 年至 1874 年他编纂
曾国藩奏摺开始，到 1884 年至 1885 年的中法战争。④作为负责浙
江沿海防御的道台，他起草了与战争有关的各种官方通信。在《浙
江筹防录》中，薛福成收录了他与各级官员的通信，包括他的战略
建议、军事命令、给法国外交官的信件和电报。如此重大的战争情
报文件很少由个体的官员披露，但薛福成认为这是帮助国家整顿武
备的必需。他在《浙江筹防录》的序言中写道："自念所居之地，
尤以联上下、化异同为职"，"故凡进言于中丞者，惧将吏之隐情有
不上达也，惧中丞之德之威，有未下究也。"⑤然后他继续列出所有

① Rankin，*Elite Activism and Political Transformation in China*，Chapters Three and Four；Janku，"Preparing the Ground for Revolutionary Discourse."
② 王珂：《薛福成年谱》，第 17 页。
③ 薛福成在 19 世纪 70 年代出版了两本薄书，其中包含如下建议：1875 年的《治平六策》和 1879 年的《筹洋刍议》。
④ 黄树生：《薛福成著述版本考述》，第 38 页。要了解中法战争时期浙江士绅的行动，可参见 Rankin，*Elite Activism and Political Transformation in China*，151—165。
⑤ 薛福成：《浙东筹防录》，第 2 页 a—2 页 b。

影响他的风格和措辞选择的问题：如何表达不同的意见而不致播下不和，如何介绍好的想法（尤其是他自己的想法）而听起来不至于傲慢，以及如何以坚定和礼貌的态度提出批评。在他看来，浙东保卫战的成功，是文武一心、上下辑睦的"文"成就。他希望这部书的编撰能成为自己未来事业的一面镜子，并为他人提供参考。①

次年，即1887年，他出版了《庸庵文集》，收录了他从政期间的奏摺、政论、书信、序跋文和其他杂件。他在文体上的选择是为了方便广泛的读者。为了帮助读者理解他的文献的现实意义，他在每一篇文章中都注明了写作日期。他为幕主所写的文字，则注明了首次出现时的名称。他的大多数文章采用标准化的地名和官方头衔，而不是专门的术语。在原本使用古文的地方，薛福成用最近的惯例代替，这样读者就会熟悉当时的法律和制度术语。对于欧洲国家名称，薛福成使用的是它们在条约和官方文书中出现的国名。为了帮助受教育程度较低的读者，他还在每句话后加了一个句号，这是采用并简化了科举考试文章的标记方式。他还添加了自己的评注，以帮助读者理解文章的目的和价值。② 224

因此，到1890年薛福成到海外任职时，他已经建立了一个习惯，即出版官方文件以教育公众，使之了解政府事务。在他的影响下，公使馆工作人员纷纷发表自己的文章、信件、研究成果和时政评论。薛福成的两位长期秘书钱恂和杨楷公布了1881年曾纪

---

① 薛福成：《浙东筹防录》，第3页 b—4页 a。
② 薛福成：《庸庵文编·凡例》，第1a—4页 b。

泽在圣彼得堡谈判的机密会议纪要、备忘录和信件，这些都是他们通过自己的渠道收集的。①他们还进行合作，以类似西方政府出版的方式，通过表格形式刊出外交和对外贸易的重要信息。到1894年，其中一些著作已经由地方政府机构重印，并补充了最新的资料。②

吴宗濂是另一位追随薛福成出书的门生。他是浙江人，毕业于同文馆，1885至1897年担任使馆翻译。回国之后，成为《经世报》的定期撰稿人。《经世报》是一份由活跃的改革派思想家章炳麟主编的存续时间较短的报纸。吴的贡献包括一系列致光绪帝的长信，其风格令人想起薛福成所写的上书。③1897至1898年，吴与薛福成以前的使馆医官赵元益合作，成立了一个专门翻译外国书籍的"译书公会"。④吴还出版了《随轺笔记四种》，记录他在1894至1897年间的经历。吴宗濂的文集与薛福成的风格非常相似，每卷都有一种文体，即与读者交流的方式：《纪程》（公使龚照瑗航程记录）、《纪事》（公使事务记录）、《纪闻》（新闻和传闻记录）和《纪游》（旅行记录）。⑤总而言之，19世纪90年代外交使团的积极行动和直言不讳，尤其是那些与薛福成使馆有关的人员，同此前二十年各位前任的沉默形成了鲜明对比。

---

① 曾纪泽：《金轺筹笔》，第2页。
② 钱恂：《中外交涉类表》，第197页。
③ 《经世报》，1897年第11期。
④ 邹振环：《薛福成与〈瀛寰志略续编〉》，第271—290页。值得注意的是，在薛福成主持使馆期间，两人曾一起翻译地理著作，作为薛福成努力延展徐继畬《瀛寰志略》事业的一部分。
⑤ 吴宗濂：《随轺笔记四种》。

在论述层面上，薛福成的著作在儒家精英中掀起了一股用古籍去为制度改革辩护的热潮。今文经学家廖平对于现代地理学源于西方地图学而不符合古典的世界观感到困扰。他从薛福成对邹衍九州学说的运用中获得了巨大的灵感。在薛福成思想的基础上，他将九大洲（欧洲、非洲、大洋洲、南美、北美、加拿大和俄罗斯）定位在一个网格上，形成了一个新的世界示意图，符合《禹贡》中以中国为中心的格局。为了使他的理论具有宇宙学意义，他在占星系统中为每个大陆分配了一个"分野"。①具有包罗万象的哲学传统的中国，注定要在"大同"时代统治世界。

经典与西方制度系统匹配的另一个杰出的继承者宋育仁，他是廖平的学生，也是才华横溢的今文家。得益于王闿运和张之洞的推荐，宋在 1894 年和 1895 年成为清驻英法使馆参赞。在宋的外交日志《采风记》及对应文章集《时务论》中，他详尽地挖掘了"五经"（尤其是《周礼》），以表明西方制度的方方面面即使不在形式上，也在精神上几乎与儒家经典相契合。②西方国家建设的关键方面，如设立股份公司、将税收与预算挂钩的财政制度、追求新的军事技术和君主立宪制，都被证明是符合《周官》的。③与薛福成相似，宋将中国国力的衰落归咎于秦统一后儒家学者对经典的误解。

225

---

① 关于薛福成对廖平的影响，参见廖平：《薛京卿出使四国日记一则》《书〈出使四国日记论"大九州"〉后》，见《廖平全集》第 10 卷，第 14—17、66—71页。关于廖平对于地球的新观念，参见廖平：《释"球"》，《廖平全集》第 10卷，第 72—78 页。

② 这两篇文章都收入王东杰、陈阳编：《中国近代思想家文库：宋育仁卷》。

③ 宋育仁：《时务论》，王东杰、陈阳编：《中国近代思想家文库：宋育仁卷》，第4、5、8 页。

宋在 1897 年出版《采风记》，并于次年献给光绪帝。不久之后，皇帝宣布进行变法。

将这些著作的出版仅仅归因于薛福成的影响是牵强的。但不可否认的是，他为 1895 年后的改革派提供了一个理论框架和示范。
226 在甲午战争前的十年里，一个半官方的通信网络逐渐出现，将外交使团与中央政府、官僚机构和国内读者联系起来。这种传播网络与甲午战争后舆论的爆发究竟有何关系，还有待考证。但我们应注意，不要把后者看作是战争的必然结果。公众对于参与外交事务的期望，实际上是由外交官和与出版业密切联系的知识分子所组成的联盟精心策划的结果。这种努力的另一个结果，是将"西学中源"说提升为解释西方及其与中国关系的新正统理论。这一理论为今文经学家们提供了一个舞台，使他们能够以熟知的一套话语和认知模式，发表自己主张论述，并以此作为振兴儒家经典的途径。

结　论

从 19 世纪 80 年代末和 90 年代初官员的视角来看，清政府在应对世界新秩序的能力方面取得了显著进步。中法战争扩大了官方的自强热情。当法国人没能从清政府那里得到赔款时，中国似乎不能再被随意欺负了。中国海防的重组和海军投射出实力。工业化步伐虽缓慢，但在自强的精英们看来，它的与日俱进却是无可置疑的。1889 年，年轻的光绪帝开始学习英语，师从张德彝。他还向总理衙门索要外交日志，其中包括斌椿、志刚、郭嵩焘和曾纪泽的出使日记，供自己阅读。①通商口岸的报纸向日益见多识广的内地读者传递有关西方的信息。就连对现实难以释怀的郭嵩焘也在1889年写道，士大夫"渐以醒寤，议论日平"。②

中国公使和领事在世界各地的不断增设似乎昭示着大清帝国作为一个新观念呼之欲出。为了在帝国主义时代生存下去，清政府必须成为一个殖民大国，能够协调政府政策与资本流动、商业阶层的利益以及海外外交官的关系。薛福成是一位白手起家的学者和战略家，他的非传统道路使他接触到清政府内外的各色士人。在数十年的国内外危机中，他担任督抚幕僚，在综合广泛的意见和利益方面，磨炼了文学和哲学技能。作为一名熟练的古文作家，薛福成发展了一种利用"文"来贯穿各种"信息流"的方法，同时能做到文书的等级分明和对象的团结一致。他对使节日记的改造减少了它带有的监管和审查功能，提升了它作为外国事务百科全书的效用。他倡导的外交官的角色远远超出了传统使节的角色：外交官不仅处理和传递信息，还就外交政策做出明智的决定，并与其他机构协调努力，以确保想法被理解和接受。

在甲午战争前的文化转型中，薛福成领导下的驻外使馆刻下了不可磨灭的印记。他们的成员在对经典的灵活和富有想象力的解释中拓展了一个悠久的传统。他们在前人的著作中进行广泛而深入的探索，并提出了无数实例来证明，西方所有值得模仿的内容都源自中国。通过将西方定位于中国的过去，薛福成和他的同仁们阐明，

---

① 谢俊美：《光绪皇帝的宫廷读书生活》，第25页。
② 郭嵩焘：《郭嵩焘诗文集》，第248页。

如果中国希望恢复昔日的辉煌，向西方学习是必要的。然而，他们对所谓的"传统学问"的尴尬拼凑表明，认识西方的方式正在发生深刻的变化。二十年前，郭嵩焘对西方的理解，是以依照"天道"在中西间的转移作为基础的，这个理解使其做出判断：西方"自西洋通商三十余年，乃似以其有道攻中国之无道"。这一结论虽承认了清朝和中华文明黯淡无光的未来前景，尽管如此，它仍然认为中国的传统历史模式是做出这一判断的充分依据。相比之下，虽然薛福成同意郭嵩焘对西方的许多事实观察，但他摒弃了"道"的伦理道德束缚，并将其等同于物竞天择说和种族理论。他对西学中源说的扩展将在 19 世纪 90 年代后期被今文家进一步利用，以证明他们在 20 世纪初激进的改革建议和重新发明"中国性"之合理。

结 论

对中国知识分子的兴趣不能仅停留在他们在某些预先建立的社会历史体系中的角色之上。必须从根本上对他们所处的环境，以及他们的思想、激情是如何与他们所处的环境相关联的感兴趣。①

——本杰明·史华慈

现实不是既定的，不是独立于语言的人类存在，语言也不是现实苍白的折射。现实是由传播而产生的存在，是由传播创造的——简而言之，是通过对符号形式的建构、理解与运用而创造的。②

——詹姆斯·凯瑞（James Carey）

---

① Schwartz, "The Limits of 'Tradition versus Modernity' as Categories of Explanation," 79.
② Carey, "A Cultural Approach to Communication," 25. 中文版见詹姆斯·凯瑞：《作为文化的传播："媒介与社会"论文集》，第24页。

　　这本书的初衷，是想厘清清朝官员在 1860—1890 年代是怎样记录西方，以及其各式书面文字的特点，但当我追寻这些外交官—旅行者们踪迹和笔迹，明显感到所谓的"西方"并不是一个既定的可以揭示的明确实体，而是在文字生成与传递中反复被建构、内化和想象的产物。

　　作为研究跨文化相遇的历史学者，我们赖以生存的一手资料本身，是存在于不同的传播媒介中的，而这些媒介对于塑造信息的作用，常常是细微且让人难以捉摸的。我们也许可以想象出使官员目光里的诧异、好奇或不以为然，但是这些转瞬即逝的主观观感，是否能和他们留传下来的文本之间完全画等号？这些文本是如何将主观印象转化为话语，文字一旦离开作者笔下，成为可以传播和扩散的文本，这个过程是如何被不同的读者群运用的，都是可以琢磨的问题。有些研究晚清外交官是如何"睁眼看世界"类型的著作，先设往往是国人未走出国门之前，眼睛是闭上的，头脑是封闭的，出了国睁开眼看到才知道世界是怎么一回事。这229 种"宏大叙事"往往把复杂的问题简单化了。正如史华慈提醒我们的那样，人们对不断变化的个人、政治和知识环境的反应是不同的，对自己的文本作品也有不同的定位。作为与文人同行交往的文学表现，作为愉悦公众的文字作品，作为私人日记的延续，作为向总理衙门提交的报告，或者是传播外交信息的手段，都各自存在于不同的信息流中，被不同的媒介所塑造。中国公使和外交官在这三十年中，搜集信息的方式是依赖于各种文学传统提供的空间，这与英国领事馆与中国海关用数据和标准化制表搜集情报的方式不同。①当我们研究晚清外交官的书面文字时，如果没有对这种关系的认识，就有可能将复杂的问题简化为二分法——对西方的接受和赞扬被看作为客观进步的，而对西方的批评往往被看作是无知守旧的表现。

只有当我们将个体故事置于政治、文化和知识形态变化的大背景中，将跨文化相遇做历史化的处理时，才能看到国人对于西方的多样性的诠释，对还原历史本身有多么重要。正如凯瑞所说，认知到我们对现实的感知是如何被传播实践形塑的，可以帮助我们让文本以新的方式说话。②本书关心的不仅仅是文本的内容，还有围绕其生成及流通的实践，并以此提出新的问题，比如不同版本之间的差异能否告诉我们一些大众对于文本的接受程度、政治时局及意识形态的变化，或市场状况的信息？当作者灵活地改变体裁，或者采用一种新的信息分类方式时，他们的初衷是什么？为什么出使日记这一传统的文体在这三十年中出现如此之大的变化？当"使西"这一制度越趋成熟，使团成员的日记里的信息则越趋琐碎、常规、隐秘，这意味着外交信息制度经历了怎样的转变？

另一种叙事的尝试

230

当今很少有学者会用"中国对西方的回应"来描述他们的研

---

①　See Hevia，*The Imperial Security State*，53—72；Van de Ven，*Breaking with the Past*，75—82.

②　更多关于如何将传播观点融入历史研究的内容，可参见 Zelizer，*Explorations in Communication and History*。

究。正如柯文（Paul Cohen）在 30 多年前解释的那样，这个框架的问题在于它"夸大了西方的作用，或者更微妙地通过误解这一作用来扭曲中国历史。"①从那时起，美国学界里对于中国近代史的研究一直在不断拓展，但对于清朝的外交和对西方的观念在很大程度上被抛在了后面。如果依柯文所说，鸦片战争后的几十年里，如果西方不是简单地"冲击"，中国也不是简单地"回应"，那么人们是如何构想西方，以及中国在世界上的地位的？

本书试图重新定位这一叙事，并将总理衙门看作获取信息的主动方。从 19 世纪 60 年代开始，总理衙门的主政者首次明确指出了关于西方文献的缺陷。作品要么包含太多事实错误，要么因为出处可疑而"夸大其词"。问题不仅仅是缺乏信息或获取信息的意愿，而是如何将有用的知识整合到现有的信息秩序中。对世界地理最准确的记述——徐继畬的《瀛寰志略》，过度依赖于西人的话语，没有提供具体的防御思路。

最初的以使团形式搜集情报的尝试，是由旗人官僚承担的，产生了许多种类不一、模糊不清的快照。总的来说，这些早期的描述揭示了诠释西方有许多不同的可能性，和早期使西者所面临的巨大挑战。由于文本先例的匮乏，新兴外交机构的人员拿不定主意如何将自己的文字整合到已有的信息框架之中。当斌椿被要求记录他的旅程时，他既不确定它的形式也不确定它的目的，所以他用多种方式记录他的信息：他模仿传统的出使写作，并以诗歌的形式把西方国家描绘成儒家风格的朝贡国，同时也模仿传统的出使日记，以及

---

① Cohen, *Discovering History in China*, 1.

徐继畲的《瀛寰志略》，在不同的文学惯例之间转换形式，这种体例之间的矛盾和不确定感，其实正说明了斌椿以及总理衙门对于出使概念的模糊不清。当然，以这种方式收集的信息，对决策者不可能有太大帮助。正如李鸿章所指出的那样，它的主要弱点在于"笔墨楚楚，未可厚非"，"绝无崖略，仅类游记耳"。

常驻使馆的建立扩大了现有的世界信息渠道，开启了中国从古典朝贡模式向殖民帝国的话语转型。然而，在这一时期的大部分时间里，中央缺乏有效领导，大大削弱了使馆的外交决策和办事效率。正如郭嵩焘的经历表明的那样，对清王朝失去信心的汉族官员可以利用他们在欧洲的观察来证明西方文明的优越性，这不仅仅是"礼失求诸野"，而是对儒家"三代"理念自身的怀疑。事实证明，郭嵩焘之后的外交官并没有选择他的思路，而是思考如何将外界的信息经过整合重塑以确保其政治正确性，既能反映中国面临的巨大挑战，以及所需的体制上的变革，又能增强国人对传统文化的信心。

到19世纪80年代初，是定期邮轮和电报作为主要信息载体的时代，信息的传递变得更加及时与便捷。新信息技术的采用，使外交机构能够在多个方面进行协调和合作，以保持半连贯的外交战略。同时，由于简化的通信系统和编码电报为远距离机构之间传递信息提供了一定程度的效率和安全性，出使日记作为一种帝国控制和信息收集技术的地位大大下降。从1879年到1887年——这段时间被一些人认为是清朝外交的最佳时期——官方或私人都没有出版任何一位高级外交官的主要行记。

这些技术和制度创新，导致了詹姆斯·凯瑞笔下两种"传播"意义之间的不对称。凯瑞从杜威的著作中得到灵感，阐述了两种不同的"传播"概念：一种是信息在物理和运输方面的传递，另一种为信息的"仪式观"。后者的作用并不是"智力信息的传递，而是建构并维系一个有秩序、有意义、能够用来支配和容纳人类行为的文化世界"。①当公使以格式化的电报直接与总理衙门之间传递信息，而不再重视出使日记时，信息的物理传递变得更加便捷，但同时官方文献中可以维系传统想象的"仪式性"的传播变得渐渐匮乏。同时，外交官的选拔和晋升并未注重专业训练，不规范的选拔方式导致了外交官员的良莠不齐，没有一套正规的官方"话语"和符号体系，能够维持并且建构一个有意义、有秩序的世界观。

　　直到 1900 年庚子之乱后，迫于列强的压力，总理衙门更名为外务部，外交官的选拔和培训才开始规范化。②虽然中国在外交选拔制度方面行动较晚，但在信息领域，特别是外交文书的传播方式，1860 年代到 1890 年代发生了重大变化。之前清政府认为国外的信息对国内大众过于敏感，因此一直将它与公众视野隔开，这堵信息上的墙虽然千疮百孔，但仍起到了不小的信息屏障作用。在这232 三十年间，以驻外公使馆为中心，一个信息网络被建构起来，将清廷和总理衙门与海外机构、新媒体的读者群和世界各地的华人社区联系起来。虽然这个信息网络没有很好地整合，但这种新的信息秩序使外交事务和外交政策变得透明，对新出现的士绅—商业阶层和广大阅读大众来说，比以往任何时候都更加易获与易懂。

　　这些变化并不是自然而然的，更不是历史的必然，而是许多外

---

① 　凯瑞：《作为文化的传播："媒介与社会"论文集》，第 17 页。
② 　蔡振丰：《晚清外务部之研究》；李文杰：《中国近代外交官群体的形成（1861—1911）》。

交官员共同努力并反复挫败的结果。在某种特殊意义上，本书中的前四位外交官，斌椿、志刚、张德彝和郭嵩焘，可以看作是情报收集和信息整合不大成功的各种案例。由于出使性质尚模糊不清，每个人都以不同的方式扮演着他们认同的角色，信息的采集并不系统化，而以个人"叙事"的形式出现，如故事、轶闻、经验教训。

能够将多种异质的文化资源重塑成一种新的正统思想，来自薛福成的"西学中源说"。其目的是使清朝外交官和信息提供者收集的大量信息成型并达成内在理念的一致。任何对西方制度、学术、社会、文化，甚至历史轨迹的积极观察，都会重申某种中国事物的优越性。这种学说也许在我们看来相当不靠谱，甚至有些妄想症的偏执，但它毕竟标致了一个转折，使富有想象力的今文经学派加入改革之中，并为接下来十年信息收集的系统化和标准化铺平了道路。

清朝外交官的观察对当下的提示

在本书考察的 30 年中，旅行者所访问的所有社会都在经历剧变。到了 19 世纪 80 年代，20 年前英国政策中的合作精神已被新的帝国主义野心所淹没。1868 年《蒲安臣条约》（*Burlingame Treaty*）所代表的善意，在很大程度上已被 1882 年的《排华法案》（*Chinese Exclusion Act*）所废除。在 19 世纪 60 和 70 年代，丁韪良、郭嵩焘和他的湖南士绅朋友从周礼和儒家道德观念的角度解释了国际法。到了 19 世纪 80 与 90 年代，较专业的清朝外交官仅仅将这些概念视为外交谈判中的论辩工具。

清朝外交官与西方所保持的不近不远的"临界距离",往往使他们能够注意到西方社会中被西方人自己忽视或轻视的问题。同文馆的学生凤仪(字夔九)对工厂使用童工的关注表明,即使是最年轻的清朝外交官也可以一目了然地看出资本主义与工业化已经带来的社会问题。张德彝对西方裹胸和中国缠足的比较,即使从我们现代人的角度来看,也显得独特而深刻。薛福成对资源枯竭、环境危机和军备竞赛危险的悲观并非杞人忧天,这些担忧将继续困扰着中国和西方的后辈。

1894年至1895年的甲午战争,对中下层官员来说是一个机会时刻。战争期间的混乱、缺乏连贯的战略,让他们可以绕过指挥链,自行探索各种可能性。对于像宋育仁这样的中层官员来说,清政府的海外结构只不过是其僵化的国内官僚机构的延伸,腐败的官员出于恐惧和自私,牺牲了中国的利益。王之春和宋育仁曾试图联合智利舰队偷袭长崎。这场战争也为他们对西方列强(及日本)的概念化提供了一个新的视角,他们把战时的需求和应急能力作为新的标准来衡量国力。甲午期间,他们对报纸、工厂和学校等西方机构的评价,往往是根据它们如何使国家在战争时期调动资源、资金、军队和民众支持来评估的。

1894年以前,将近一半的驻外公使与李鸿章有政治关系。清王朝的战败使李沦落为赴日议约与赴俄特使。就像他在面对媒体对其出使报道时自嘲的那样:"投老远行,供人描画,一何可笑!"①随着李在政治上的衰亡,1895年后的外交领域成为总理衙门、各

---

① 李鸿章:《李鸿章全集》第36卷,第109页。

省督抚和现有外交官之间竞争的舞台。①1895 年后的外交官中很少
有像郭嵩焘、曾纪泽和薛福成这些前辈那样具有宽广的视野。在接 234
下来的十年里，外交官渐渐退出西方信息采集的舞台，往返日本的
学生和知识分子带来了西方和日本在政治理论、经济学、社会科
学、法律和哲学方面的著作译本。

在这个过程中，改变的不仅是可获得的信息的数量或类型，还
有信息的传递和翻译方式。汉化词汇的变化带来了新的意义综合
体，新的解释空间，以及将传统视为有限和无用的新态度。戊戌之
后，康有为在欧洲游记中，已经开始用翻译过来的西方历史术语来
形容中国历史的模式。②20 世纪，随着社会达尔文主义和线性历史
观的引入，很少有人还会在西方寻找上古三代的遗迹。1895 年，
严复翻译了赫伯特·斯宾塞的著作，并引入"群"一词，这标志着
人们对西方的理解发生了决定性的变化。群论作为社会组织原则的
采纳，在立宪派中迅速传播开来，并有了自己的生命力。③群是进
化斗争中的一个单位，是一个"由自发的社会纪律的习惯维系在一
起"的社会，是一个个人的集合体，以最大限度地发挥他们的能量
和潜力。④

二十世纪之交，西方和中国之间的差异开始被理解为"新旧"
之争，而革命开始看起来像是一条可行的捷径，可以加快速度跨越

---

① 参见李文杰：《晚清驻外公使的保举与选任》。
② 在 1905 年和 1906 年的欧洲之行中，康有为对中国和西方制度进行了系列历史
分析，并将西方作为衡量中国制度演变的标准框架。见康有为：《欧洲十一国游
记三种》。
③ 陈旭麓：《戊戌时期维新派的社会观——群学》，第 162 页。
④ Schwartz, *In Search of Wealth and Power*, 74.

西方国家所经历的历史进程。①张德彝在 1869 年观察到"英人分为
两类，一曰喜新，一曰遵古。喜新者见异思迁⋯⋯遵古者率由旧
章。"而三十年后，严复写道："中之人好古而忽今，西之人力今以
胜古。"1895 年以前的外交官以中国的朝代来为各国的历史"断
代"，但康有为的世界史则是一部以西方政治制度演变为纲的线性
235 历史。②在戊戌变法失败后的几年里，梁启超等知识分子巧妙地借
用了日本政治思想的概念，并以日文的汉化词汇开始构建他们所理
解的民族国家的基本组成部分。

　　人们往往将甲午战争视为中国近代史的一个分水岭，但重视甲
午的同时，往往忽视了许多更加细微的变迁。战争后的舆论爆发，
与精英阶层对外交政策参与的期望，以及阅读新闻媒体的读者群对
于西方的了解是相辅相成的。在这三十年中，外交官员们以不同方
式为 1895 年后认知转变铺平了道路，通过将西方融入中国经典来
将其概念化，从中国文明的角度建立了一套能够诠释西方的话语。
这一话语扩大了中国文化的普适性，将西方作为本土文化的一部分
使之予以接受。但这样做也是有代价的。当本土的思想资源被过度
碎片化以拼凑成兼容并收的"中国文化"，它也渐渐失去了它原有
的鲜活和张力。正如列文森所说："任何观念，如果只是基于特殊
意义上的迫切需要而被认为'它必须是真的'，而不是基于确定无
疑的一般性，确信'它就是真的'，它便不可能继续存在了。"③如
此东拼西凑下的"中源"，实则使"传统"成为标致中国作为民族

---

① Hu, "Historical Time Pressure," 334.
② Chang, "Intellectual Change and the Reform Movement，1890—1989," 288.
③ 约瑟夫·列文森著，刘文楠译：《儒家中国及现代命运：三部曲》。

国家的文化特征。二十世纪初知识分子看到的儒家的思想史，往往与西方人对东方的概念化相差无几，激进者将本土思想资源全盘否认，即使是对传统文化有依恋的守旧者们，也仅仅将其视为国家的文化遗产和民族认同的源泉。从这个意义上，重新认识1860—1890年代晚清士人对西方理解的多样化和灵活性，也能够给我们现今对于中西文化的比较带来新的启示。

一、志刚《初使泰西记》《初使泰西纪要》
记觐见美总统段落之差异

《初使泰西记》（1877）	《初使泰西纪要》（1890）
同治七年闰四月十六日　蒲使等公同往谒伯理喜顿（译言总统领也）。午刻，先至其外部公署，随同华大臣至其所居之处，俗谓"白房"，因周砌白石也。先至其中间圆屋以俟同有大臣数人，仍由华大臣导引。伯理喜顿朱文逊至圆屋中间，南向立，蒲使执所拟面陈之洋语。述毕，华大臣即执伯理喜顿所拟之洋文向蒲使代述毕，即将国书递与伯理喜顿亲接展视，仍交华大臣卷起。旋由华大臣挨次指引谒见，伯理喜顿逐一执手问好。	蒲使偕同志使、孙氏、柏协理、德协理及学生往其白房公所，亲递国书。先至外部，同华大臣至大公所，俗谓"白房"，乃白石所建也。进至圆屋，有数洋官在。由华大人先入，复出，同至原堂。蒲使在前，志使孙使雁行立，协理等在后。柏协理于至其外部时，赍回国书，即由蒲使亲递于伯里喜顿专逊亲接。讫，仍将国书展示。惟西洋礼节，使臣必有颂祷之辞，当面陈述，然后行亲递之。礼毕，华尔特接收，旋由华尔特一一指引谒见，自蒲使以次，至于协理学生等，无不由伯里喜顿逐一执手问好为仪。

二、仅见《初使泰西纪要》不见于《初使泰西记》的句子   237

1	卷1，6a—6b	论船厂：由是而之焉，富强易耳，第恐高明者鄙薄之，以为不足为，浅近者惊骇之，以为不能为，将何以支时局也？晁错所谓"卒服习器用利"者，自古为然，而以语麻木不仁、痛痒不知者，未必不以为辞之费也。
2	卷1，13a	论船厂：夫欲有大用，必须有大器，又必须有大于大器者，以成就之，而后得其用。若不有此大槽，何以造大船，周行大地而得乘风破浪之用哉？
3	卷1，18a	论历史上的中西交往：自唐通中国，即呼唐人，犹之自汉通中国者，即呼中国为汉人也。
4	卷1，19b—20a	论友谊：何意管鲍之风不限于异域有如此哉？夫西人尚信，固为休风，然以货财交涉，虽父子亦必互存手据，非好信不好学者欤？
5	卷1，24a	论外交官的公开社交：若郭开、后胜之辈厕乎其间，岂不殆哉？使乎之选难矣。
6	卷1，25	向美国总统约翰逊递交国书后随记：西国不讳名，故美国总统领"专逊"之名国人皆通呼之，其意盖以人之有名，皆欲其彰，果能称名于天下万世者，必非常人，因思讳名之典，始于中古，特为子孙自敬其先人，非欲其祖父之名没而无称也。故《记》有诗书不讳、临文不讳，及二名不偏讳、嫌名不讳之说，西国不讳，亦犹行古之道欤？
7	卷1，33b—34a	关于翻译《蒲安臣条约》的说明：因思四裔结字之形不一，西洋、印度、唐古特、回部皆蔓延缭绕而横行，即满蒙书自左而右而直行，详绎其义，厥初必有所由昉，乃悟上古结绳而治，与四裔之字形其蔓延缭绕，总归结绳之象。……而后知上古之风犹有不泯者焉。

8	卷 2，7b—8a	参观剑桥天文台后对思考中国占卜之学。
9	卷 2，9a	参观机器化纺织厂：通商一事，其势何可遏哉？若使西法通行于中国，则西人困矣。
10	卷 2，26a	在与英国、蒲安臣商议修约之后：办洋务者未悉约外要求，本非各国家所准之事。……试思条约所不载者，正无穷尽，若皆准行，又何所据以办交涉之事乎？华人不察，率为所欺则过矣。
11	卷 2，35a—b	他想知道为何拿破仑三世下令让在华法国人守中国法律，为何法国传教士仍然无法无天：若华官果能洁己爱民，明其政教，西人亦未必显违本国之意旨而扰乱中国。

征引文献

一、中文论著

1.《筹办夷务始末·同治朝》，北京：中华书局，2008 年。

2.《崔氏春秋经解》，《钦定四库全书》148。

3.《钦定四库全书》，上海：上海古籍出版社，1987 年。

4.《清季外交史料》，北平：外交史料编纂处，1935 年。

5.《清末民初出使外洋外务密档》，北京：全国图书馆文献缩微复制中心，2009 年。

6.《清史列传》，北京：中华书局，1987 年。

7.《续修四库全书》，上海：上海古籍出版社，2002 年。

8.《宣和乙巳奉使金国行程录》，《全宋笔记》第 4 编第 8 卷，郑州：大象出版社，
   2003 年，第 5—18 页。

9.《周礼·仪礼》，沈阳：辽宁教育出版社，1997 年。

10.《驻德使馆档案钞》，台北：学生书局，1966 年。

11. 斌椿：《乘槎笔记》，北京琉璃厂二酉堂，1868 年。

12. 斌椿著，重野安绎校，大槻诚之训点：《乘槎笔记》，东京：袋屋龟次郎，1872 年。

13. 斌椿：《乘槎笔记》，北京琉璃厂琳琅阁，1882 年。

14. 斌椿：《乘槎笔记》，文宝堂，1868 年。

15. 斌椿：《海国胜游草》，《续修四库全书》1532 年，第 207—222 页。

16. 斌椿：《海国胜游草》，长沙：岳麓书社，1985 年。

17. 斌椿：《天外归帆草》，《续修四库全书》1532 年，第 222—233 页。

18. 斌椿：《天外归帆草》，长沙：岳麓书社，1985 年。

19. 蔡振丰：《晚清外务部之研究》，台北：致知学术出版社，2014 年。

20. 陈德培、林永俣、孟彭兴：《林则徐〈洋事杂录〉》《中山大学学报》1986 年第 3 期，第 14—34 页。

21. 陈康祺：《郎潜纪闻四笔》，北京：中华书局，1990 年。

22. 陈兰彬：《使美纪略》，《近代中国》第 17 辑（2007 年），第 369—418 页。

23. 陈霞飞编：《中国海关密档：赫德、金登干函电汇编（1874—1877）》，北京：中华书局，1990 年。

24. 陈旭麓：《戊戌时期维新派的社会观——群学》，《近代史研究》1984 年第 2 期，第 161—175 页。

25. 陈育崧：《甲午前夕北洋水师访问新加坡记》，《天马杂志》1966 年第 2 期，第 8—10 页。

26. 陈忠倚：《皇朝经世文三编》，台北：文海出版社影印，1972 年。

27. 陈左高：《历代日记丛谈》，上海：上海画报出版社，2004 年。

28. 崇厚：《使法日记》，手稿本。

29. 崔国因：《出使美日秘日记》，合肥：黄山书社，1988 年。

30. 崔子方：《春秋本例》，《钦定四库全书》148。

31. 戴东阳：《晚清驻日使团与甲午战前的中日关系（1876—1894）》，北京：社会科学文献出版社，2012 年。

32. 丁凤麟：《薛福成评传》，南京：南京大学出版社，2011 年。

33. 丁日昌：《持静斋书目》，上海：上海古籍出版社，2008 年。

34. 董恂：《随轺载笔六种》，1851 年。

35. 杜慧月：《明代文臣出使朝鲜与皇华集》，北京：人民出版社，2010 年。

36. 段志强：《顾祠：顾炎武与晚清士人政治人格的重塑》，上海：复旦大学出版社，

2015 年。

37. 恩华：《八旗艺文编目》，北平，1941 年。

38. 樊守义：《身见录》，收入阎宗临：《中西交通史》，桂林：广西师范大学出版社，
    2007 年。

39. 方浚师：《蕉轩随录续录》，北京：中华书局，1997 年。

40. 方闻：《清徐松龛先生继畬年谱》，台北：商务印书馆，1982 年。

41. 冯桂芬：《校邠庐抗议》，台北：文海出版社，1966 年。

42. 甘韩：《皇朝经世文新编续集》，台北：文海出版社影印，1972 年。

43. 葛士浚：《皇朝经世文续编》，台北：文海出版社影印，1972 年。

44. 故宫博物院明清档案部、福建师范大学历史系编：《清季中外使领年表》，北京：
    中华书局，1985 年。

45. 顾廷龙编：《清代朱卷集成》，台北：成文出版社，1992 年。

46. 郭嘉辉：《明代"行人"于外交体制上的作用：以"壬辰倭祸（1592—1598）"
    两次宣谕为例》，《中国学报》第 70 期（2014 年），第 319—343 页。

47. 郭嵩焘：《郭嵩焘全集》，长沙：岳麓书社，2012 年。

48. 郭嵩焘：《郭嵩焘日记》，长沙：湖南人民出版社，1981 年。

49. 郭嵩焘：《郭嵩焘诗文集》，长沙：岳麓书社，1984 年。

50. 郭嵩焘：《郭嵩焘奏稿》，长沙：岳麓书社，1983 年。

51. 郭嵩焘：《近代中国史事日志》，北京：中华书局，1987 年。

52. 郭嵩焘：《伦敦与巴黎日记》，长沙：岳麓书社，1984 年。

53. 郭嵩焘：《玉池老人自述》，《续修四库全书》552。

54. 郭廷以：《郭嵩焘先生年谱》，台北："中研院"近史所，1971 年。

55. 何良栋：《皇朝经世文四编》，上海：上海书局，1902 年。

56. 何秋涛：《朔方备乘》，台北：文海出版社，1972 年。

57. 洪钧：《洪钧使欧奏稿》，中国社科院近代史研究所编：《近代史资料》第 68 号，北京：中国社会科学出版社，1988 年，第 1—18 页。

58. 洪钧：《洪钧致薛福成札五通》，《东南文化》1986 年第 2 期，第 157—161 页。

59. 洪钧：《元史译文证补》，上海：上海古籍出版社，2002 年。

60. 胡晓真：《旅游、猎奇与考古："滇黔土司礼记"中的礼学世界》，《中国文史哲研究集刊》第 29 卷，2006 年，第 47—83 页。

61. 黄楙材：《西輶日记》，北京：学苑出版社，2006 年。

62. 黄树生：《薛福成著述版本考述》，《江南大学大学》（人文社会科学版），2005 年第 1 期，第 36—41 页。

63. 惠顿（Wheaton Henry）：《万国公法》，上海：上海书店出版社，2002 年。

64. 纪昀、永瑢编：《四库全书总目提要》，上海：商务印书馆，1933 年。

65. 江苏省政协文史资料委员会：《太湖望族》，南京：江苏文史资料编辑部，2000 年。

66. 康有为：《欧洲十一国游记三种》，长沙：岳麓书社，1985 年。

67. 黎庶昌：《拙尊园丛稿》，台北：文海出版社，1966 年。

68. 李慈铭：《越缦堂读书记》，北京：商务印书馆，1963 年。

69. 李慈铭：《越缦堂日记》，扬州：广陵书社，2004 年。

70. 李恩涵：《曾纪泽的外交》，台北："中研院"近史所，1966 年。

71. 李凤苞：《使德日记》，上海：商务印书馆，1936 年。

72. 李圭：《环游地球新录》，善成堂藏板，1877 年。

73. 李鸿章著，顾廷龙、戴逸编：《李鸿章全集》，合肥：安徽教育出版社，2008 年。

74. 李穆南：《军事宝典》，北京：环境科学出版社，2006 年。

75. 李文杰：《论总理衙门的保奖制度》，《社会科学战线》2011 年第 8 期，第 94—103 页。

76. 李文杰:《晚清驻外参赞研究》,《历史档案》2015 年第 1 期,第 91—98 页。

77. 李文杰:《晚清驻外公使的保举与选任》,《清华学报》新 43 卷,2012 年,第
    171—216 页。

78. 李文杰:《中国近代外交官群体的形成(1861—1911)》,北京:生活·读书·
    新知三联书店,2016 年。

79. 梁启超:《清代学术概论》,北京:人民出版社,2008 年。

80. 梁启超:《五十年中国进化概论》,《梁启超全集》第 7 卷,北京:北京出版社,
    1999 年,第 4028—4032 页。

81. 梁廷枏:《海国四说》,北京:中华书局,1993 年。

82. 廖平:《廖平全集》,上海:上海古籍出版社,2015 年。

83. 列文森著,刘文楠译:《儒家中国及其现代命运:三部曲》,香港:香港中文大
    学出版社,2023 年。

84. 林昌彝:《海天琴思录·海天琴思续录》,上海:上海古籍出版社,1988 年。

85. 林学忠:《从万国公法到公法外交:晚清国际法的传入、诠释与应用》,上海:
    上海古籍出版社,2009 年。

86. 林则徐:《四洲志》,北京:华夏出版社,2002 年。

87. 林针:《西海纪游考》,长沙:岳麓书社,1985 年。

88. 刘贯文:《徐继畬论考》,太原:山西高校联合出版社,1995 年。

89. 刘广京:《近世、自强、新兴企业:中国现代化的开始》,收入"中研院"近史
    所编:《清季自强运动研究会论文集》,台北:"中研院"近史所,1998 年,第
    1121—1133 页。

90. 刘锦藻:《清朝续文献通考》,上海:商务印书馆,1936 年。

91. 刘锡鸿:《刘光禄遗稿》,台北:文海出版社,1988 年。

92. 刘锡鸿:《英轺私记》,长沙:岳麓书社,1986 年。

93. 马建忠：《适可斋纪言纪行》，台北：文海出版社，1968 年。

94. 麦仲华：《皇朝经世文新编》，上海：上海日新社，1901 年。

95. 毛祥麟：《墨余录》，上海：上海古籍出版社，1985 年。

96. 茅海建：《巴西招募华工与康有为移民巴西计划之初步考证》，《史林》2007 年第 5 期，第 1—18 页。

97. 潘光哲：《晚清士人的西学阅读史》，台北："中研院"近史所，2014 年。

98. 潘光哲：《张自牧论著考释札记：附论深化晚清思想史研究的一点思考》，《新史学》第 11 卷第 4 期，第 105—121 页。

99. 潘光哲：《追寻晚清中国"民主想象"的历史轨迹》，收入刘青峰、岑国良编：《自由主义与中国近代传统：中国近现代思想的演变研究会论文集》上册，香港：香港中文大学出版社，2002 年，第 131—164 页。

100. 钱良择：《出塞纪略》，北京：中华书局，1991 年。

101. 钱钟书：《汉译第一首英语诗"人生颂"及其有关二三事》，《国外文学》1982 年第 1 期，第 1—24 页。

102. 求是斋：《皇朝经世文五编》，宜今室刊本，1902 年。

103. 权赫秀：《晚清中国与西班牙关系的一部罕见史料：蔡钧著〈出洋琐记〉韩国藏本及其内容评价》，《社会科学研究》2012 年第 3 期，第 154—162 页。

104. 全汉昇：《清末的"西学源出中国说"》，《岭南学报》第 4 卷第 2 期，第 57—102 页。

105. 邵之棠：《皇朝经世文统编》，上海：宝善斋，1901 年。

106. 沈云龙：《近代外交人物论评》，台北：传记文学出版社，1981 年。

107. 沈云龙：《近代中国史料丛刊续编》，台北：文海出版社，1974 年。

108. 施吉瑞、孙洛丹：《金山三年苦：黄遵宪使美研究的新材料》，《中山大学学报》2016 年第 1 期，第 48—63 页。

109. 史策先：《梦余偶钞》，1865 年。

110. 司马迁：《史记》，北京：中华书局，2011 年。

111. 宋育仁：《借筹记》，抄本。

112. 苏精：《清季同文馆及其师生》，台北：自印本，1985 年。

113. 孙卫国：《试说明代的行人》，《史学集刊》1994 年第 1 期，第 11—16 页。

114. 唐宏峰：《旅行的现代性：晚清小说旅行叙事研究》，北京：北京师范大学出版社，2011 年。

115. 图理琛：《异域录》，《钦定四库全书》594。

116. 汪荣祖：《走向世界的挫折：郭嵩焘与道咸同光时代》，长沙：岳麓书社，2000 年。

117. 王东杰、陈阳编：《中国近代思想家文库：宋育仁卷》，北京：中国人民大学出版社，2014 年。

118. 王桂平：《清代江南藏书家刻书研究》，南京：凤凰出版社，2008 年。

119. 王皓：《宋代外交行记与语录研究》，四川师范大学博士学位论文，2012 年。

120. 王闿运：《湘绮楼日记》，长沙：岳麓书社，1997 年。

121. 王珂：《薛福成年谱》，出版地不详，2001 年。

122. 王韬：《王韬致薛福成札五通》，《东南文化》1986 年第 2 期，第 154—157 页。

123. 王铁崖：《中外旧约章汇编》第 1 卷，北京：三联书店，1957 年。

124. 王锡祺编：《小方壶斋舆地丛钞（1891）》，杭州：杭州古籍书店，1985 年。

125. 王晓秋：《晚清中国人走向世界的一次盛举：1887 年海外游历使研究》，大连：辽宁师范大学出版社，2004 年。

126. 王冶秋：《琉璃厂史话》，北京：生活·读书·新知三联书店，1963 年。

127. 王之春：《国朝柔远记》，台北：文海出版社，1966 年。

128. 王之春：《使俄草》，台北：文海出版社，1966 年。

129. 魏怡昱：《孔子、经典与诸子》，《经学研究集刊》第 3 辑（2007 年），第 111—138 页。

130. 魏源：《海国图志》，上海：上海古籍出版社，2002 年。

131. 吴福环：《清季总理衙门研究》，乌鲁木齐：新疆大学出版社，1995 年。

132. 吴汝纶：《桐城吴先生（汝纶）日记》，台北：文海出版社，1969 年。

133. 吴瑞秀：《清末各省官书局之研究》，台北：花木兰文化出版社，2005 年。

134. 吴维：《外交实录与古文新变：以薛福成出使日记为中心》，《北京大学学报》2012 年第 2 期，第 99—105 页。

135. 吴宗濂：《随轺笔记》，上海：著易堂，1902 年。

136. 席裕福、沈师徐：《皇朝政典类纂》，台北：文海出版社，1982 年。

137. 谢俊美：《光绪皇帝的宫廷读书生活》，《历史教学问题》1986 年第 6 期，第 23—26 页。

138. 谢清高：《海录》，长沙：湖南人民出版社，1981 年。

139. 熊月之：《西学东渐与晚清社会》，上海：上海人民出版社，1994 年。

140. 徐继畬：《瀛寰志略》，上海：上海书店出版社，2001 年。

141. 徐珂：《清稗类钞》，北京：中华书局，1984 年。

142. 许景澄：《许文肃公遗集》，台北：文海出版社，1966 年。

143. 薛福成：《筹洋刍议》，上海：上海醉六堂，1897 年。

144. 薛福成：《出使公牍》，无锡：传经楼，1898 年。

145. 薛福成：《出使日记续刻》，台北：京华书局，1968 年。

146. 薛福成：《出使英法义比四国日记》，长沙：岳麓书社，1985 年。

147. 薛福成：《天一阁见存书目》，自印本，1889 年。

148. 薛福成：《薛福成日记》，长春：吉林文史出版社，2004 年。

149. 薛福成：《庸盦笔记》，南京：江苏人民出版社，1983 年。

150. 薛福成：《庸盦海外文编》，台北：文海出版社，1973 年。

151. 薛福成：《庸盦文编》，台北：文海出版社，1973 年。

152. 薛福成：《庸盦文外编》，台北：文海出版社，1973 年。

153. 薛福成：《庸盦文别集》，上海：上海古籍出版社，1985 年。

154. 薛福成：《浙东筹防录》，无锡：传经楼，1887 年。

155. 严和平：《清季驻外使馆的建立》，台北：私立东吴大学，1975 年。

156. 杨念群：《儒学地域化的近代形态：三大知识群体互动的比较研究》，北京：生活·读书·新知三联书店，1997 年。

157. 杨倩丽、郭齐：《论宋代御宴簪花及其礼仪价值》，《江西社会科学》2015 年第 12 期，第 122—126 页。

158. 姚鼐：《古文辞类纂》，上海：上海古籍出版社，1998 年。

159. 姚莹：《康輶纪行》，郑州：中州古籍出版社，1986 年。

160. 叶文宪：《中国人为什么称外国人为"鬼子"？》，《中州学刊》2002 年第 1 期，第 124 页。

161. 尹德翔：《东海西海之间：晚清使西日记中的文化观察、认证与选择》，北京：北京大学出版社，2009 年。

162. 尹德翔：《晚清海外竹枝词考论》，北京：中国社会科学出版社，2016 年。

163. 于宝轩：《皇朝经世蓄艾文编》，上海：上海官书局，1903 年。

164. 余思诒：《航海琐记》，北京：学苑出版社，2006 年。

165. 余英时：《关于中日文化交涉史的初步观察》，收入余英时：《中国文化史通释》，北京：生活·读书·新知三联书店，2012 年，第 320—337 页。

166. 曾国藩：《曾国藩全集》，长沙：岳麓书社，1985 年。

167. 曾国藩：《湘乡曾氏文献》，台北：学生书局，1965 年。

168. 曾纪泽：《曾惠敏公电稿》，北京：全国图书馆文献缩微复制中心，2005 年。

169. 曾纪泽：《曾纪泽日记》，长沙：岳麓书社，1998 年。

170. 曾纪泽：《曾纪泽遗集》，长沙：岳麓书社，1983 年。

171. 曾纪泽：《金轺筹笔》，台北：商务印书馆，1964 年。

172. 张德彝：《稿本航海述奇汇编》，北京：北京图书馆出版社，1997 年。

173. 张德彝：《航海述奇》，长沙：湖南人民出版社，1980 年。

174. 张德彝：《欧美环游记》，长沙：岳麓书社，1985 年。

175. 张德彝：《随使法国记（三述奇）》，长沙：湖南人民出版社，1982 年。

176. 张德彝：《随使英俄记》，长沙：岳麓书社，1986 年。

177. 张德彝：《醒目清心禄》，北京：全国图书馆文献缩微复制中心，2004 年。

178. 张德彝：《再述奇》，长沙：湖南人民出版社，1981 年。

179. 张德彝：《张德彝出使奏稿》，《近代史资料》第 94 号，北京：中国社会科学出版社，2005 年，第 1—92 页。

180. 张穆：《斋文集》，《续修四库全书》1532 年。

181. 张佩纶：《涧于集》，台北：文海出版社，1966 年。

182. 张鹏翮：《奉使俄罗斯日记》，台北：广文书局，1964 年。

183. 张寿镛：《清朝掌故汇编外编》，台北：文海出版社，1986 年。

184. 张晓川：《从中西电报通讯看天津教案与普法战争》，《近代史研究》2011 年第 2 期，第 150—156 页。

185. 张晓川：《骂槐实指桑：张德彝〈航海述奇〉系列中的土耳其》，《新史学》（京）2019 年第 2 期，北京：中华书局，2019 年，第 159—200 页。

186. 张荫桓：《张荫桓日记》，上海：上海书店出版社，2004 年。

187. 张宇权：《思想与时代的落差：晚清外交官刘锡鸿研究》，天津：天津古籍出版社，2004 年。

188. 张治：《异域与新学：晚清海外旅行写作研究》，北京：北京大学出版社，2014 年。

189. 赵伯熊：《春秋学史》，济南：山东教育出版社，2004 年。

190. 赵翼：《廿二史札记校正》，北京：中华书局，1984 年。

191. 赵永春：《宋人出使辽金语录研究》，《史学史研究》1996 年第 8 期，第 47—54 页。

192. 震钧：《天咫偶闻》，北京：北京古籍出版社，1982 年。

193. 志刚：《初使泰西记》，1877 年。

194. 志刚：《初使泰西记》，长沙：岳麓书社，1985 年。

195. 志刚：《初使泰西纪要》，刻本，1890 年。

196. 中国第一历史档案馆编：《光绪朝上谕档》，桂林：广西师范大学出版社，1996 年。

197. 中国第一历史档案馆编：《清代官员履历档案全编》，上海：华东师范大学出版社，1997 年。

198. 中国第一历史档案馆编：《清代军机处电报档汇编》，北京：中国人民大学出版社，2005 年。

199. 中国第一历史档案馆编：《鸦片战争档案史料》，上海：上海人民出版社，1987 年。

200. "中研院"近史所编：《中法越南交涉档》，1962 年。

201. "中研院"近史所档案馆：《总理各国事务衙门档案》。

202. 钟叔河：《"用夏变夷"的一次失败》，收入刘锡鸿：《英轺私记》，长沙：湖南人民出版社，1981 年，第 5—22 页。

203. 钟叔河：《走向世界：近代中国知识分子考察西方的历史》，北京：中华书局，1985 年。

204. 周家楣：《期不负斋政书》，台北：文海出版社，1996 年。

205. 朱金甫编：《清末教案》，北京：中华书局，1996 年。

206. 朱克敬：《边事续钞》，台北：文海出版社，1966 年。

207. 朱维铮：《晚清的六种使西记》，《复旦学报》1996 年第 1 期，第 74—84 页。

208. 邹振环：《薛福成与〈瀛环志略〉续编》，《学术集林》卷十四，上海：上海远东出版社，1998 年，第 271—290 页。

二、外文论著

1. 冈本隆司、箱田惠子、青山治世编：《出使时代の日记：清末の中国と外交》，名古屋：名古屋大学出版会，2014 年，第 176—213 页。

2. 青山治世：《清末の出使日记とその外交史研究における利用に関する一考察》，《现代中国研究》第 22 卷，第 40—54 页。

3. Ahvenainen，Jorma. *The Far Eastern Telegraphs：The History of Telegraphic Communications between the Far East，Europe and America before the First World War*. Helsinki：Suomalainen Tiedeakatemia，1981.

4. Alcock，Rutherford and William Lockhart. "China and Its Foreign Relations." *Asiatic Quarterly Review* 1/3(1887)：443—466.

5. Alston，Dane. "Emperor and Emissary：The Hongwu Emperor，Kwo.nK.un，and the Poetry of Late Fourteenth Century Diplomacy." *Korean Studies* 32 (2008)：104—147.

6. Andrade，Tonio. *The Gunpowder Age：China，Military Innovation，and the Rise of the West in World History*. Princeton：Princeton University Press，2016.

7. *Appleton's Annual Cyclopaedia and Register of Important Events of the Year 1883*，New Series，vol.8.

8. Arkush，David R. and Leo Lee，eds. *Land without Ghosts：Chinese Impressions of*

America from the Mid-Nineteenth Century to the Present. Berkeley: University of California Press, 1989.

9. Baark, Erik. *Lightning Wires: The Telegraph and China's Technological Modernization*, *1860—1890*. Westport: Greenwood Press, 1997.

10. Baily, Paul, trans. *Strengthen the Country and Enrich the People: The Reform Writings of Ma Jianzhong (1845—1900)*. Richmond: Curzon Press, 1998.

11. Basu, Dilip K. "Chinese Xenology and the Opium War: Reflections on Sinocentrism." *Journal of Asian Studies* 73/4(2014): 927—940.

12. Bayles, Richard Mather. *Bayles' Long Island Handbook*. Babylon, NY: Budget Steam, 1885.

13. Bayly, C.A. *Empire and Information: Intelligence Gathering and Social Communication in India*, *1780—1870*. Cambridge: Cambridge University Press, 1996.

14. Biggerstaff, Knight. "A Translation of Anson Burlingame's Instructions from the Chinese Foreign Office." *Far Eastern Quarterly* 1/3(1942):277—279.

15. Biggerstaff, Knight. "The First Chinese Mission of Investigation Sent to Europe." *Pacific Historical Review* 6/4(1937):307—320.

16. Biggerstaff, Knight. "The Official Chinese Attitude toward the Burlingame Mission." *American Historical Review* 41/4(1936):682—702.

17. Biggerstaff, Knight. "The Secret Correspondence of 1867—1868: Views of Leading Chinese Statesmen Regarding the Further Opening of China to Western Influence." *Journal of Modern History* 22/2(1950):122—136.

18. *Birmingham Daily Post*.

19. Boulger, Demetrius. *The Life of Sir Halliday Macartney: Commander of Li Hung Chang's Trained Force in the Taeping Rebellion*. London: John Lane the Bodley Head, 1908.

20. Bridges, Roy. "Exploration and Travel outside Europe (1720—1914)." In Peter Hulme and Tim Youngs, eds., *The Cambridge Companion to Travel Writing*. Cambridge: Cambridge University Press, 2002:53—69.

21. Carey, James. "A Cultural Approach to Communication." In *Communication as Culture: Essays on Media and Society*. New York: Routledge, 1989:11—28.

22. Carey, James. "Technology and Ideology: The Case of the Telegraph." In *Communication as Culture: Essays on Media and Society*. New York: Routledge, 1989:155—177.

23. Cassel, Pär Kristoffer. *Grounds of Judgment: Extraterritoriality and Imperial Power in Nineteenth-Century China and Japan*. Oxford: Oxford University Press, 2012.

24. Chang, Hao. "Intellectual Change and the Reform Movement, 1890—1899." In John Fairbank and Kwang-Ching Liu, eds., *The Cambridge History of China*, vol.11, Part 2: *Late Ch'ing 1800—1911*. Cambridge: Cambridge University Press, 1980: 274—338.

25. Chang, Kang-i Sun and Stephen Owen, eds. *The Cambridge History of Chinese Literature*. Cambridge: Cambridge University Press, 2011.

26. Chiang, Sing-chen Lydia. *Collecting the Self: Body and Identity in Strange Tale Collections of Late Imperial China*. Leiden: Brill, 2005.

27. Chien, Helen Hsieh, trans. *The European Diary of Hsieh Fucheng: Envoy Extraordinary of Imperial China*. New York: St. Martin's Press, 1993.

28. Chin, Tamara. "Defamiliarizing the Foreigner: Sima Qian's Ethnography and Han-Xiongnu Marriage Diplomacy." *Harvard Journal of Asiatic Studies* 70/2 (2010): 311—354.

29. Chin, Tamara. *Savage Exchange: Han Imperialism, Chinese Literary Style, and the Economic Imagination*. Cambridge, MA: Harvard University Asia Center, 2014.

30. Chiu, Ling-Yeong. "Debate on National Salvation: Ho Kai versus Tseng Chi-tse," *Journal of the Hong Kong Branch of the Royal Asiatic Society* 11(1971):33—51.

31. Cohen, Paul. *Between Tradition and Modernity: Wang T'ao and Reform in Late Ch'ing China*. Cambridge, MA: Harvard University Press, 1974.

32. Cohen, Paul. *China and Christianity: The Missionary Movement and the Growth of Chinese Antiforeignism, 1860—1870*. Cambridge, MA: Harvard University Press, 1963.

33. Cohen, Paul. *Discovering History in China: American Historical Writing on the Recent Chinese Past*. New York: Columbia University Press, 1984.

34. *Cornhilll Magazine*.

35. Davis, Bradley Camp. *Imperial Bandits: Outlaws and Rebels in the China-Vietnam Borderlands*. Seattle: University of Washington Press, 2017.

36. Day, Jenny Huangfu. "From Fire-Wheel Boats to Cities on the Sea: Changing Perceptions of the Steamships in the Late Qing, 1830s—1900s." *Australasian Journal of Victorian Studies* 20/1(2015):50—63.

37. Day, Jenny Huangfu. "Searching for the Roots of Western Wealth and Power: Guo Songtao and Education in Victorian England." *Late Imperial China* 35/1 (2014): 1—37.

38. de Bary, William Theodore. *Sources of Chinese Civilization: From Earliest Times to 1600*, 2nd edn. New York: Columbia University Press, 1999.

39. de Bary, William Theodore. *Waiting for the Dawn: A Plan for the Prince*. New York: Columbia University Press, 1993.

40. Desnoyers, Charles. *A Journey to the East: Li Gui's A New Account of a Trip around the Globe*. Ann Arbor: University of Michigan Press, 2004.

41. Desnoyers, Charles. "Self-Strengthening in the New World: A Chinese Envoy's Travel in America." *Pacific Historical Review* 60/2(1991):195—219.

42. Desnoyers, Charles. "Toward 'One Enlightened and Progressive Civilization': Discourses of Expansion and Nineteenth-Century Chinese Missions Abroad." *Journal of World History* 8/1(1997):135—156.

43. De Weerdt, Hilde. *Information, Territory, and Networks: The Crisis and Maintenance of Empire in Song China*. Cambridge, MA: Harvard University Asia Center, 2015.

44. Di Cosmo, Nicola. *Ancient China and Its Enemies: The Rise of Nomadic Power in East Asian History*. Cambridge: Cambridge University Press, 2002.

45. Dikotter, Frank. *The Discourse of Race in Modern China*. Stanford: Stanford University Press, 1992.

46. Dong Shouyi and Wang Yanjing. "Chinese Investigatory Missions Overseas, 1866—1907." In Douglas Reynolds, trans. and ed., *China, 1905—1912: State-Sponsored Reforms and China's Late-Qing Revolution*. Armonk: M.E. Sharpe, 1995:15—34.

47. Drage, Charles. *Servants of the Dragon Throne: Being the Lives of Edward and Cecil Bowra*. London: P. Dawnay, 1966.

48. Drake, Fred W. *China Charts the World: Hsu Chi-yü and His Geography of 1848*. Cambridge, MA: East Asian Research Center, Harvard University, 1975.

49. Duara, Prasenjit. "Afterword: The Chinese World Order as a Language Game—David Kang's East Asia before the West and Its Commentaries." *Harvard Journal of Asiatic Studies*, 77(1)(2017):123—129.

50. Duara, Prasenjit. *Rescuing History from the Nation: Questioning Narratives of Modern China*. Chicago: The University of Chicago Press, 1995.

51. Eastman, Lloyd E. *Throne and Mandarins: China's Search for a Policy during the Sino-French*

Controversy, *1880—1885*. Cambridge, MA: Harvard University Press, 1967.

52. Ebrey, Patricia. *The Cambridge Illustrated History of China*, 2nd edn. Cambridge: Cambridge University Press, 2010.

53. Edkins, Joseph. *Religion in China*. London: Kegan Paul, Trench, Trubner, 1893.

54. Elliot, Mark. *The Manchu Way: The Eight Banners and Ethnic Identity in Late Imperial China*. Stanford: Stanford University Press, 2001.

55. Elman, Benjamin. *Classicism*, *Politics*, *and Kinship: The Ch'ang-chou School of New Text Confucianism in Late Imperial China*. Berkeley: University of California Press, 1990. Elman,

56. Elman, Benjamin. "Naval Warfare and the Refraction of China's Self-Strengthening Reforms into Scientific and Technological Failure, 1865—1895." *Modern Asian Studies* 38/2(2004):283—326.

57. Elman, Benjamin. *On Their Own Terms: Science in China*, *1550—1900*. Cambridge, MA: Harvard University Press, 2005.

58. Esherick, Joseph W. *Ancestral Leaves: A Family Journey through Chinese History*. Berkeley: University of California Press, 2011.

59. Eskildsen, Robert. "Of Civilization and Savages: The Mimetic Imperialism of Japan's 1874 Expedition to Taiwan." *American Historical Review* 107/2(April 2002): 388—418.

60. Fairbank, John K., Katherine Bruner, and Elizabeth MacLeod Matheson, eds. *The I.G. in Peking: Letters of Robert Hart*, *Chinese Maritime Customs*, *1868—1907*. Cambridge, MA: Belknap Press of Harvard University Press, 1975.

61. Fairbank, John K. *Trade and Diplomacy on the Chinese Coast*. Stanford: Stanford University Press, 1969.

62. Feuerwerker, Albert. *China's Early Industrialization: Sheng Hsuan-huai (1844—1916) and Mandarin Enterprise*. New York: Atheneum, 1970.

63. Fish, Stanley. *Is There a Text in This Class? The Authority of Interpretive Communities*. Cambridge, MA: Harvard University Press, 1980.

64. Fogel, Joshua. *Articulating the Sinosphere: Sino-Japanese Relations in Space and Time*. Cambridge, MA: Harvard University Press, 2009.

65. Fogel, Joshua. *Maiden Voyage: The Senzaimaru and the Creation of Modern Sino-Japanese Relations*. Berkeley: University of California Press, 2014.

66. Folsom, Kenneth E. *Friends, Guests, and Colleagues: The Mu-fu System in the Late Ch'ing Period*. Berkeley: University of California Press, 1968.

67. Foreign Office Corespondence. FO 17/768, FO 17/794, FO 17/821, FO 17/844, FO 17/869, FO 17/911, FO 17/932, FO 17/939, FO 17/957, FO 17/990, FO 17/1025, FO 17/1034, FO 17/1104, FO 17/1120, FO 17/1142, FO 17/1166, FO 17/1210. The National Archives, UK.

68. Freeman-Mitford, A. B. *The Attaché at Peking*. London: Macmillan and Co., 1900.

69. Frodsham, J.D. *The First Chinese Embassy to the West: The Journals of Kuo Sung-T'ao, Liu Hsi-Hung and Chang Te-yi*. Oxford: Clarendon Press, 1974.

70. Fujitani, Takashi. *Splendid Monarchy: Power and Pageantry in Modern Japan*. Berkeley: University of California Press, 1996.

71. Fukuzawa, Yukichi. *The Autobiography of Yukichi Fukuzawa*. Eiichi Kiyooka, trans. New York: Columbia University Press, 2007.

72. Fung, Allen. "Testing the Self-Strengthening: The Chinese Army in the Sino-Japanese War of 1894—1895." *Modern Asian Studies* 30/4(1996):1007—1031.

73. Fussell, Paul. *Abroad: British Literary Traveling between the Wars*. New York: Oxford

University Press，1980.

74. Geppert，Dominik. "The Public Challenge to Diplomacy: German and British Ways of Dealing with the Press，1890—1914." In Markus Mosslang and Torsten Riotte, eds.，*The Diplomats' World: A Cultural History of Diplomacy，1815—1914*. Oxford: Oxford University Press，2008:133—165.

75. Gerson，Jack. *Horatio Nelson Lay and Sino-British Relations，1854—1864*. Cambridge，MA: East Asian Research Center，Harvard University，1972.

76. Godley，Michael. "The Late Ch'ing Courtship of the Chinese in Southeast Asia." *Journal of Asian Studies* 34/2(1975):361—385.

77. Gumpach，Johannes von. *The Burlingame Mission: A Political Disclosure Supported by Official Documents，Mostly Unpublished*. Shanghai and New York，1872.

78. Hall，Stuart. "Encoding，Decoding." *In Culture，Media，Language: Working Papers in Cultural Studies，1972—79*. London: Hutchinson，1980: 128—138.

79. Halsey，Stephen. *Quest for Power: European Imperialism and the Making of Chinese Statecraft*. Cambridge，MA: Harvard University Press，2014.

80. Hamilton，Keith. "Foreign Ministries and the Management of the Past." In Jovan Kurbalija，ed.，*Knowledge and Diplomacy*. Diplopublishing，2002，www.diplomacy.edu/resources/general/foreign-ministries-and-management-past.

81. Hao，Yen-p'ing and Erh-min Wang. "Changing Chinese Views of Western Relations，1840—1895." In John Fairbank and Kwang-Ching Liu，eds，*The Cambridge History of China，vol.11，Part 2: Late Ch'ing 1800—1911*. Cambridge: Cambridge University Press，1980:142—201.

82. Hawes，Colin S.C. *The Social Circulation of Poetry in the Mid-Northern Song: Emotional Energy and Literati Self-Cultivation*. Albany: State University of New York Press，2005.

83. He, Wenkai. *Paths towards the Modern Fiscal State: England, Japan, and China*. Cambridge, MA: Harvard University Press, 2013.

84. He, Yuming. *Home and the World: Editing the "Glorious Ming" in Woodblock-Printed Books of the Sixteenth and Seventeenth Centuries*. Cambridge, MA: Harvard University Asia Center, 2013.

85. Headrick, Daniel R. *The Invisible Weapon: Telecommunications and International Politics, 1851—1945*. Oxford: Oxford University Press, 1991.

86. Headrick, Daniel R. *The Tools of Empire: Technology and European Imperialism in the Nineteenth Century*. New York: Oxford University Press, 1981.

87. Headrick, Daniel R. *When Information Came of Age: Technologies of Knowledge in the Age of Reason and Revolution, 1700—1850*. Oxford: Oxford University Press, 2000.

88. Hevia, James. *English Lessons: The Pedagogy of Imperialism in Nineteenth-Century China*. Durham, NC: Duke University Press, 2003.

89. Hevia, James. *The Imperial Security State: British Colonial Knowledge and Empire-Building in Asia*. Cambridge: Cambridge University Press, 2012.

90. Hill, Michael Gibbs. *Lin Shu, Inc.: Translation and the Making of Modern Chinese Culture*. Oxford: Oxford University Press, 2013.

91. Hillier, Andrew. "Three Brothers in China: A Study of Family in Empire" (PhD dissertation, University of Bristol, 2016).

92. Hirth, Friedrich. "The Story of Chang K'ién, China's Pioneer in Western Asia: Text and Translation of Chapter 123 of Ss.-Ma Ts'ién's Sh.-Ki." *Journal of American Oriental Society* 37(1917):89—152.

93. Howland, Douglas. *Borders of Chinese Civilization: Geography and History at Empire's End*. Durham, NC: Duke University Press, 1996.

94. Hsü, Immanuel. *China's Entrance into the Family of Nations: The Diplomatic Phase, 1858—1880.* Cambridge, MA: Harvard University Press, 1960.

95. Hsü, Immanuel. *The Ili Crisis: A Study of Sino-Russian Diplomacy, 1871—1881.* Oxford: Clarendon Press, 1965.

96. Hsiung, Ping-chen. *A Tender Voyage: Children and Childhood in Late Imperial China.* Stanford: Stanford University Press, 2005.

97. Hu, Chang-tze. "Historical Time Pressure: An Analysis of Min Pao (1905—1908)." In Chun-chieh Huang and Erik Zurcher, eds., *Time and Space in Chinese Culture.* Leiden: Brill, 1995:329—340.

98. Hucker, Charles. *A Dictionary of Official Titles in Imperial China.* Stanford: Stanford University Press, 1985.

99. Hummel, Arthur W. *Eminent Chinese of the Ch'ing Period.* New York: Paragon Book Gallery, 1967.

100. Huters, Theodore. *Bringing the World Home: Appropriating the West in Late Qing and Early Republican China.* Honolulu: University of Hawaii Press, 2005.

101. Irick, Robert Lee. *Ch'ing Policy toward the Coolie Trade, 1847—1878.* Taipei: Chinese Materials Center, 1982.

102. Ivanhoe, Philip J. *Readings from the Lu-Wang School of Neo-Confucianism.* Indianapolis: Hackett Publishing Company, 2009.

103. Janku, Andrea. "Preparing the Ground for Revolutionary Discourse: From the Jingshiwen Compilations to Journalistic Writings in 19th century China." *T'oung-Pao* 90/1—3(2004):65—121.

104. Janku, Andrea. "The Uses of Genres in the Chinese Press from the Late Qing to the Early Republican Period." In Cynthia Brokaw and Christopher A. Reed, eds., *From*

Woodblocks to the Internet: *Chinese Publishing and Print Culture in Transition*, *circa 1800 to 2008*. Leiden: Brill, 2010:111—157.

105. Johnston, Ian, trans. *Mozi*: *A Complete Translation*. New York: Columbia University Press, 2010.

106. Jones, Gareth Stedman. *Languages of Class*: *Studies in English Working-Class History*, *1832—1982*. Cambridge: Cambridge University Press, 1983.

107. Judge, Joan. *Print and Politics*: *"Shibao" and the Culture of Reform in Late Qing China*. Stanford: Stanford University Press, 1997.

108. Karl, Rebecca and Peter Zarrow, eds. *Rethinking the 1898 Reform Period*: *Political and Cultural Change in Late Qing China*. Cambridge, MA: Harvard University Asia Center, 2002.

109. Kelly, Liam C. *Beyond the Bronze Pillars*: *Envoy Poetry and the Sino-Vietnamese Relationship*. Honolulu: Association of Asian Studies and University of Hawaii Press, 2005.

110. Kennedy, P. M. "Imperial Cable Communications and Strategy, 1870—1914." *English Historical Review* 86/341(1971):728—752.

111. Knoblock, John and Jeffrey Riegel, trans. *The Annals of Lü Buwei*. Stanford: Stanford University Press, 2000.

112. Knuesel, Ariane. "British Diplomacy and the Telegraph in Nineteenth-Century China." *Diplomacy and Statecraft* 18(2007):517—537.

113. Kuhn, Philip. *Chinese among Others*: *Emigration in Modern Times*. Lanham: Rowman & Littlefield Publishers, 2008.

114. Lackner, Michael, Iwo Amelung and Joachim Kurtz, eds. *New Terms for New Ideas*: *Western Knowledge and Lexical Change in Late Imperial China*. Leiden:

Brill, 2001.

115. Lackner, Michael and Natascha Vittinghoff, eds. *Mapping Meanings: The Field of New Learning in Late Qing China*. Leiden: Brill, 2004.

116. Larsen, Kirk W. *Tradition, Treaties, and Trade: Qing Imperialism and Choson Korea, 1850—1910*. Cambridge, MA: Harvard University Asia Center, 2008.

117. Leung, Yuen-sang. *The Shanghai Taotai: Linkage Man in a Changing Society, 1843—90*. Singapore: Singapore University Press, 1990.

118. Levenson, Joseph. *Confucian China and Its Modern Fate: A Trilogy*. Berkeley and Los Angeles: University of California Press, 1972.

119. Lewis, Mark Edward. *The Construction of Space in Early China*. Albany: State University of New York Press, 2006.

120. Lin Jinshui. "Sino-Belgium Relations during the Reign of Leopold II: A Brief Historical Account Based on Chinese Documents." In W.F. Vande Walle and Noel Golvers, eds., *The History of the Relations between the Low Countries and China in the Qing Era(1644—1911)*. Leuven: Leuven University Press, 2003: 439—460.

121. Liu, Kwang-Ching. "Education for Its Own Sake: Notes on Tseng Kuo-fan's Family Letters." In Benjamin Elman and Alexander Woodside, eds., *Education and Society in Late Imperial China, 1600—1900*. Berkeley: University of California Press, 1994:77—109.

122. Liu, Lydia. "Legislating the Universal: The Circulation of International Law in the Nineteenth Century." In Lydia Liu, ed., *Tokens of Exchange: The Problem of Translation in Global Circulations*. Durham, NC: Duke University Press, 1999: 127—164.

123. Liu, Lydia. *The Clash of Empires: The Invention of China in Modern World*

Making. Cambridge, MA: Harvard University Press, 2004.

124. Liu, Lydia. *Translingual Practice: Literature, National Culture, and Translated Modernity: China, 1900—1937*. Stanford: Stanford University Press, 1995.

125. Lo, Jung-pang, ed. *K'ang Yu-Wei: A Biography and a Symposium*. Tucson: University of Arizona Press, 1967.

126. Mancall, Mark. *Russia and China: Their Diplomatic Relations to 1728*. Cambridge, MA: Harvard University Press, 1971.

127. Mann, Susan. *Precious Records: Women in China's Long Eighteenth Century*. Stanford: Stanford University Press, 1997.

128. Martin, W.A.P. *A Cycle of Cathay*. Edinburgh and London: Oliphant Anderson and Ferrier, 1896.

129. Marx, Karl. "Revolution in China and in Europe," *New York Daily Tribune*, June 14, 1853.

130. McDonald, Kate. *Placing Empire: Travel and the Social Imagination in Imperial Japan*. Oakland: University of California Press, 2017.

131. Meng, S.M. *The Tsungli Yamen: Its Organization and Functions*. Cambridge, MA: Harvard East Asian Monographs, 1962.

132. Meyer-Fong, Tobie. *What Remains: Coming to Terms with Civil War in 19th Century China*. Stanford: Stanford University Press, 2013.

133. Millward, James. *Eurasian Crossroads: A History of Xinjiang*. New York: Columbia University Press, 2007.

134. Mittler, Barbara. *A Newspaper for China? Power, Identity, and Change in Shanghai's News Media, 1872—1912*. Cambridge, MA: Harvard University Asia Center, 2004.

135. Miyoshi, Masao. *As We Saw Them: The First Japanese Embassy to the United States (1860)*. Berkeley: University of California Press, 1979.

136. Mo, Yajun. "Itineraries for a Republic: Tourism and Travel Culture in Modern China, 1866—1954" (PhD dissertation, University of California, Santa Cruz, 2011).

137. Mokros, Emily Carr. "Communication, Empire, and Authority in the Qing Gazette"(PhD dissertation, Johns Hopkins University, 2016).

138. Morse, H.B. *The International Relations of the Chinese Empire*. London and New York: Longmans, Green, and Co., 1910.

139. Mosca, Matthew. "China and the Asian World, 1500—1900," *Oxford Research Encyclopedia of Asian History*.

140. Mosca, Matthew. "Empire and the Circulation of Frontier Intelligence: Qing Conceptions of the Ottomans." *Harvard Journal of Asiatic Studies* 70/1 (2010): 147—207.

141. Mosca, Matthew. *From Frontier Policy to Foreign Policy: The Question of India and the Transformation of Geopolitics in Qing China*. Stanford: Stanford University Press, 2013.

142. Mullaney, Thomas. *The Chinese Typewriter: A History*. Cambridge, MA: MIT Press, 2017.

143. Mungello, D.E. *The Great Encounter of China and the West, 1500—1800*, 3rd edn. Lanham: Roman & Littlefield, 2009.

144. Nappi, Carla. *The Monkey and the Inkpot: Natural History and Its Transformations in Early Modern China*. Cambridge, MA: Harvard University Press, 2009.

145. *Newcastle Courant*.

146. Nickles, David Paull. *Under the Wire: How the Telegraph Changed Diplomacy*. Cambridge, MA: Harvard University Press, 2003.

147. Ng, Chin-keong. "Shooting the Eagles: Lin Changyi's Agony in theWakeof the Opium War." In Wang Gungwu and Ng Chin-keong, eds., *Maritime China in Transition*, *1750—1850*. Wiesbaden: Harrassowitz Verlag, 2004:373—386.

148. *Overland Mail*.

149. Ownby, David. *Brotherhoods and Secret Societies in Early and Mid-Qing China*. Stanford: Stanford University Press, 1996.

150. Paine, S.C.M. *Imperial Rivals: China, Russia, and Their Disputed Frontier*. Armonk, NY: M.E. Sharpe, 1996.

151. Paine, S.C.M. *The Sino-Japanese War of 1894—1895: Perception, Power and Primacy*. Cambridge: Cambridge University Press, 2005.

152. *Pall Mall Gazette*.

153. Perdue, Peter. *China Marches West: The Qing Conquest of Central Eurasia*. Cambridge, MA: The Belknap Press of Harvard University Press, 2005.

154. Peterson, Willard. "The Life of Ku Yen-wu(1613—1682)," *Harvard Journal of Asiatic Studies* 29(1969):201—247.

155. Platt, Stephen. *Autumn in the Heavenly Kingdom: China, the West, and the Epic Story of the Taiping Civil War*. New York: Vintage Books, 2012.

156. Platt, Stephen. *Provincial Patriots: The Hunanese and Modern China*. Cambridge, MA: Harvard University Press, 2007.

157. Pomeranz, Kenneth. *The Great Divergence: China, Europe, and the Making of the Modern World Economy*. Princeton: Princeton University Press, 2000.

158. Pomfret, John. *The Beautiful Country and the Middle Kingdom: America and China,*

1776 to the Present. New York: Henry Holt and Company, 2016.

159. Pong, David. "The Vocabulary of Change: Reformist Ideas of the 1860s—1870s." In David Pong and Edmund S.K. Fung, eds., *Ideals and Reality: Social and Political Change in Modern China, 1860—1949*. Lanham: University Press of America, 1985:25—61.

160. Pratt, Mary Louise. *Imperial Eyes: Travel Writing and Transculturation*, 2nd edn. London: Routledge, 2007.

161. Qin, Yucheng. *The Diplomacy of Nationalism: The Six Companies and China's Policy toward Exclusion*. Honolulu: University of Hawaii Press, 2009.

162. Rankin, Mary. *Elite Activism and Political Transformation in China: Zhejiang Province, 1865—1911*. Stanford: Stanford University Press, 1986.

163. Reinhardt, Anne. *Navigating Semi-colonialism: Shipping, Sovereignty, and Nation-Building in China, 1860—1937*. Cambridge, MA: Harvard University Asia Center, 2018.

164. Ren Ke. "Fin-de-Siècle Diplomat: Chen Jitong (1852—1907) and Cosmopolitan Possibilities in the Late Qing World" (PhD dissertation, Johns Hopkins University, 2014).

165. Reynolds, Douglas. *China, 1898—1912: The Xinzheng Revolution and Japan*. Cambridge, MA: Harvard University Asia Center, 1993.

166. Reynolds, Douglas and Carol Reynolds. *East Meets East: Chinese Discover the Modern World in Japan, 1854—1898*. Ann Arbor: Association for Asian Studies, 2014.

167. Rhoads, Edward. *Manchu and Han: Ethnic Relations and Political Power in Late Qing and Early Republican China, 1861—1928*. Seattle: University of Washington Press, 2000.

168. Rhoads, Edward. *Stepping Forth into the World: The Chinese Education Mission to the United States, 1872—81*. Hong Kong: Hong Kong University Press, 2011.

169. Rogaski, Ruth. *Hygienic Modernity: Meanings of Health and Disease in Treaty-Port China*. Berkeley: University of California Press, 2004.

170. Rosenthal, Jean-Laurent and R. Bin Wong. *Before and beyond Divergence: The Politics of Economic Change in China and Europe*. Cambridge, MA: Harvard University Press, 2011.

171. Rowe, William. *Saving the World: Chen Hongmou and Elite Consciousness in Eighteenth-Century China*. Stanford: Stanford University Press, 2001.

172. Schaberg, David. *A Patterned Past: Form and Thought in Early Chinese Historiography*. Cambridge, MA: Harvard University Asia Center, 2002.

173. Schell, Orville and John Delury. *Wealth and Power: China's Long March to the Twenty-First Century*. New York: Random House, 2013.

174. Schmidt, J.D. *Within the Human Realm: The Poetry of Huang Zunxian, 1848—1905*. Cambridge: Cambridge University Press, 1994.

175. Schneewind, Sarah. *A Tale of Two Melons: Emperor and Subject in Ming China*. Indianapolis: Hackett Publishing Company, 2006.

176. Schoppa, Keith. *Revolution and Its Past: Identities and Change in Modern Chinese History*, 3rd edn. Upper Saddle River, NJ: Prentice Hall, 2011.

177. Schrecker, John. "'For the Equality of Men—for the Equality of Nations': Anson Burlingame and China's First Embassy to the United States, 1868." *Journal of American—East Asian Relations* 17(2010):9—34.

178. Schwartz, Benjamin. *In Search of Wealth and Power: Yen Fu and the West*. Cambridge, MA: Belknap Press of Harvard University Press, 1964.

179. Schwartz, Benjamin. "The Limits of 'Tradition versus Modernity' as Categories of Explanation: The Case of the Chinese Intellectuals." *Daedalus* 101/2 (1972): 71—88.

180. Seligman, Scott D. *The First Chinese American : The Remarkable Life of Wong Chin Foo*. Hong Kong: Hong Kong University Press, 2013.

181. Seward, William Henry and Olive Risley Seward. *William H. Seward's Travels around the World*. New York: D. Appleton, 1873.

182. Sigel, Louis. "The Treaty Port Community and China's Foreign Policy in the 1880s," *Papers on Far Eastern History* 11(March 1975):79—105.

183. Smith, Richard, John Fairbank, and Katherine Bruner, eds. *Robert Hart and China's Early Modernization : His Journals, 1863—1866*. Cambridge, MA: Harvard University Press, 1991.

184. Soothill, William Edward and Lewis Hodous. *A Dictionary of Chinese Buddhist Terms*. London: London Broadway House, 1937.

185. Spence, Jonathan. *God's Chinese Son : The Taiping Heavenly Kingdom of Hong Xiuquan*. New York: W.W. Norton & Company, 1996.

186. Spence, Jonathan. *The Question of Hu*. New York: Knopf, 1988.

187. Spence, Jonathan. *To Change China : Western Advisers in China, 1620—1960*. Boston: Little, Brown, 1969.

188. Strassberg, Richard E. *Inscribed Landscapes: Travel Writing from Imperial China*. Berkeley: University of California Press, 1994.

189. Svarverud, Rune. *International Law as World Order in Late Imperial China : Translation, Reception and Discourse, 1847—1911*. Leiden: Brill, 2007.

190. Tackett, Nicolas. *The Origins of the Chinese Nation : Song China and the Forging of*

an East Asian World Order. Cambridge: Cambridge University Press, 2017.

191. Teng, Emma. "Women and Occidentalism in Wang Tao's Tales of Travel." In Joshua Fogel, ed., *Traditions of East Asian Travel*. New York: Berghahn, 2006:97—124.

192. *The Times*.

193. Tian, Xiaofei. *Visionary Journeys: Travel Writings from Early Medieval and Nineteenth-Century China*. Cambridge, MA: Harvard University Asia Center, 2011.

194. Têng, Ssu-yu and John King Fairbank. *China's Response to the West: A Documentary Survey, 1839—1923*. Cambridge, MA: Harvard University Press, 1979.

195. *To-day: A Monthly Gathering of Bold Thoughts* 1(May—September 1883).

196. *Trewman's Exeter Flying Post*.

197. Tseng, Marquis. "China: The Sleep and the Awakening." *Asiatic Quarterly Review* 1/3(1887):1—10.

198. Vande Bussche, Eric. "The Qing Minister's Map: Translating Chinese Notions of Sovereignty to a Western Audience." Paper presented at AAS 2015.

199. Van de Ven, Hans. *Breaking with the Past: The Maritime Customs Service and the Global Origins of Modernity in China*. New York: Columbia University Press, 2014.

200. Vande Walle, W.F. and Noel Golvers, eds. *The History of the Relations between the Low Countries and China in the Qing Era(1644—1911)*. Leuven: Leuven University Press, 2003.

201. Wagner, Rudolf. "China 'Asleep' and 'Awakening': A Study in Conceptualizing Asymmetry and Coping with It." *Transcultural Studies* 1(2011):4—139.

202. Wagner, Rudolf. ed. *Joining the Global Public: Word, Image, and City in Early Chinese Newspapers*. Albany: State University of New York Press, 2007.

203. Wagner, Rudolf. "The Shenbao in Crisis: The International Environment and the

Conflict between Guo Songtao and the Shenbao." *Late Imperial China* 20/1(1999): 107—143.

204. Waley-Cohen, Joanna. *The Sextants of Beijing: Global Currents in Chinese History*. New York: W.W. Norton, 1999.

205. Wang, David Der-wei and Shang Wei, eds. *Dynastic Crisis and Cultural Innovation: From the Late Ming to the Late Qing and Beyond*. Cambridge, MA: Harvard University Asia Center, 2015.

206. Wang, Owen Hong-Hin. *A New Profile in Sino-Western Diplomacy: The First Chinese Minister to Great Britain*. Kowloon: Chung Hwa Book, 1987.

207. Wang, Sixiang. "Co-constructing Empire in Early Choson Korea: Knowledge Production and the Culture of Diplomacy, 1392—1592"(PhD dissertation, Columbia University, 2015).

208. Wang, Xiuyu. *China's Last Imperial Frontier: Late Qing Expansion in Sichuan's Tibetan Borderlands*. Lanham: Lexington Books, 2011.

209. Wang Zhenping. *Tang China in Multi-polar Asia: A History of Diplomacy and War*. Honolulu: University of Hawaii Press, 2017.

210. Watson, Burton, trans. *The Complete Works of Chuang Tzu*. New York: Columbia University Press, 1968.

211. Westad, Odd Arne. *Restless Empire: China and the World since 1750*. New York: Basic Books, 2012.

212. Wilkinson, Endymion. *Chinese History: A New Manual*. 5th edn. n.p.: self-published, 2017.

213. Williams, Frederick Wells. *Anson Burlingame and the First Chinese Mission to Foreign Powers*. New York: Charles Scribner's Sons, 1912.

214. Witek, John W., SJ. "Sent to Lisbon, Paris and Rome: Jesuit Envoys of the Kangxi Emperor." In Michele Fatica and Francesco d'Arelli, eds. *La missione cattolica in Cina tra I secoli XVIII—XIX: Matteo Ripa e il Collegio dei Cinesi*. Naples: Istituto Universitario Orientale, 1999:317—340.

215. Wong, R. Bin. *China Transformed: Historical Change and the Limits of European Experience*. Ithaca: Cornell University Press, 1997.

216. Wright, Mary. *The Last Stand of Chinese Conservatism: The T'ung-chih Restoration, 1862—1874*. Stanford: Stanford University Press, 1962.

217. Wu, Shellen. *Empires of Coal: Fueling China's Entry into the Modern World Order, 1860—1920*. Stanford: Stanford University Press, 2015.

218. Xu, Guoqi. *Chinese and Americans: A Shared History*. Cambridge, MA: Harvard University Press, 2014.

219. Yang, Daqing. "Telecommunication and the Japanese Empire: A Preliminary Analysis of Telegraphic Traffic." *Historical Social Research* 35/1(2010):66—89.

220. Yen, Ching-Hwang. *Coolies and Mandarins: China's Protection of Overseas Chinese during the Late Ch'ing Period (1851—1911)*. Singapore: Singapore University Press, 1985.

221. Yu, Ying-Shih. "The Radicalization of China in the Twentieth Century." In Wei-Ming Tu, ed., *China in Transformation*. Cambridge, MA: Harvard University Press, 1994:125—150.

222. Zarrow, Peter. *After Empire: The Conceptual Transformation of the Chinese State, 1885—1924*. Stanford: Stanford University Press, 2012.

223. Zelizer, Barbie, ed. *Explorations in Communication and History*. London: Routledge, 2008.

224. Zhang, Hongbin. "Naturalizing Industrial Wonders: The Steamship, the Railway Train, and the (In) Credulous Chinese Travelers." *Language and Literature* 28 (2003):67—88.

225. Zhang Baichun. "An Inquiry into the History of the Chinese Terms jiqi(Machine) and jixie(Machinery)." In Michael Lackner, Iwo Amelung, and Joachim Kirtz, eds., *New Terms for New Ideas: Western Knowledge and Lexical Change in Late Imperial China*. Leiden: Brill, 2001:177—195.

226. Zhou, Yongming. *Historicizing Online Politics: Telegraphy, the Internet, and Political Participation in China*. Stanford: Stanford University Press, 2006.

后　记

这本书是以我在加州大学圣地亚哥分校历史系的博士论文改编而成的。按我们博士班里的惯例，前三年的学生分别在晚清、民国、共和国三个领域各上一年的专业课，各写一篇研究性论文。我在周锡瑞教授指导的晚清的论文课上，写了一篇有关斌椿与《乘槎笔记》的小论文，同时选修了几门近代欧洲政治、文化史的课。以比较历史的角度来看这个题目，我觉得饶有趣味，选博士论文课题的时候，导师们让我随兴趣走，我就接着斌椿的故事往后写了下来。

我对这个题目的兴趣，也是和我自己的经历有关的。我高中毕业之后，来到美国读大学，很快发现原来自己想象中单一的"西方"，像海市蜃楼般瞬间幻灭。当时中国加入世贸组织不久，正值经济腾飞、社会巨变之时。相比之下，美国社会里充斥着各种不安、矛盾，伴随着对于西方中心主义的反思，在大学生文化中激起了强烈的思潮。对于西方的想象与现实观察之间的落差，我一直饶有兴趣，经常把这些观察和发现写成日记、书信、博客文章，有时也和朋友、家人聊起。久而久之，我发现自己常常在做一件事情：就是把身边美国社会的复杂性与中西文化之间的相融相通性，特别是与主流认知稍有不同的侧面,传递给国内的朋友和家人们。但是这个"传递"谈何容易!在信息并不闭塞的二十一世纪,各种媒体对此都有报道,而且大家对于"中西文化"似乎都有根深蒂固的看法。我常常想:一百五十多年前第一次到欧美的中国人,他们看见了什么,经历了什么,他们是怎么理解这些经历的,他们对西方的认知,是怎样传播于众中的?

　　本书的英文版在 2018 年底由剑桥大学出版,2020 年中文版刚开始筹划,便碰上了新冠疫情,三年中断断续续的翻译和校对,今年才得以完成。在我求学、教书的这二十年中,最感激的是老师、同学、同事、朋友和家人的关怀和支持。在西雅图华盛顿大学董玥老师的中国近代史课上,我第一次产生了对一门学科的归属感,也是因为董老师的鼓励和支持,最终让我本科毕业即顺利进入了加州大学圣地亚哥分校学习近代中国史。

　　在圣地亚哥历史系这个大家庭里的五年,是我终生难忘的经历。最感激的是两位导师周锡瑞(Joseph Esherick)和毕克伟(Paul Pick-owicz)教授精心教诲,和卢苇菁、Sarah Schneewind、Richard Madsen 教授在课上课后给我的启发。在北京写博士论文的一年,我也曾受到罗志田、黄兴涛、杨念群、黄爱平教授的指导,让我受益匪浅。也感谢常成、郑小威、张珺、万笑男等同窗们在共同求学之生涯中的友情和关怀。

　　在修改论文的过程中,我有幸结识了许多国内外学者,他们在从课题的立论到史料的使用等各个方面,都给予了我宝贵的帮助和指导。这些学者包括毕可思(Robert Bickers)、白瑞唐(Tom Barrett)、陈利、Douglas Howland、戴海斌、杜乐、盖博坚(Kent Guy)、范鑫、吉辰、柯文(Paul Cohen)、墨磊宁(Thomas Mullaney)、马世嘉(Matthew

Mosca)、裴士锋(Stephen Platt)、梅尔清(Tobie Meyer-Fong)、任可、沙培德(Peter Zarrow)、田晓菲、王思翔、王元崇、徐毅、尹德翔、于文、张晓川等各位教授。我最感激的是华东师范大学历史系的李文杰教授多年以来给我的指导和帮助。李文杰教授在我的英文论著出版之前,就细心地为我答疑解惑,在出版、翻译、校对中文版的过程中,也给予了我巨大的支持。感谢汪林峰同学,为了翻译这些篇章,查找了大量的原文资料,字斟句酌地对比修改。在这个繁琐且漫长的过程中,邵冲编辑的策划、修改,才让我们最终得以完工。

最后要感谢的,是我的父母为我倾注的心血和默默付出的一切,和所有家人对我的鼓励和支持。

皇甫峥峥
2024 年 3 月于美国纽约州萨拉托加

图书在版编目(CIP)数据

远西旅人:晚清外交与信息秩序/皇甫峥峥著；
汪林峰译. —上海:上海人民出版社,2024
(论衡)
书名原文:Qing Travelers to the Far West：
Diplomacy and Information Order of Late Imperial
China
ISBN 978 - 7 - 208 - 18786 - 3

Ⅰ.①远… Ⅱ.①皇… ②汪… Ⅲ.①外交史-中国
-清后期 Ⅳ.①D829

中国国家版本馆 CIP 数据核字(2024)第 065159 号

责任编辑 邵 冲
封面设计 赤 徉

论衡

远西旅人
——晚清外交与信息秩序

皇甫峥峥 著

汪林峰 译 李文杰 校

出   版 上海人民出版社
         (201101 上海市闵行区号景路 159 弄 C 座)
发   行 上海人民出版社发行中心
印   刷 上海盛通时代印刷有限公司
开   本 889×1194 1/32
印   张 11.25
插   页 5
字   数 245,000
版   次 2024 年 6 月第 1 版
印   次 2024 年 9 月第 2 次印刷
ISBN 978 - 7 - 208 - 18786 - 3/K · 3361
定   价 98.00 元